Die vhs Volkshochschulen HANDBUCH

D1922790

Astrid Rimbach

Spiel bein Stand bein

Gymnastik für bessere Koordination

Ernst Klett Verlag
Stuttgart Düsseldorf Leipzig

»Spielbein / Standbein«
Gymnastik für bessere Koordination
Handbuch

Astrid Rimbach

Bildnachweis:
Fotografie: Ulrike Klumpp (Freudenstadt)
Grafik: Ingrid Engel (Augsburg)

Titel: FIT FOR FUN, Michael Müller (Hamburg)

TONY STONE IMAGES, Mark Junak (Hamburg), S. 32;
Christopher Bissel, S. 81

Das vorliegende Buch ist sorgfältig erarbeitet worden. Es ersetzt aber keinesfalls die Behandlung von gesundheitlichen Störungen durch den Arzt. Alle Angaben erfolgen ohne Gewähr. Weder Autoren noch Herausgeber oder Verlag können für eventuelle Nachteile oder Schäden, die – bei unsachgemäßer Ausführung – aus den im Buch gemachten praktischen Hinweisen resultieren, eine Haftung übernehmen.

Gedruckt auf Papier, das
aus chlorfrei gebleichtem
Zellstoff hergestellt wurde.

1. Auflage A 1 5 4 3 2 1 | 2003 2002 2001 2000

© Ernst Klett Verlag GmbH, Stuttgart 2000
Alle Rechte vorbehalten.
Internetadresse: http://www.klett-verlag.de

Redaktion: Friedhelm Lampe, Manfred Ott
Mitarbeit: Redaktionsbüro Dr. Becker, Beckum
Layout, Umschlaggestaltung: Steffi Kassler
Druck: Messedruck Leipzig GmbH
Printed in Germany

ISBN 3-12-939861-9

Inhalt

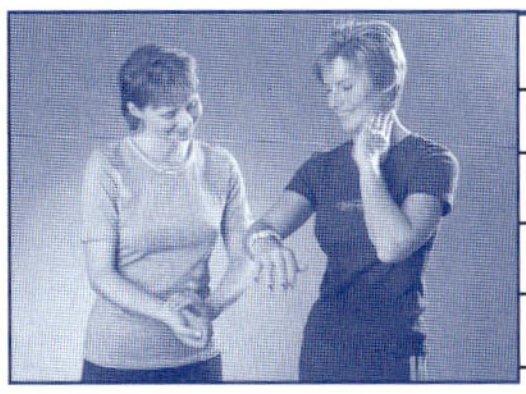

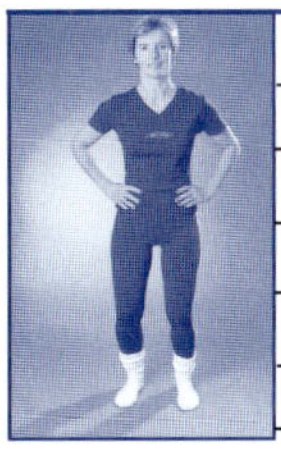

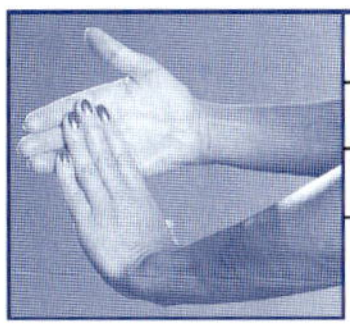

Ein Buch über Koordination?

Das Buch »Spielbein/Standbein – Gymnastik für bessere Koordination« soll dazu beitragen, dass die körperliche Leistungsfähigkeit Ihrer Teilnehmerinnen, besonders die koordinativen Bewegungsfähigkeiten, gesteigert werden. Natürlich lässt sich Fitness nicht anlesen. Lesen schadet aber auch nicht, weil es eine einfache Form ist, erlernte und erlebte Übungen jederzeit nachvollziehen zu können, sich zusätzlich mit Wissen über das Was, Wie und Warum des Trainings zu versorgen und sich von konkreten Alltagstipps anregen zu lassen. Ein Buch, das die Kurspraxis begleitet, ist eben mehr als der Kurs alleine kann und viel mehr als das Buch ohne Kurs bieten kann.

Für Sie kann das Handbuch noch mehr: Es verbindet eine Vielfalt von Übungsideen mit konkretem Wissen und mit Vorschlägen zu dem funktionell und pädagogisch durchdachten Aufbau einzelner Treffen. Darin liegt das Rüstzeug für eine vielfältige Erweiterung Ihres bisherigen Kursspektrums, das Ihnen gleichzeitig die Freiheit gibt, Ihre persönlichen Stärken, Vorlieben und Erfahrungen einzubringen. Das Handbuch ist gewissermaßen das Skelett Ihrer künftigen Kurspraxis, dem Sie die »Muskeln« hinzufügen müssen, um Bewegung zu ermöglichen. Testen Sie es!

Handbuch und Kursbuch sind unterschiedlich aufgebaut. Während im Kursbuch das Verständnis der einzelnen Fähigkeiten im Vordergrund steht, sind im Kurs jeweils verschiedene koordinative Fähigkeiten zu einem physiologisch und pädagogisch sinnvollen Ablauf kombiniert. Während im Kursbuch Übungen genannt werden, die zu Hause leicht nachzuvollziehen sind, steht im Kurs das Miteinander in der Gruppe mit den Möglichkeiten des Übungsraums im Vordergrund.

Koordination, das bedeutet einerseits das gegenseitige Abstimmen verschiedener Vorgänge und andererseits das harmonische Zusammenspiel der bei einer Bewegung tätigen Muskeln. Beides sind Fähigkeiten, die im Alltag immer und überall gebraucht werden, übrigens auch, wenn man als Kursleitung tätig ist. Diese Fähigkeiten lassen sich üben – heißt die gute Nachricht.

In den medizinischen und sportwissenschaftlichen Darstellungen kommt das Thema Koordination bisher etwas zu kurz.

Doch zeigt die Praxis, dass Koordination nicht nur eine zentrale Fähigkeit beim Sport, sondern auch in Bewegungs- und Handlungsaktivitäten im Alltag, der Arbeit und in der Freizeit darstellt.

Eine gut trainierte Koordinationsfähigkeit ökonomisiert zielgerichte und zweckmäßige Handlungen bzw. Bewegungsabläufe in allen Lebenssituationen. Koordination ist die Grundlage für das Erlernen, Steuern und Anpassen von Bewegungen.
Die koordinativen Fähigkeiten sind in jedem Alter trainierbar, um sie zu entwickeln, zu verbessern und zu erhalten. Das Kurskonzept soll einen wesentlichen Betrag dazu leisten, diese gezielt zu schulen.

Die Freude an der Bewegung steht bei diesem Aktivitätsprogramm im Vordergrund. Hier gibt es kein Streben nach Rekorden, Bestzeiten oder Durchführung von Wettkämpfen. Eine Fülle von spielerischen und trainierenden Angeboten bringt Ihre Teilnehmerinnen in Bewegung. Auf bewährten und unbekannten Wegen wird die körperliche, geistige und seelische Leistungsfähigkeit in Schwung gebracht.

Trauen Sie sich neue Wege in Ihrer Kurspraxis zu gehen. Stärken Sie Selbstbewusstsein und Selbstvertrauen bei Ihren Teilnehmerinnen, indem Sie sie unterstützen, ihre Unsicherheit zu überwinden und tun Sie das Gleiche für sich selbst. Sammeln Sie Erfahrungen durch vielfältige Bewegungsangebote in Partner- und Gruppenübungen.

Betreten Sie auch mal Neuland. Verlassen Sie Ihre »Schokoladenseite« bewährter Übungen, um für sich oder gemeinsam neue Wahrnehmungen zu erleben. Denn nicht nur rechts ist richtig, sondern auch links ist wichtig.

Die Angebotsvielfalt der Übungen reicht von »ganz einfach« bis zu »ganz schön schwierig«. So ist für jeden die richtige Übung dabei. Ihnen bleibt die Freiheit, aber auch die Aufgabe, je nach Gruppe zum Schwierigeren oder Einfacheren zu variieren.

Verwöhnen Sie Ihre Teilnehmerinnen am Ende der Bewegungsaktivität mit einer der vielen Entspannungsmethoden. So macht Bewegung nicht nur Spaß, sondern steigert zusätzlich noch das Wohlbefinden – hoffentlich auch Ihres. Probieren Sie es aus!

Zur Einführung

Wie den Kurs ankündigen?

Reicht denn nicht einfach der Titel?

Bestimmt haben Sie schon die Erfahrung gemacht, dass Angaben zu einem Gymnastikkurs nicht viel mehr enthalten als den Titel, Zeit, Ort, Gebühr und Kursleitung. Alles Wichtige scheint damit gesagt. Auch für Programme gilt: »In der Kürze liegt die Würze«.

Zwei wesentliche Funktionen muss dennoch jeder Werbetext für einen Kurs erfüllen: Für die Teilnahme werben und die Teilnehmerinnen umfassend informieren, was sie erwartet.

Genug der Information?

Zu einer umfassenden Information gehört nach den Qualitätsstandards der Erwachsenenbildung eine Antwort auf folgende Fragen:

- Wer kann teilnehmen? (Voraussetzungen, Zielgruppe)
- Was wird gemacht? (Inhalte)
- Wozu soll das gut sein? (Ziele)
- Wie wird es gemacht? (Methoden)
- Mit wem habe ich es zu tun? (Kursleitung)
- Wo, wann und wie lange findet es statt? (Ort, Zeit, Stundenzahl)
- Wie groß ist die Gruppe? (mindestens und höchstens)
- Was kostet mich das Ganze? (Gebühr, zusätzliche Kosten)

Solche Informationen brauchen nicht unbedingt lang zu sein, aber auch ein Text für einen Gymnastikkurs muss sie beinhalten.

Einige der Fragen sind mit dem Konzept schon entschieden, andere entscheiden sich je nach örtlichen Bedingungen.
Auf eine Frage müssen Sie sich aber vorab selbst Gedanken machen: Wen wollen Sie ansprechen? Möchten Sie einen Kurs für Männer oder für Frauen durchführen oder für beide? Arbeiten Sie mit Untrainierten oder mit Trainierten? Sind es Personen aus jeder Altersgruppe? Auch mit Menschen, die körperlich beeinträchtigt sind? Wie immer Sie von Fall zu Fall die Entscheidung treffen, sie wird Auswirkungen auf den Ablauf des Kurses haben und auf den Text. Möchten Sie zum Beispiel auch Untrainierte erreichen, dann dürfen sich diese von Ihren Formulierungen nicht abgeschreckt fühlen.

Was motiviert denn?

Werbend ist ein Text ganz einfach immer dann, wenn er die Menschen anspricht, für die er gedacht ist. Kürze überzeugt sicher mehr als viele überflüssige Worte. Neugierde darf geweckt werden, aber Verwirrendes hält von der Teilnahme ab. Wenig motivierend sind unangenehme Fakten und Erinnerungen oder Appelle: »Wir alle bewegen uns zu wenig«, »Mit dem Alter lässt die Koordinationsfähigkeit nach«, «Zivilisationskrankheiten nehmen zu«. Erwachsene lassen sich nicht gerne beschimpfen und der Appell an einen Erfolg in einer ungewissen Zukunft hält als Motiv nicht lange an. Mit Versprechungen, die Sie nicht halten können, tun Sie sich selbst perspektivisch keinen Gefallen.

Motivieren lassen sich Menschen durch

- angenehme Erinnerungen und Assoziationen zu körperlichem und seelischem Wohlbefinden,
- geweckte Neugierde,
- Herausforderungen und die Erwartung, diese auch bewältigen zu können,
- die Möglichkeit, Identität und Selbstverwirklichung zu stärken und soziale Anerkennung und Achtung zu erreichen.

Nicht jeder findet jedes Motiv gleich überzeugend.

Kreieren Sie anhand dieser Tipps und Fragen Ihren individuellen Text, so wie Sie Ihren persönlichen Kurs gestalten. Eine Grundlage dafür kann der folgende Text sein:

Spielbein / Standbein –
Gymnastik für bessere Koordination
Schnelle Reaktion auf einem Bein? Oder lieber Hampelmann im Rhythmus? Ihre Fähigkeiten, verschiedene Dinge gleichzeitig zu einer harmonischen Bewegung zu verbinden, werden geübt. Die Freude an der Bewegung steht bei diesem Aktivitätsprogramm im Vordergrund. Hier gibt es kein Streben nach Rekorden, Bestzeiten oder Medaillen. Eine Fülle von spielerischen Angeboten bringt Sie in Bewegung. Auf bewährten und auch unbekannten Wegen wird Ihre körperliche, geistige und seelische Leistungsfähigkeit in Schwung gebracht.

Trauen Sie sich neue Wege zu gehen. Stärken Sie Selbstbewusstsein und Selbstvertrauen. Sammeln Sie Erfahrungen in Partner- und Gruppenübungen. Betreten Sie auch mal Neuland. Verlassen Sie Ihre »Schokoladenseite«, um einzeln und in der Gruppe neue Wahrnehmungen zu erleben. Denn nicht nur rechts ist richtig, sondern auch links ist wichtig.

Die Angebotsvielfalt der Übungen reicht von »ganz einfach« bis zu »ganz schön schwierig«. So ist für jede und jeden die richtige Übung dabei.

10 Abende lang 75 Minuten, 16 2/3 Unterrichtsstunden
Mindestens 10, höchstens 20 Teilnehmende

Parallel zum VHS-Kurs ist das VHS-Kursbuch »Spielbein / Standbein – Gymnastik für bessere Koordination«, Ernst Klett Verlag, ISBN 3-12-939860-0, erhältlich.

Welche Teilnehmerinnen kommen und bleiben?

Koordination ist eines der Themen der Bewegung, die in der Gesundheitsbildung angeboten werden. Für Themen aus diesem dynamischen Gebiet interessieren sich immerhin 58 % aller Teilnehmenden der Gesundheitsbildung an Volkshochschulen.

Vor allem, aber nicht ausschließlich Frauen werden sich für dieses Kursangebot entscheiden. Ihr Anteil liegt in der Gesundheitsbildung an Volkshochschulen bei über 85 %. 6000 Kurse pro Jahr richten sich sogar exklusiv an Frauen – noch lange kein Grund, keine Männerkurse anzubieten.

Motive zur Teilnahme

Die Personen melden sich aus den unterschiedlichsten Gründen zu Bewegungsangeboten an. Das Hauptmotiv für den Einstieg ist die Gesundheit. Aus verschiedenen Untersuchungen zur Motivation der Teilnehmenden an Bewegungsangeboten ergibt sich folgendes Ergebnis (Bragenitz 1990), welche Motive ausschlaggebend für eine Kursbelegung sind:

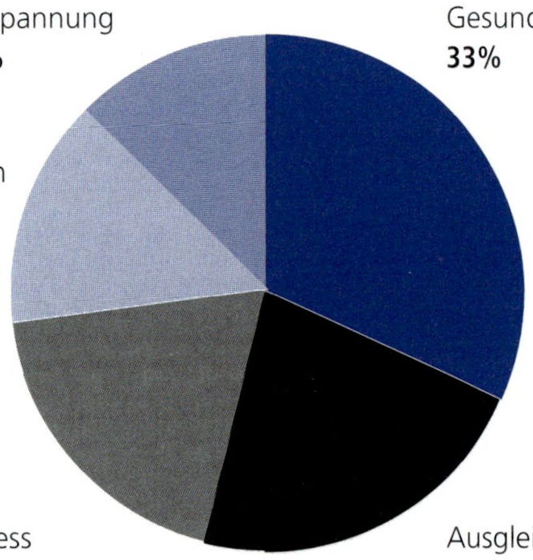

Viele Personen melden sich zu Bewegungsangeboten mit einer festen Anzahl von Veranstaltungsabenden bzw. Unterrichtsstunden an, weil sie keine feste Bindung auf Dauer wünschen. Sie ziehen ein vielfältiges Bewegungsprogramm dem geselligen Zusammensein vor. Doch darf die soziale Komponente nicht außer Acht gelassen werden.

Die Motive der Teilnehmenden in dieser Gruppe sind sicherlich sehr verschiedenartig.

- Es nehmen Personen teil, die beim Sport und im Alltag festgestellt haben, dass Koordination eine ihrer Schwachstellen ist. Sie wollen die koordinativen Fähigkeiten erfahren, entwickeln und gezielt verbessern.
- Teilnehmerinnen belegen dieses Kurskonzept, weil sie neue Wege in der Gymnastik beschreiten wollen. Sie haben schon viele Bewegungsangebote wahrgenommen und wollen etwas Neues ausprobieren.
- Das eigene Wohlbefinden soll gesteigert werden.
- Das abwechslungsreiche Bewegungsangebot soll einen Ausgleich zu Beruf und Alltag schaffen.
- Sie sind bereit, neue Wege zu gehen. Sie wollen Ängste abbauen, um ein Gleichgewicht zwischen innerer und äußerer Balance herzustellen.
- Vom Kursangebot wird eine verbesserte Stressbewältigung erwartet. Auch die Konzentrationsfähigkeit soll verbessert werden.
- Die allgemeine Fitness der Teilnehmenden soll gesteigert werden.
- Erwachsene nehmen teil, die einfach Spaß an Bewegung und neuen Bewegungsabläufen haben.
- Personen belegen dieses Kursangebot, weil sie durch Bewegung ihr Selbstbewusstsein und ihr Selbstvertrauen stärken wollen.
- Viele wollen ihre Wendigkeit und Geschicklichkeit verbessern.

Altersstruktur der Teilnehmenden

Die meisten Teilnehmenden werden über 25 Jahre alt sein. Die Altersstruktur wird innerhalb der Gruppe aber sehr unterschiedlich sein. Die Teilnehmerinnen befinden sich alle in verschiedenen Entwicklungsphasen des Erwachsenenalters. Die Entwicklungsphasen orientieren sich an den Elementarfunktionen, den Fertigkeiten und Fähigkeiten, die im Alter nachlassen. Teilweise wird dieser Ansicht widersprochen, da die Entwicklungsphasen individuell verlaufen. Es gibt erhebliche Unterschiede in den Leistungsfähigkeiten bei trainierten und untrainierten Menschen. Durch regelmäßiges Üben und Trainieren können die Fertigkeiten und Fähigkeiten verfestigt, erhalten, verbessert und auch entwickelt werden.

Im frühen Erwachsenenalter (18/20-30/35 Jahre) sind bei untrainierten Personen die konditionellen Fähigkeiten der Maximalkraft und der Kraftausdauer weitgehend erhalten. Leichte Einbußen sind aber bei den koordinativen Fähigkeiten festzustellen. Bei trainierten Personen ist die motorische Leistungsfähigkeit voll ausgeprägt. Sie können sportliche Höchstleistungen vollbringen. Diese Altersgruppe will durch dieses Bewegungsangebot neue Wege in der Gymnastik beschreiten. 33% aller Teilnehmenden der Gesundheitsbildung gehören in diese Altersgruppe.

Das mittlere Erwachsenenalter (30/35 - 45/50 Jahre) ist durch eine rückschreitende Entwicklung der koordinativen Fähigkeiten gekennzeichnet. Die Personen dieser Altersgruppe wollen die koordinative Leistungsfähigkeit erhalten, festigen und wieder verbessern. Rund 26% der Teilnehmenden sind zwischen 35 und 50 Jahren alt.

Im späteren Erwachsenenalter (45/50 - 65/70 Jahre) wollen die Teilnehmenden ihrer verstärkten motorischen und koordinativen Leistungsminderung entgegenwirken. Sie wollen ihre Leistungsfähigkeit gezielt steigern, um den Bewegungsalltag besser zu bewältigen. Ungefähr 22% aller Teilnehmenden in der Gesundheitsbildung sind zwischen 50 und 65 Jahren alt.

Teilnehmerinnen, die sich im späten Erwachsenenalter (65/70 Jahre und älter) befinden, erleben eine erhebliche Minderung ihrer Gesamtmotorik. Sie wollen durch ein gezieltes Training ihre Koordination, besonders das Gleichgewichts- und Reaktionsvermögen und die Umstellungsfähigkeit schulen, um die Alltagsfähigkeiten zu stabilisieren. Außerdem erhalten Personen dieser Altersgruppe den Kontakt zu anderen Menschen aufrecht. Sie beugen einer Vereinsamung vor. Mit 13 % sind sie insgesamt vielleicht eine Minderheit, aber keine kleine und eine, der Aufmerksamkeit gelten muss. Sicherheitsmaßnahmen, die Vermeidung von Verletzungsgefahr und Rücksicht auf den unterschiedlichen Trainingsstand, tun auch Jüngeren gut.

Übrigens: Rund 3000 Kurse in der Gesundheitsbildung werden bundesweit jährlich speziell älteren Menschen angeboten, im Durchschnitt drei Kurse für jede VHS. Warum soll einer davon sich nicht mit Koordination befassen? Was spricht dagegen, einen anderen Kurs an junge Erwachsene zu richten, wenn Kursinhalte und der Text der Kursankündigung sich dem Lebensstil und den Bedürfnissen dieser Zielgruppe anpassen?

Erinnerungsliste zum Umgang mit Teilnehmenden

- Welche Gruppe von Teilnehmenden möchten Sie in Ihrem Kurs besonders ansprechen? Ist es wichtig, dieser Gruppe einen geschützten Raum zu geben oder möchten Sie sich überraschen lassen, wer letztlich kommt?
- Stimmen die Rahmenbedingungen für Ihre Zielgruppe? Wie ließe sich die Teilnahme der Zielgruppe wahrscheinlicher machen?
- Was unternehmen Sie, um das Anforderungsniveau der Gruppe anzupassen?
- Wie müssten die Rahmenbedingungen beschaffen sein, dass Sie sich als Teilnehmerin wohl fühlen würden? Trifft dies für andere genauso zu oder gibt es Unterschiede?
- Was können Sie unterstützend tun, um aus der Gruppe eine Gruppe zu machen? Haben darin alle Teilnehmerinnen ihren individuellen Platz?
- Wirkt sich der Zusammenhalt der Gruppe eher als Druck aus, überall mitzutun, oder eher als Unterstützung, Motivationslücken zu überwinden? Können Sie dies beeinflussen?

Drop-out verhindern

Wenn die Teilnehmenden erst einmal da sind, gilt es, dafür zu sorgen, dass sie möglichst lange bleiben und regelmäßig kommen. Nicht jeder Grund, der zu der oft beklagten unregelmäßigen Teilnahme, fehlendem Durchhaltevermögen und geringer Dauerhaftigkeit der Aktivität führen kann, ist von Ihnen zu beeinflussen. Pahmeier (1994) hat aus internationalen Studien ein paar Gründe zusammengetragen, die zum Absprung der Teilnehmerinnen führen können:

Ist für den Einstieg das Gesundheitsmotiv noch entscheidend, gewinnen im Laufe der Zeit andere Motive an Bedeutung. Spannung erleben, sich anstrengen, Kontakte pflegen sind dann wichtige Gründe, weiterhin zu kommen.

Sind Kursinhalte zu ausschließlich am Gesundheitsthema ausgerichtet, trägt die Motivation nicht lange genug. Man hat das Gefühl, doch schon immerhin einiges für die Gesundheit getan zu haben. Wenn Gesundheit als etwas gesehen wird, das sich in der Zukunft ereignet, ist das Durchhaltevermögen schlecht, denn Motive des Handelns denken kurzfristiger. Der Kurs muss unmittelbar gut tun.

Die wichtigste Frage, die über den Drop-out entscheidet, ist, wie dauerhaft die Motivation der Teilnehmenden trägt, welche Anreize und Erwartungen mit dem Kurs verbunden werden. Bedeutsam ist, dass die Ziele, die sich die Teilnehmenden setzen, eine Chance haben, realisiert zu werden. Mag sein, dass manche zum Kursbeginn glauben, in zehn Wochen fit zu sein und ihre Koordinationsfähigkeit optimal zu verbessern. Das macht nichts, solange es im Kurslauf gelingt, die Ziele ein bisschen realistischer werden zu lassen, ohne dann frustriert zu denken: »Das schaffe ich sowieso nie.« Im Konzept sind in der abschließenden und motivierenden Phase jedes Treffens kurze Gelegenheiten zur Reflexion angeboten, die Voraussetzung, um Erwartungshaltungen auch zu modifizieren. Ihre Aufgabe als Kursleitung ist, sich die Frage zu stellen, ob Sie zum Erreichen der Ziele beitragen können, ob Sie kleine Fortschritte deutlich erlebbar machen können, ob über Missgeschicke mal gemeinsam gelacht werden darf oder ob Sie durch Überforderung entmutigen. Auf das, was im Kurs erlebt wird, kommt es an.

Die Rahmenbedingungen wie lange Anfahrtswege, ungünstige Verkehrsverbindungen und ungünstige Zeiten machen auch motivierte Menschen auf die Dauer mürbe. Hier ist Ihr Organisationsgeschick und das der planenden Bildungseinrichtung gefragt. Nah am Wohngebiet, angebunden an das öffentliche Verkehrsnetz, nicht in den Hauptverkehrszeiten, für die meisten Gruppen doch eher abends und nur einmal die Woche heißt die Lösung.

Die dritte ganz wichtige Komponente ist die des sozialen Zusammenhalts im Kurszusammenhang. Der beginnt zu Hause mit der Frage, wie das familiäre und freundschaftliche Umfeld auf die Kursteilnahme reagiert. Die Bedeutung der Freundin, die ebenfalls mit am Kurs teilnimmt, ist für den Kurseinstieg aber wichtiger als für das dauerhafte Wiederkommen. Später ist entscheidender, wie kompetent und angenehm die Kursleitung wirkt und wie gut es gelingt, aus dem zufällig zusammengewürfelten Haufen von Menschen, die an Koordination interessiert sind, eine Gruppe entstehen zu lassen, die sich sympathisch findet. Ihre Aufgabe ist es, die Gruppe miteinander in Kontakt zu bringen und jedem Einzelnen darin seinen Platz zu verschaffen. Unterschiede in Fähigkeiten, Persönlichkeiten oder Meinungen sind zu respektieren. »Beim Bier danach« ganz unter Männern oder unter Frauen lässt sich vielleicht das eine oder andere regeln. Aber nicht alle haben auf diese Kommunikationsform Lust. Entscheidend ist, was im Kurs selbst passiert.

Was muss die Kursleitung wissen und können?

Sie benötigen fachliches Wissen über Grundfaktoren der Fitness, der allgemeinen Trainingslehre, der funktionellen Gymnastik und sportbiologische Grundlagen. Ferner brauchen Sie Wissen über koordinative Fähigkeiten, körperorientierte Methoden und Erfahrungen in pädagogischer Arbeit mit Erwachsenen, um diesen Kurs leiten zu können. Ihnen sollte die Arbeit mit Erwachsenen aller Altersgruppen Spaß bereiten. Nutzen Sie Ihre Umsicht und Ihr Einfühlungsvermögen, um eine Beziehung zwischen Ihnen und den einzelnen Teilnehmenden aufzubauen. Schenken Sie Ihren Teilnehmerinnen Vertrauen, damit diese Selbstvertrauen entwickeln und neue Wege beschreiten. Versuchen Sie mit Energie und Freude, die Kursbausteine gewissenhaft vorzubereiten. Führen Sie sich immer Ihre Gruppe vor Augen, damit Sie allen Teilnehmerinnen im Verlauf der Kurseinheiten gerecht werden.

Das fachliche Grundwissen ist notwendig, um Kursteilnehmerinnen Hilfestellung zur Ökonomisierung verschiedener Bewegungsabläufe zu geben und um Fehlbelastungen der Muskeln, Gelenke und Bänder zu vermeiden. Sie sollten die Steuerung der Belastungsreize ausreichend kennen, damit ein individuelles Training der Teilnehmenden möglich ist. Die Gruppen setzen sich aus den verschiedensten individuellen Leistungsstärken zusammen, wodurch die Belastbarkeit der einzelnen Teilnehmerin sehr unterschiedlich ist. Ihr Wissen sollte so umfangreich sein, dass Sie jederzeit Fragen zum Thema der Koordination bzw. den koordinativen Fähigkeiten den Teilnehmenden anschaulich und verständlich erklären können. Viel davon vermittelt Ihnen dieses Handbuch.

Weiterhin sollte Ihnen bewusst sein, dass eine gute Koordination von Gesundheit, Selbstbestimmung, Wohlbefinden, Körpererfahrung und Beweglichkeit abhängig ist. Zum Kurs können sich Teilnehmerinnen angemeldet haben, die Bewegungseinschränkungen oder andere Einbußen haben. Hier sollten Sie in der Lage sein, zu entscheiden, ob bestimmte Übungen für die betreffende Person ausführbar sind oder in welchem Bewegungsumfang die Aufgabenstellung trainiert werden darf.

Pädagogisches Geschick ist gefragt, um aus einer Gruppe eine Gemeinschaft zu machen. Zwischenmenschliche Barrieren und Ängste vor Berührungen anderer Teilnehmerinnen werden durch eine gute Gemeinschaft abgebaut.

Eine der folgende beruflichen Kenntnisse sollten Sie haben, um erfolgreich mit dem Konzept zu arbeiten:

- Ausbildung als Physiotherapeutin, Sportpädagogin oder in einem ähnlichen Beruf
- Lizenz zur Leitung von Osteoporose- und Rückenschulkursen
- Zertifizierter Abschluss als Lehrerin für Fitness, Gesundheit und Sportrehabilitation
- Übungsleiterlizenz für Vereine. Vielleicht haben Sie auch eine Ausbildung als Kursleiterin mit dem Schwerpunkt Seniorensport.
- Lizenz als Gymnastik-, Fitness- und Aerobic-Trainerin
- Abschluss in einem körperorientierten Verfahren wie z. B. Yoga, Qi Gong, Atemarbeit oder ähnliches
- Berufsabschluss in einem pädagogischen Beruf mit dem Schwerpunkt Erwachsenenbildung und Erfahrung in gesundheitsorientierten Bewegungsmethoden

Sicherlich gibt es noch andere Möglichkeiten, sich das notwendige Fachwissen anzueignen, um diesen Kurs anzubieten. Reden Sie mit der Ansprechpartnerin der betreffenden Einrichtung.

Nicht nur Ihr fachliches Grundwissen und der Inhalt des Kursthemas sind entscheidend, ob und wie dieses Angebot angenommen wird. Besonders wichtig ist Ihr persönlicher Umgang mit den Teilnehmenden. Sie sollten die Gruppe motivieren, ohne Befehle zu erteilen. Fördern Sie Ihre Teilnehmerinnen, ohne dass Sie sie überfordern. Animieren, erheitern, beraten und begeistern Sie die Teilnehmerinnen für neue Bewegungsaufgaben, wobei Sie einzelne Teilnehmerinnen nicht zu etwas zwingen dürfen. Geben Sie notwendige Informationen an die Gruppe weiter, ohne dass diese belehrend wirken. Wecken Sie Interesse an neuen Aufgabenstellungen. Empfehlen Sie Übungen für ein Training zu Hause, die wirklich ausführbar sind. Versuchen Sie, den Teilnehmenden Unsicherheiten wie z. B. Berührungsängste zu nehmen. Leiten Sie die Gruppe einfühlsam und umsichtig. Greifen Sie erst in das Gruppengeschehen ein, wenn es wirklich notwendig ist.

Bedenken Sie, dass das Konzept »Spielbein-Standbein« selten ein definitives »richtig« oder »falsch« für die verschiedensten Bewegungsaufgaben vorgibt. Durch die vielen Variationsmöglichkeiten und Austauschvorschläge kann jede Teilnehmerin ihre eigene Belastungsgrenze und ihr eigenes Ziel bestimmen. Sie sollten sich vor Augen führen, dass nicht eine Lösung der Aufgabenstellung für alle Teilnehmerinnen vorgegeben werden kann. Geben Sie den Teilnehmerinnen das Gefühl, dass alle für sich selbst Bewegungen erfahren und ausprobieren können. Der Kurs sollte den Teilnehmerinnen Spaß bereiten. Eine strenge Disziplin sollte vermieden werden. Nicht nur bei Partnerübungen und Hilfestellungen untereinander sollte vorsichtig und umsichtig miteinander umgegangen werden.

Erwarten Sie von den Teilnehmenden nur so viel Bereitschaft zu Bewegungen und sozialen Kontakten, wie Sie von sich selbst in den Situationen verlangen würden. Seien Sie freundlich und genießen Sie das Gefühl der inneren Ruhe und Ausgeglichenheit. Trotzdem müssen die Kursbausteine mit allen Unterrichtsphasen und Übungen intensiv und detailliert vorbereitet und nachbereitet werden, damit alle durch konkrete Anleitungen Spaß an der Bewegung und Entspannung haben. Lassen Sie sich auf neue Ideen an diesem Konzept ein und Sie werden Freude beim Arbeiten mit diesem Konzept haben.

Weiter durch Lernen und Erfahren

»Man lernt nie aus!« heißt es landläufig. Nutzen Sie jede Möglichkeit, um sich zu informieren und weiterzubilden. Lernen Sie auch aus Ihren Fehlern.

Das Konzept »Spielbein / Standbein« enthält genaue Anleitungen zur Durchführung der einzelnen Kursbausteine. Zudem erhalten Sie fachliches Wissen zum Thema Koordination. Sicherlich ergänzt Ihr eigenes Übungs- und Erfahrungsrepertoire Aufgaben des Kurskonzeptes. *Im Serviceteil Seite 123ff. finden Sie ein Dehnprogramm und Bezugsadressen für Musik und Hilfsmittel, Anleitungen für ein Training mit Musik auf Seite 24.*

Setzen Sie sich intensiv mit den Grundideen des Konzeptes auseinander, auch wenn sie schon langjährige Erfahrungen in der Kursleitung haben. So können Sie vergessenes Wissen wieder auffrischen, Erlerntes festigen und neue Ideen hinzugewinnen.

Das Handbuch ist die Grundlage zur Vorbereitung und Nachbereitung der einzelnen Kursbausteine. Doch darüber hinaus stehen Ihnen noch einige Möglichkeiten zur Erweiterung der Kenntnisse offen:

- Arbeiten Sie ebenso das Kursbuch für die Teilnehmerinnen durch. Sie werden feststellen, dass sich die Gliederung und der Inhalt des Kursbuches vom Handbuch unterscheiden. Das Kursbuch kann Ihre Kreativität anregen, um den Teilnehmerinnen weitere Alternativen für Übungen im Unterricht und für zu Hause anzubieten. Außerdem verfestigt sich der Inhalt des Kurskonzeptes.
- Stöbern Sie in den angegebenen Büchern der Literaturliste. Sicherlich erhalten Sie weitere Ideen und Anregungen zu einer sinnvollen und abwechslungsreichen Stundengestaltung.
- Probieren Sie möglichst viele Übungsaufgaben selbst aus. Nur so können Sie den Ablauf und die Wirkung von Bewegungsabläufen den Teilnehmerinnen sinnvoll vermitteln. Bringen Sie Ihre Erfahrung aus der Tätigkeit als Kursleiterin und aus Ihrer Ausbildung mit ein.
- Nehmen Sie an verschiedenen Kursangeboten zu körperorientierten Methoden, zu Fitness- und Gymnastikkursen und an unterschiedlichen Entspannungstechniken teil.
- Belegen Sie Aus- und Fortbildungsseminare zu pädagogischen Themen der Erwachsenenbildung und der Gesundheitsbildung. Erkundigen Sie sich nach regionalen Seminaren und Fortbildungen zu diesem Kurskonzept.
- Nutzen Sie die Äußerungen und Rückmeldungen der Teilnehmerinnen aus der abschließenden Gesprächsrunde, um aus ihnen für andere Situationen zu lernen.

Kontrollliste für die Kursleitung

- Teilen Sie die Grundgedanken und Ideen des Konzeptes?
- Sind die Ziele des Konzeptes, der einzelnen Kursbausteine und der einzelnen Übungen verständlich?
- Können Sie sich den Bewegungsaufbau und -ablauf der Übungen vorstellen? Fühlen Sie sich in der Lage, diese richtig anzuleiten?
- Haben Sie die Aufgabenstellungen der einzelnen Treffen ausprobiert? Gibt es Besonderheiten, auf die die Teilnehmerinnen hingewiesen werden sollten? Können Sie alternative Bewegungsabläufe nennen, wenn beispielsweise eine Teilnehmerin wegen ihrer konditionellen Fähigkeiten oder aus anderen Gründen nicht mitmachen kann?
- Fühlen Sie sich sowohl im fachlichen Grundwissen als auch in der Methodik sicher? Wie können Sie diese weiter fundieren?
- Haben Sie den organisatorischen Ablauf mit der ausführenden Einrichtung geklärt? Stehen Ihnen alle benötigten Hilfsmittel zur Verfügung?
- Haben Sie sich den Unterrichtsraum angeschaut? Sind Sie mit den technischen Begebenheiten wie z. B. der Musikanlage vertraut?
- Welche Unterrichtsmaterialien müssen Sie zu den einzelnen Kurseinheiten mitnehmen?
- Sind die Teilnehmerinnen über die Termine, die im freien Gelände und im Schwimmbad stattfinden, informiert?
- Wurde für dieses Konzept ausreichend geworben? Haben Sie oder die Einrichtung noch weitere Möglichkeiten, auf diesen Kurs aufmerksam zu machen?
- Können Sie mit den verschiedenen Charakteren der Teilnehmerinnen umgehen? Gibt es weitere Wege, die Ihnen den Umgang mit der Gruppe erleichtern können?
- Geben Sie den Teilnehmerinnen genügend Zeit und Raum, um sich zu äußern, zu kommentieren oder Fragen zu stellen?

Informationen für Programmplanende

Rahmen

Der Kurs »Spielbein / Standbein« ist Teil des Kooperationsprojektes der Volkshochschulverbände mit dem Ernst Klett Verlag. Idee ist, Kursleitenden durch Kurskonzepte und Teilnehmenden durch Begleitbücher zum Kurs mehr Service anzubieten. Beide Bücher – für Teilnehmende und Kursleitende – sind als Beitrag zum Qualitätsmanagement und zur Steigerung der Attraktivität gedacht.
Kursleitende erhalten neben dem »Handbuch« die Möglichkeit, an Informationsseminaren zum Konzept teilzunehmen.
Für Teilnehmende ist das »Kursbuch« gedacht.
Die Durchführung des Kursthemas ist nicht an eine bestimmte Einrichtung gebunden.

Konzept

Das Konzept »Spielbein / Standbein« gehört zu den Themen der Bewegung. Gemäß dem Konzept der Fitness gibt es ergänzend ein Buch für Einsteiger, eines über Ausdauer, eines über Kraft und ein weiteres zur Beweglichkeit.
Das Kurskonzept zeichnet sich dadurch aus, dass viele verschiedene Methoden der Bewegungserfahrung zum Erlernen, Verbessern, Anpassen und Steuern der unterschiedlichen koordinativen Bewegungsmöglichkeiten miteinander kombiniert werden. Moderne Bewegungsformen, beispielsweise Walking, Step-Aerobic oder Rope Skipping, werden mit bekannten Trainingsarten und körperorientierten Entspannungsmethoden verbunden, um eine Erweiterung des Bewegungsschatzes zu erreichen. Neue Bewegungsabläufe werden nicht nur durch die eigene Erfahrung an sich selbst erlebt, verbessert und verfestigt, sondern auch spielerisch durch Partner- und Gruppenübungen erlebt. Jede der zehn Kurseinheiten setzt sich aus zwei Unterrichtsschwerpunkten zusammen, so dass jeder Kursbaustein abwechslungsreich gestaltet ist.
Das Übungsprogramm der einzelnen Kursbausteine enthält verschiedene Möglichkeiten der Bewegungsausführung einzelner Übungen und Phasen, um das Ziel einer Bewegungsphase zu erreichen. Somit können alle Kursteilnehmerinnen unabhängig von ihrer Kondition, Beweglichkeit und Bewegungserfahrung die koordinativen Fähigkeiten schulen, verbessern und erhalten.
Ziel des Kurses ist, unterschiedlichste Bewegungsabläufe spielerisch in Einzel-, Partner- und Gruppenübungen zu erfahren.
Es soll die Bereitschaft aufgebaut werden, neue Wege der Bewegungsmöglichkeiten auszuprobieren. Die Kursteilnehmerinnen sollen zu einer inneren und äußeren Balance gelangen, um sicherer den Anforderungen der alltäglichen und sportlichen koordinativen Bewegungsfähigkeiten gerecht zu werden. Jede Kurseinheit beinhaltet Wissenswertes über die Ziele und Inhalte der Kurseinheit und Fachliches über die koordinativen Fähigkeiten.

Teilnehmende

Spaß an neuen Bewegungsabläufen haben, sich selbst neu erfahren oder neue Wege beschreiten, könnten die Beweggründe für die Belegung dieses Kurses sein. Das Konzept ist offen für jede Altersgruppe. Der Kurs ist für Frauen und für Männer geeignet. Natürlich kann nach Absprache mit der Kursleitung die Zielgruppe spezifiziert werden. Beispielsweise könnte das Bewegungsangebot nur für ältere Menschen, nur für Frauen oder nur für bestimmte Berufs- und Altersgruppen ausgeschrieben werden, wenn dadurch bestimmte Zielgruppen entsprechend angesprochen werden. Diese Spezifizierung hat dann zur Folge, dass die Kursleitung die Themenschwerpunkte des Konzeptes umgestalten kann.
Der Kurs »Spielbein / Standbein« bietet neue Erfahrungen für die Menschen, die gezielt an mehr Koordination interessiert sind. Sie wollen neue Wege in der Gymnastik beschreiten, da sie schon eine Vielzahl an Kursen in der Gesundheitsbildung belegt haben. Vielleicht wissen die Teilnehmenden, dass dies ihre Schwachstelle ist, die sie gezielt verbessern bzw. schulen wollen. Einige wollen erlernen, wie man Fehlbelastungen und Verletzungen vermeiden kann. Andere wollen während des Kursverlaufes erlernen, wie man durch eine verbesserte Koordination den Kraftaufwand in der Erledigung der alltäglichen Bewegungsabläufe mindert. Der Kurs ist sowohl für »Einsteigerinnen« als auch »Fortgeschrittene« geeignet.

Kursleitung

Die Kursleitenden sollten ein ganzheitliches Verständnis von Fitness, Bewegung und Körperarbeit haben, damit sie mit diesem Konzept arbeiten können. Jedoch sollte die Kursleitung offen für neue Ideen sein, um verschiedenartige Wege zum Erlernen, Steuern und Anpassen von bekannten und ungewohnten Bewegungen zu gehen. Das Konzept können nicht nur bewährte Kursleiterinnen, sondern auch »Newcomer« unterrichten *(siehe berufliche Voraussetzungen, Seite 10).*
Zu beachten ist aber, dass sich die Kursleitung auf das Konzept einlassen und sich damit auseinandersetzen kann.

Zeitlicher Fahrplan

Das Konzept »Spielbein / Standbein« ist ausgelegt für 10 Veranstaltungstage von jeweils 75 Minuten Unterrichtsdauer. Dieser etwas ungewöhnliche Zeitumfang von 1 2/3 Unterrichtsstunden ist inhaltlich bedingt. Die Teilnehmenden werden so weder überfordert noch wird die Zeit für die notwendige Dehnung oder Entspannung zu kurz. Eine Verlängerung auf 90 Minuten kann von einer sportlich erfahrenen und gut qualifizierten Kursleitung evtl. verwirklicht werden. Natürlich kann die Kursdauer auf 12 oder 15 Veranstaltungen erweitert werden, wenn einzelne Unterrichtsphasen der Kurseinheiten zu neuen Kursbausteinen mit zwei unterschiedlichen Schwerpunkten zusammengesetzt werden. So werden einzelne Bewegungsabläufe wiederholt und verfestigt, wodurch einige Fähigkeiten besonders geschult und verbessert werden.

Beachten Sie, dass das Konzept eine Unterrichtseinheit in der Natur und eine weitere im Schwimmbad vorsieht. Organisieren Sie rechtzeitig Beförderungsmittel oder benutzen Sie öffentliche Verkehrsmittel, um in einen nahe gelegenen Wald oder Park zu gelangen. Vielleicht bildet die Gruppe eine Fahrgemeinschaft. Sprechen Sie frühzeitig mit der Verwaltung des Schwimmbades eine Zeitschiene für die Belegung eines geeigneten Schwimmbeckens ab. Informieren Sie auch rechtzeitig die Kursleitung und die Teilnehmerinnen. Wenn es aus organisatorischen Gründen notwendig ist, können diese beiden Kursbausteine auch zu einem anderen Zeitpunkt als in dem vom Handbuch vorgegebenen Zeitplan stattfinden.
Entsprechend der Zielgruppen kann der Kurs sowohl vormittags und nachmittags als auch abends angeboten werden. Das Konzept eignet sich ebenso zur Durchführung eines Wochenendkurses. Doch das erfordert eine konzeptionelle Überarbeitung von einer pädagogisch erfahrenen Kursleitung.

Werbung

Neben dem Ankündigungstext für die Kursausschreibung im Programmheft gibt es noch weitere Möglichkeiten für eine gute Werbung. Geben Sie eine Pressemitteilung an die Tageszeitung oder an Wochenblätter. Verteilen Sie Hand- oder Informationszettel in den unterschiedlichsten Kursen Ihres Programmangebotes oder legen Sie diese in Ihren Räumlichkeiten aus. Auf Informations- oder Semesterauftaktveranstaltungen können Sie interessierte Menschen über dieses neue Konzept in der Gesundheitsbildung informieren.

Räumlichkeiten

Der Unterrichtsraum muss ausreichend Platz für die vielfältigen Bewegungsphasen mit den unterschiedlichsten Turngeräten und Hilfsmitteln vorweisen, damit die Teilnehmenden ausreichend Bewegungsfreiraum haben. Eine Musikanlage mit Kassettendeck und CD-Spieler sollte vorhanden sein, weil viele Unterrichtsphasen von Musik begleitet werden. Da die Musik und die Bewegungsaktivität der Teilnehmerinnen Lärm erzeugen, sollte dieser Geräuschpegel die zum gleichen Zeitpunkt stattfindenden Kurse nicht belästigen und beeinträchtigen.
Damit die einzelnen Kursbausteine entsprechend dem vorgesehenen zeitlichen Rahmen ablaufen können, sollten rechtzeitig die benötigten Geräte, Hilfsmittel und sonstige Gegenstände nach Absprache mit der Kursleitung im Raum bereitgestellt werden.
Für die vorgesehenen Entspannungsübungen sollte der Raum abdunkelbar, lärm- und sichtgeschützt sein. Am besten eignen sich für diese Phasen dimmbares Licht oder kleine Steh- oder Tischlampen. Zudem sollten ausreichend Matten oder entsprechende Unterlagen für die Übungen am Boden sowie für Sicherheitsvorkehrungen vorhanden sein. Aus hygienischen Gründen und für das eigene Wohlbefinden sollten sich die Teilnehmerinnen Decken oder große Handtücher als zusätzliche Auflage für die Gymnastikmatten mitbringen.

Checkliste für Planende

- Welche Kursleitung kann sich mit dem Konzept auseinandersetzen und sich mit den Ideen anfreunden? Sollte die Kursleitung eine bekannte Kursleiterin oder eine »Newcomerin« übernehmen?
- Wie erhalten die Kursleitenden die entsprechenden Informationen und Materialien für das Konzept? Gibt es regionale Einführungs- und Informationsveranstaltungen?
- Haben sich die Kursleiterinnen und die Personen, die über den Inhalt des Konzeptes informieren sollen, ausreichend mit den Zielen, Inhalten und Methoden auseinandergesetzt? Gibt es zusätzliche Informationen, die hinzugefügt werden können?
- Eignet sich der Ankündigungstext *(siehe Seite 7)* für die entsprechenden Zielgruppen? Was muss eventuell am Text verändert werden?
- Welcher Raum eignet sich für das vielfältige Bewegungsangebot?
- Reicht die vorhandene Ausstattung aus? Welche Kleingeräte, Hilfsmittel und/oder sonstigen Gegenstände müssen angeschafft werden? Befindet sich eine Musikanlage im Raum? Lässt sich der Raum abdunkeln? Kann man das Licht dimmen? Wie kann eine noch bessere Atmosphäre im Raum geschaffen werden?
- Haben die Kursleiterinnen einen Schlüssel für die entsprechenden Räumlichkeiten erhalten?
- Welcher Tageszeitpunkt eignet sich für die Durchführung des Kurses? Eignet sich eher ein Vormittags-, Nachmittags- und/oder Abendkurs?
- In welcher Art und Weise sollte für diesen Kurs geworben werden? Informieren die ausgelegten und verteilten Handzettel und Informationsblätter ausreichend über das Konzept? Sollte eine Informationsveranstaltung stattfinden? Ist eine Pressemitteilung mit Abbildung werbewirksam? Vielleicht sollten die Kursteilnehmenden aus der Gesundheitsbildung angeschrieben werden, die schon mehrere Kurse aus der Bewegungsvielfalt belegt haben?
- Sind die kursbegleitenden Bücher für die Kursleitung und die Kursteilnehmenden bestellt?
- Wurden Beförderungsmöglichkeiten wie Fahrgemeinschaften oder öffentliche Verkehrsmittel zum Wald oder Park geklärt? Kann man das geeignete Gelände zu Fuß oder mit dem Fahrrad erreichen?
- Wurde mit der Leitung des Schwimmbades ein Belegungszeitpunkt vereinbart? Wurde der Termin mit der Kursleitung und den Teilnehmenden abgesprochen? Sind auch im Schwimmbad die benötigten Hilfsmittel vorhanden?
- Erhält die Kursleitung ausreichend Unterstützung oder müssen noch andere Möglichkeiten in Betracht gezogen werden?

Gesundheitsbildung an Volkshochschulen

Warum interessieren sich Menschen für Gesundheit?

Gesundheit besitzt für viele Menschen einen hohen Stellenwert. Die Motive für die Beschäftigung mit Gesundheitsfragen sind verschiedenartig. Ausschlaggebend sind unter anderem Wünsche nach

- Leistungsfähigkeit,
- körperlicher Fitness,
- Schönheit und
- Wohlbefinden.

Je nach individueller Lebenslage und eigenem Gesundheitsverständnis kann der Zugang von Menschen zur Gesundheit recht unterschiedlich sein. Erst im Laufe der Beschäftigung damit werden Zusammenhänge zwischen Bewegung und Entspannung, Ernährung und Körpererfahrung deutlich.

Was lässt sich an Gesundheit lernen?

Bildung kann niemanden gesund machen, obwohl statistisch gesehen die Chance, lange gesund zu bleiben, mit höherem Bildungsstand steigt. Gesundheitsbildung selbst kann Gesundheitsbewusstsein vermitteln und Möglichkeiten aufzeigen, sich selbst etwas Gutes zu tun. Eine Möglichkeit, Gesundheitsbewusstsein etwas genauer zu definieren, beschreibt Peter Paulus:

- Vernetztes Wissen über körperliche, seelische, soziale und ökologische Zusammenhänge von Gesundheit: Gesundheitsratschläge bleiben nicht isoliert bestehen, sondern verbinden sich zu einem sinnmachenden Lebensmotto.
- Die Überzeugung, selbst etwas zur Gesundheit beitragen zu können, Möglichkeiten haben, so zu handeln, dass sich mehr Wohlbefinden einstellt: Gesundheit wird nicht schicksalhaft von außen bestimmt, ist aber auch nicht erzwingbar.
- Respekt und Achtung im Umgang mit sich selbst und seiner Körperlichkeit, im Umgang mit anderen und mit der Natur: Gesundheit ist nicht etwas, was gegen andere, sondern gemeinsam mit anderen entwickelt werden kann.

Was verstehen Volkshochschulen unter Gesundheit?

Je nach kultureller Herkunft, Alter, Geschlecht, ihrer sozialen Lage und ihren Vorerfahrungen mit Krankheit verstehen Menschen Unterschiedliches unter Gesundheit. Professionelle Definitionen von Gesundheit sind so verschieden wie die von Laien. Übereinstimmend wird heute aber gesehen, dass Gesundheit nicht nur körperliche, sondern auch seelische, soziale und ökologische Aspekte umfasst. Gesundheit entspricht einer Balance zwischen Anforderungen an eine Person und Ressourcen, die sie zur Bewältigung hat. Reichen die Ressourcen aus, bleibt der Mensch gesund, reichen sie nicht, wird er krank. Arbeitslosigkeit oder schwierige Arbeitsbedingungen, Wohnsituationen und umgebende Umwelt, die genetische Disposition und das eigene Verhalten, alles kann zu Gesundheit oder Krankheit beitragen. Gesundheitlichen Schutz können ganz unterschiedliche Dinge bieten, wie z. B.

- ein starkes Immunsystem zu haben,
- ausreichend zu schlafen,
- einen Sinn im Leben zu finden,
- Vertrauen in sich selbst und in die Zukunft zu haben,
- sich unterstützender sozialer Bindungen gewiss zu sein.

So wird Gesundheit zu einer täglich neu zu meisternden Aufgabe.

Welches Konzept steht hinter der Gesundheitsbildung?

Grundlage der Planung und Durchführung von Angeboten ist der »Rahmenplan Gesundheitsbildung an Volkshochschulen« von 1984, ergänzt durch weitere qualitätssichernde Veröffentlichungen. Absicht der Gesundheitsbildung an Volkshochschulen ist es, ein lebendiges Forum für gesundheitsbezogene Interessen der Menschen zu bieten.

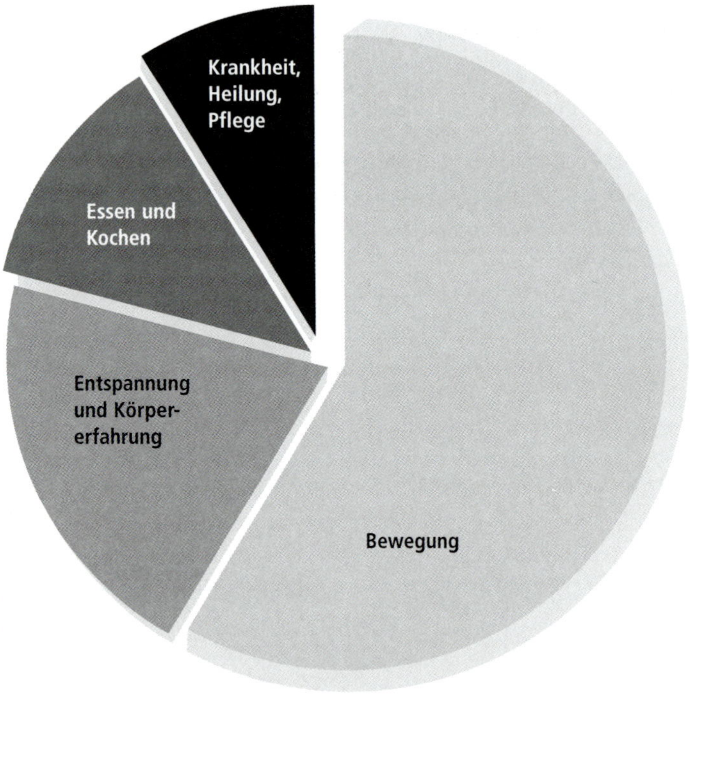

Was Teilnehmende in der Gesundheitsbildung interessiert

Was Gesundheitsbildung ist

- Sie versteht Gesundheit und Krankheit in fließenden Übergängen als Prozess, der zum Leben gehört.
- Sie bietet Menschen die Möglichkeit, den für sie persönlich passenden Weg zu finden.
- Sie hilft, unterschiedliche Ursachen für mögliche Erkrankungen erkennen zu können.
- In der Gesundheitsbildung an Volkshochschulen wird freiwillig, gemeinsam und selbstständig gelernt.
- Sie will mehr Selbstbestimmung über Gesundheit ermöglichen und dazu befähigen, auf Lebensbedingungen Einfluss nehmen zu können.
- Sie hat zum Ziel, die Handlungschancen von Menschen in gesundheitlichen Belangen zu erweitern und zu verbessern.
- Gelernt wird mit allen Sinnen. Es geht um Lernmöglichkeiten im Denken, im Handeln und im Fühlen.
- Sie verbindet Lernen mit dem Alltag und der eigenen Lebenswelt. Sie ist konkret und praxisnah.
- Sie setzt bei den subjektiven Erfahrungen und Lerninteressen der Gruppe an und fördert ein Bewusstsein für die Mitwelt.

Was Gesundheitsbildung nicht ist

- Gesundheitsbildung grenzt Krankheit oder Kranke nicht aus.
- Sie gibt niemandem die Schuld an Krankheit.
- Sie wendet sich gegen fremdgesetzte Normen für Gesundheit und Krankheit.
- Sie gibt keine Heilsversprechen.
- Gesundheitsbildung geht über Information und Aufklärung hinaus. Sie ist nicht Erziehung, weil Gesundheit anderen nicht beigebracht werden kann.
- Sie will nicht belehren, sondern Erfahrungsräume schaffen
- Sie setzt keine unerfüllbaren Ansprüche und schafft keine zusätzlichen Belastungen.
- Sie zielt nicht nur auf die eigene Person, sondern auch auf die sozialen und natürlichen Lebensbedingungen.

Mit rund 100 000 Kursen und mehr als eineinhalb Millionen Teilnehmerinnen und Teilnehmern leisten Volkshochschulen einen wichtigen Beitrag zur Gesundheitsförderung.
Das Angebot der Volkshochschulen besteht flächendeckend und wohnortnah. Es wird besonders intensiv von Frauen genutzt.

Vielfältigste Themen sind in der Gesundheitsbildung sinnvoll. Die Erfahrung zeigt aber, dass sich die Unterschiedlichkeit der Motive auf wenige Bereiche konzentriert. Im Vordergrund stehen der Wunsch nach Bewegung und nach Entspannung, die Neugierde auf Botschaften aus anderen Kulturen und aus dem eigenen Körper, das Bedürfnis nach Rezepten und Handlungsalternativen. Praxis und Wohlbefinden sind die tragenden Säulen.

Wie arbeitet die Institution?

Volkshochschulen arbeiten im öffentlichen Auftrag. Sie sind weder ideologischen noch kommerziellen Interessen unterworfen. Als kommunale Einrichtungen berücksichtigen sie örtliche Wünsche und Bedingungen.

Volkshochschulen und ihre Verbände bemühen sich gemeinsam um Qualität. Regional und bundesweit findet ein ständiger professioneller Austausch pädagogisch Planender und Unterrichtender statt, der durch Fortbildung, Beratung und Materialien für Planung und Durchführung unterstützt wird. Kurskonzepte und Lernmaterialien sind ein Teil davon.

Fachliche Grundlagen: Koordination – was ist das?

Zum Begriff Koordination

Koordination wird als ein Zusammenspiel vom Zentralnervensystem und der Skelettmuskulatur definiert. Dieses Zusammenspiel äußert sich in gezielten Bewegungsabläufen.

Training der Gewandtheit

In der Sportpraxis erkannte man immer mehr, dass eine gute Koordination innerhalb von Bewegungsabläufen zu erfolgreichen Ergebnissen führte. Aus diesem Grunde versuchte man die koordinativen Fähigkeiten zu spezifizieren, die die Bewegungen steuern und regeln. Lange Zeit kannte man die koordinativen Fähigkeiten nur unter dem Oberbegriff »Gewandtheit«.

Gewandtheit wurde sehr allgemein als Fähigkeit zur schnellen und zielgerichteten Lösung von Bewegungsaufgaben beschrieben. Nicht nur im Sport, sondern auch im Berufsleben und im Alltag spielt diese Fähigkeit eine große Rolle. Durch diese vielfältigen und unterschiedlichen koordinativen Anforderungen beim Sport und in anderen Bereichen reichte die allgemeine Definition von Gewandtheit nicht mehr aus. Die allgemeine Gewandtheit wird differenzierter betrachtet. In der Bewegungsforschung wird erkannt, dass unterschiedliche Fähigkeiten dazu beitragen, auf die verschiedensten Anforderungen mit der entsprechenden Bewegung zu reagieren. Diese verschiedenartigen Leistungsfähigkeiten sind die koordinativen Fähigkeiten.

Die koordinativen Fähigkeiten sind die Voraussetzung für die Bewegungssteuerungs- und Bewegungsregelungsprozesse, die auf Bewegungserfahrung beruhen. Die Fähigkeiten ermöglichen z. B. einem Sportler, auf vorhersehbare und unvorhersehbare Situationen sicher zu reagieren. Die Bewegungen werden ökonomisch ausgeführt, so dass mit einem geringen Aufwand an körperlicher Anstrengung auf eine Anreizsituation reagiert werden kann. Auch befähigen die koordinativen Fähigkeiten zu einem schnelleren Erlernen von neuen Bewegungsabläufen.

Diese koordinativen Fähigkeiten unterscheiden sich von den Fertigkeiten. Die Fertigkeiten sind verfestigte und teilweise automatisch ablaufende Bewegungshandlungen.

Die koordinativen Fähigkeiten unterscheidet man noch in allgemeine und spezielle koordinative Fähigkeiten. Die allgemeinen Fähigkeiten werden in den unterschiedlichsten Sportarten geschult. Sie treten im Beruf, im Alltag und in der Freizeit auf. Sie dienen zur effektiven und ökonomischen Lösung einer Bewegungsanforderung. Sie ermöglichen eine Bewegung schnell zu erlernen, sich der Situation anzupassen, unverzüglich auf sie zu reagieren und sie zu entwickeln. Die speziellen Fähigkeiten werden vorwiegend in Wettkampf- und Leistungssportarten geschult.

Koordinative Fähigkeiten

Seit Mitte der sechziger Jahre wird anhand wissenschaftlicher Untersuchungen versucht, die koordinativen Fähigkeiten zu strukturieren. In der Sportpraxis setzten sich besonders die Differenzierungen der Modelle von Hirtz (1977/1985), Meinel / Schnabel (1987), Blume (1979) und Harre (1986) durch. Dennoch ist es bis zum heutigen Zeitpunkt nicht gelungen, eine einheitliche Systematisierung der koordinativen Fähigkeiten zu definieren. Es werden bis zu 80 Begriffe verwendet, um die koordinativen Fähigkeiten zu beschreiben.

Hirtz (1985) hat die Vielzahl der Begriffe auf fünf Grundfähigkeiten reduziert, um eine bessere Übersicht zu erhalten.
Er unterscheidet in:

- Kinästhetische Differenzierungsfähigkeit
- Räumliche Orientierungsfähigkeit
- Gleichgewichtsfähigkeit
- Komplexe Reaktionsfähigkeit
- Rhythmusfähigkeit

Blume (1978) teilt die koordinativen Fähigkeiten in sieben Grundfähigkeiten ein. Dieses Modell wurde in der Theorie und in der Praxis zustimmend anerkannt. Viele Autoren bauen auf ihm ihre Koordinationsmodelle auf. Natürlich bedürfen diese sieben Grundfähigkeiten wieder einer genaueren Definition *(siehe Seiten 43/ 44 sowie Seiten 50 und 110)*.

- Kopplungsfähigkeit
- Differenzierungsfähigkeit
- Gleichgewichtsfähigkeit
- Orientierungsfähigkeit
- Rhythmusfähigkeit
- Reaktionsfähigkeit
- Umstellungsfähigkeit

Diese sieben koordinativen Fähigkeiten werden noch von der motorischen Lernfähigkeit, motorischen Steuerungsfähigkeit und der motorischen Anpassungs- und Umstellungsfähigkeit beeinflusst.

Doch ist das Modell von Blume nicht vollständig und offen genug. Basale Vorgänge wie Auge-Hand- und Auge-Fuß-Koordination müssen zu den allgemeinen koordinativen Fähigkeiten gerechnet werden. Das Timing, Simultan- und Mehrfachhandlungen dürfen nicht fehlen. Wenn man Gewandtheit und Geschicklichkeit nicht mit koordinativen Fähigkeiten gleichsetzt, sollten diese ebenfalls ergänzt werden. So ergibt sich ein offenes Schema der koordinativen Fähigkeiten (Rieder 1987,82).

Die Meinungen gehen auseinander, wenn der Begriff »Koordination« definiert werden soll. Dennoch kann der Begriff der »koordinativen Fähigkeiten« relativ genau festgelegt werden:

- Die koordinativen Fähigkeiten bilden nicht nur die Grundlage für die Bewegungssteuerung und Bewegungsregelung, sondern auch für die qualitativen Kennzeichen einer Bewegungshandlung, wie z.B. die Geschwindigkeit oder den Kraftaufwand. Durch präzise Bewegungsausführungen

kann der Kraftaufwand verringert werden, wodurch es nicht zu einer vorzeitigen Ermüdung kommt.
- Sie bilden die Voraussetzungen für motorische, also körperliche, Bewegungshandlungen.
- Durch sie ist eine schnelle Anpassung oder Umstellung auf unvorhersehbare Situationen möglich.
- Die koordinativen Fähigkeiten sind die Basis für die sensomotorische Lernfähigkeit. Je höher das Niveau ist, umso schneller werden neue Bewegungsabläufe erlernt.
- Sind die koordinativen Fähigkeiten gut ausgeprägt, können auch in späteren Jahren Bewegungsabläufe neu erlernt, erhalten und entwickelt werden.
- Die koordinativen Fähigkeiten stehen in einer engen Wechselbeziehung untereinander. Eine koordinative Fähigkeit wirkt nie allein. Außerdem wirken sie auf andere Fähigkeiten, wie z. B. die musischen Fähigkeiten, ein.

Das Kurskonzept orientiert sich an dem Modell von Blume (1978) mit den sieben koordinativen Fähigkeiten und den drei allgemeinen Grundfähigkeiten. Teilweise werden Aspekte aus dem offenen Modell in das Konzept einbezogen.

Allgemeine Grundfähigkeiten

Aus der Fülle der unterschiedlichen koordinativen Fähigkeiten lassen sich drei allgemeine Grundfähigkeiten ableiten, um Bewegungen überhaupt zu bewältigen, sich anzueignen und um mit einer motorischen Handlung auf die Situation und deren Veränderungen zu reagieren. Die drei Grundfähigkeiten sind
- die motorische Lernfähigkeit
- die motorische Steuerungsfähigkeit
- die motorische Anpassungs- und Umstellungsfähigkeit.

Diese drei Fähigkeiten stehen in Wechselwirkung miteinander. Doch ist die motorische Lernfähigkeit die wichtigste der drei Grundfähigkeiten. Durch motorisches Lernen können erst Bewegungsabläufe gespeichert werden, um sie situationsgemäß abzurufen. Motorisches Lernen ermöglicht das Erwerben, Verfeinern, Erhalten, Speichern und Anpassen von unterschiedlichsten Bewegungen in den verschiedensten Situationen. Die motorische Lernfähigkeit läuft über das Aufnehmen, Verarbeiten und Speichern von Informationen ab. Diese Fähigkeit spiegelt auch die Lernzeit bzw. die Anzahl der benötigten Wiederholungen wider, die bis zu einer Verfestigung einer Bewegungshandlung benötigt wird.

Die motorische Lernfähigkeit ist als ein Zusammenwirken von unterschiedlichen Fähigkeiten zu verstehen, in dem die sieben beschriebenen koordinativen Fähigkeiten untereinander in Wechselbeziehung stehen.

Die motorische Steuerungsfähigkeit steuert die vielen Teilbewegungen innerhalb eines Bewegungsablaufes. So wird die Bewegung im zeitlichen, räumlichen und dynamischen Ausmaß geregelt, damit der Bewegungsablauf optimal ausgeführt wird.

Diese Fähigkeit wird vorwiegend von der Kopplungs- und Differenzierungsfähigkeit beeinflusst.

Durch die motorische Anpassungs- und Umstellungsfähigkeit kann effektiv auf eine Situation und sich verändernde Zustände reagiert werden. Doch eine optimale Anpassung an die veränderte Situation ist nur möglich, wenn eine ausreichende Bewegungserfahrung *(siehe Seite 68)* der Personen vorhanden ist, um ein akzeptables Ergebnis zu erzielen. Die motorische Anpassungs- und Umstellungsfähigkeit bzw. Adaptionsfähigkeit basiert auf der Reaktions- und Umstellungsfähigkeit.

Die Gleichgewichts-, Orientierungs- und Rhythmusfähigkeit sind sowohl in der Steuerungsfähigkeit als auch in der Adaptionsfähigkeit zu finden.

Fitness und Koordination

Fitness besteht aus den konditionellen Grundfaktoren Kraft, Schnelligkeit, Ausdauer, Beweglichkeit und Koordination. Diese physischen Leistungsfaktoren sind eng miteinander verbunden und doch in Schwerpunkte unterscheidbar. Ohne diese Grundfaktoren wären die koordinativen Fähigkeiten nicht denkbar. Aber auch die genannten physischen Leistungsfaktoren sind von den koordinativen Fähigkeiten abhängig. Die koordinativen Fähigkeiten ermöglichen die Ausprägung und Entwicklung der physischen Leistungsfaktoren.

In unterschiedlicher Art und Weise beeinflussen die Grundfaktoren die koordinativen Fähigkeiten:
- Ein Minimum an Kraft muss vorhanden sein, um Bewegungen und Bewegungsabläufe überhaupt zu ermöglichen.
- Ein relativ hohes Maß an Schnelligkeit ist nötig, um schnell mit einer Bewegung auf eine veränderte Situation zu reagieren.
- Beweglichkeit ist entscheidend, um kleinere und größere Bewegungen auszuführen und um sich räumlichen Veränderungen anzupassen.
- Ausdauer ist ein sehr wichtiger Bestandteil bei den koordinativen Fähigkeiten, um einer frühzeitigen Ermüdung im Training vorzubeugen. Denn eine psychophysische Ermüdung der zentralnervösen Steuerungsvorgänge führt zu Ungenauigkeit in der Bewegungsausführung. Gerade zum Ende eines Sportspieles, beispielsweise beim Fußball, nimmt die Verletzungsanfälligkeit durch Ermüdung zu.

Koordination in Sport, Alltag, Beruf und Freizeit

Die Bedeutung der koordinativen Fähigkeiten für die Bewältigung besonders koordinativer Anforderungen im Beruf und im Alltag wird immer deutlicher gesehen.

Durch die Industrialisierung, die Mechanisierung und Modernisierung von Arbeitsprozessen hat sich der auszuführende Anteil der körperlichen und teilweise harten Betätigung sehr reduziert. Auf der einen Seite haben sich die körperlichen Anstrengungen von Kraft und ausdauernden und wiederkehrenden Arbeitsabläufen verringert. Doch haben sich auf der anderen Seite die Anforderungen auf präzise und fein abgestimmte Bewegungen herausgebildet. So wird eine Verschiebung der Arbeitsanforderungen aus dem Bereich der Muskelkraft und Ausdauer zu gut ausgeprägten koordinativen Beanspruchungen sichtbar. Deshalb müssen die koordinativen Fähigkeiten verbessert und entwickelt werden, um den neuen Arbeitsprozessen gerecht zu werden.

Aber nicht nur das Berufsleben stellt hohe Anforderungen an die Bewältigungen der Aufgabenvielfalt. Im alltäglichen Leben und in der Freizeit sind gut ausgeprägte koordinative Fähigkeiten eine wichtige Basis, um die entsprechenden Bewegungsanforderungen zu meistern. Die Fähigkeiten werden in den verschiedensten Bewegungsausprägungen- und abläufen benötigt. Beispielsweise sind sie bedeutsam, um die Hausarbeit zu erledigen und um sich sicher im Straßenverkehr zu verhalten.

Eine gut ausgeprägte Koordinationsfähigkeit ist eine wichtige Voraussetzung für Bewegungsökonomie und motorische Handlungsfähigkeit für den Alltag und den Beruf, also in allen Lebenssituationen. Alle Bewegungen, die ein Mensch vollbringt, sind koordinativ anspruchsvolle Leistungen. Die Leistungen werden zudem von der eigenen Konstitution und den körperlichen Fertigkeiten und Fähigkeiten individuell geprägt. Diese Koordinationsfähigkeit ist des Weiteren abhängig von der eigenen Tagesform und Stimmung, vom Temperament und von Gefühlen abhängig.

Eine wichtige Grundlage bilden gut entwickelte koordinative Fähigkeiten ebenso für das Wohlbefinden, das Selbstwertgefühl und die Selbstständigkeit. Gerade für ältere Menschen ist die Selbstständigkeit von besonderer Bedeutung. Sie sollte möglichst lange erhalten bleiben, um eine Hilfsbedürftigkeit zu verhindern bzw. sie möglichst weit hinauszuschieben. Die Selbstständigkeit zu bewahren, bedeutet für die einzelne Person tägliche Anforderungen wie z. B. Essen kochen ohne Hilfe zu erledigen. Auch entscheidet die Selbstständigkeit über den Aktionsradius, in dem sich eine Person bewegen kann. Alleine Einkaufen gehen oder Freunde besuchen zählen zu den Aktivitäten, die selbstständig ausgeführt werden können.

Die Koordinationsfähigkeit entscheidet ebenfalls über die Qualität einer Bewegungsausführung. Sie beeinflusst die Bewegungsgeschwindigkeit und die Art und Weise, wie eine Bewegung ausgeführt, erlernt und entwickelt wird. Eine erhöhte Leistungsbereitschaft wird ebenso verzeichnet, wenn die koordinativen Fähigkeiten gut ausgebildet sind. Diese Bereitschaft wiederum führt zu vermehrten motorischen Lernerfolgen.

Die koordinativen Fähigkeiten sollten aus folgenden Gründen gezielt geschult werden:

- Die Bewegungserfahrung einzelner Personen sollte vergrößert werden, damit Bewegungshandlungen zielgerichtet und zweckgemäß ausgeführt werden können.
- Der Alltag wird besser bewältigt.
- Ausgeprägte koordinative Fähigkeiten stellen eine Unfallprophylaxe dar. Sie schützen vor Verletzungen und Stürzen.
- Das Selbstwertgefühl und die Selbstständigkeit werden gesteigert.
- Fehlbelastungen werden vermieden.
- Die einzelnen Bewegungsabläufe werden ökonomisiert. Der Kraftaufwand wird reduziert, um auf eine Anreizsituation zu reagieren. So wird einer frühzeitigen Ermüdung entgegengewirkt.
- Die Bewegungsabläufe werden harmonisiert. Durch häufiges Wiederholen von Lernvorgängen können einzelne Bewegungen automatisiert werden.

Information und Wahrnehmung

Die Wahrnehmung einer Person, beispielsweise einer Sportlerin, ist von verschiedenen Faktoren abhängig. Die Bewegungen des Auges werden von früheren Erlebnissen und neuen Erwartungen gesteuert. Die wahrgenommenen Informationen werden in einer Afferenzsynthese erfasst und anschließend verarbeitet. Die Verlaufsqualität dieses Vorganges ist abhängig von den analysatorischen Fähigkeiten. In der Afferenzsynthese werden die verbalen, optischen und kinästhetischen Impulse zu einem Komplex verschmolzen. Die Trainerin erklärt (verbal) einer Sportlerin einen Bewegungsablauf, den sie anschließend vorführt (optisch). Die Sportlerin übt den Bewegungsablauf und erhält erste Informationen über den möglichen Ablauf der Bewegung (kinästhetisch). Diese ankommenden bzw. afferenten Impulse werden zu einer Einheit zusammengefügt. Erst daraufhin erfolgt eine Entwicklung eines Bewegungsplanes, bevor ein Bewegungsablauf überhaupt ausgeführt wird.

Die Qualität der koordinativen Fähigkeiten ist abhängig von der Leistungsfähigkeit bezüglich der Informationsaufnahme und der Informationsverarbeitung der unterschiedlichen Analysatoren. So ist die Bewegungssteuerung und -regelung nur möglich, wenn das Zentralnervensystem immer Rückinformationen über den Bewegungsablauf erhält. Fünf Analysatoren bzw. Sinne übermitteln diese Informationen:

- der kinästhetische Analysator (Bewegungssinn)
- der taktile Analysator (Tastsinn)
- der statiko-dynamische Analysator (Gleichgewichtssinn)
- der optische Analysator (Gesichtssinn)
- der akustische Analysator (Gehörsinn)

Diese Analysatoren beeinflussen im unterschiedlichem Maße die Bewegungssteuerung und Bewegungsregelung.
Sie wirken untereinander und ergänzen sich gegenseitig.

Der kinästhetische Analysator ist verantwortlich für das »Bewegungsgefühl«. Die Rezeptoren – vor allem Muskelspindeln – befinden sich in Sehnen, Muskeln, Bändern und Gelenken. Sie geben Informationen über die Stellung der Extremitäten und des Rumpfes. Dieser Analysator gibt ebenfalls Aufschluss über einwirkende Kräfte, Anspannung und Entspannung, Dehnungen und Verkürzungen der Muskeln und die Gelenkstellung. Außerdem ist dieser Analysator oft Voraussetzung für eine genaue Bewegungsausführung in Raum und Zeit.

Der taktile Analysator erhält seine Informationen über die Rezeptoren, die in der Haut liegen. Sie informieren über die Form und Oberfläche von berührten Gegenständen, sie geben Aufschluss über auftretende Widerstände, wie z.B. Luft und Wasser, die bei Bewegungsabläufen auftreten.

Der statiko-dynamische Analysator bekommt seine Informationen über den vestibularen Analysator bzw. den Vestibularapparat *(siehe Seite 33)* im Innenohr. Der Analysator leitet Informationen über Richtungs- und Beschleunigungsvorgänge des Kopfes weiter. Zudem spielt er eine wichtige Rolle zum Halten und Wiederherstellen des Gleichgewichts.

Der optische Analysator informiert mit Hilfe des Auges über Eigen- und Fremdbewegungen der sich bewegenden Umwelt. Dieser Analysator verfolgt die optische Führung einer Bewegung. Er wirkt eng mit dem kinästhetischen Analysator zusammen.

Der akustische Analysator erhält seine Informationen über das Ohr. Er gibt einer Person Informationen über bewegungsbegleitende Geräusche, wie z. B. Lauf- und Ballgeräusche beim Basketballspiel. Über diesen Analysator werden bewegungsanleitende Informationen durch die Trainerin wahrgenommen.

Die Qualität der koordinativen Fähigkeiten wird von den fünf analysatorischen Fähigkeiten bestimmt. Dennoch kann die Bedeutung der einzelnen Analysatoren von einer Sport- und Bewegungsart zur anderen unterschiedlich hoch sein. Ist die Sportlerin in der Lage, ihre Umwelt genau zu analysieren, kann sie sich schneller auf veränderte Bedingungen einstellen, um mit der entsprechenden Bewegungshandlung zu reagieren – wenn z.B. die Gegenmannschaft eine neue Strategie einleitet.

Die koordinativen Fähigkeiten basieren noch auf weiteren Teilfunktionen.

- Die Antizipation und Ausführung einer Bewegungshandlung ist von den gespeicherten Bewegungserfahrungen und von den gefestigten Bewegungsprogrammen bzw. Fertigkeiten abhängig.
- Die Innervation, die Weiterleitung der von den Nerven aufgenommenen Reize an die benötigte Muskulatur, ist entscheidend bei der Bewegungsausführung.
- Nachdem eine trainierende Person eine Bewegung ausgeführt hat (Ist-Wert) und bevor sie mit einem erneuten Versuch übt (Soll-Wert), findet ein Vergleich des Ist- und Soll-Wertes statt. Diese ständige Rückinformation soll zu einer optimalen Bewegungsausführung führen.
- Das Zentralnervensystem leitet Informationen an die beanspruchte Muskulatur weiter, um eventuell Bewegungsausführungen zu korrigieren.

Sicherheit im Unterricht

Damit im Verlauf des Kursbausteines Verletzungen und Gefahrenquellen nach Möglichkeit vollständig ausgeschlossen werden, beachten Sie bitte für jede Unterrichtseinheit die Sicherheitsratschläge *(siehe auch Seiten 30, 44, 61f, 72, 81, 96, 98 und 106)*.

- Weisen Sie Teilnehmerinnen mit gesundheitlichen Problemen darauf hin, dass sie vor Aufnahme des Trainings Rücksprache mit dem behandelnden Arzt halten sollten, um gesundheitliche Risiken auszuschließen. Erst wenn der Arzt mit einem körperlichen Training einverstanden ist, kann die Person am Kurs teilnehmen.
- Machen Sie die Teilnehmenden darauf aufmerksam, dass Übungen abgebrochen werden müssen, wenn Schmerzen auftreten. Schmerz sollte immer limitierender Faktor sein. Einige Übungen können ein leichtes Ziehen auslösen. Dieses ziehende Gefühl braucht nicht zum Abbruch der Übung zu führen.
- Weisen Sie die Gruppe auf eine regelmäßige Atmung hin. Auch während einer Übung wird ruhig und gleichmäßig geatmet. Haben einzelne Personen Schwierigkeiten mit einer regelmäßigen Atmung, helfen Sie ihnen. Verdeutlichen Sie ihnen ein bewusstes Ein- und Ausatmen. Atmen Sie bewusst ein und mit einem leichten Atemgeräusch aus. So finden die Teilnehmerinnen einfacher zu einer gleichmäßigen Atmung.
- Achten Sie auf eine individuelle Belastungsintensität. Lassen Sie zwischendurch ruhig den Puls kontrollieren, damit eine Überbelastung vermieden wird. Beachten Sie hier die Hinweise zur richtigen Herzfrequenzmessung *(siehe Seite 20)*.
- Führen Sie die gymnastischen Übungen immer unter funktionellen Gesichtspunkten aus, wie z. B. Vermeiden von Gelenkanschlägen und wirbelsäulengerechtes Belasten.
- Machen Sie die Gruppe auf die richtige Sportkleidung aufmerksam. Die Kleidung sollte angenehm und locker sitzen. Besonders wichtig sind die richtigen Sportschuhe. Die Schuhe sollten für die Belastungen, die durch Gehen, Laufen und Springen entstehen, geeignet sein.
- Beobachten Sie immer Ihre Teilnehmerinnen. Achten Sie darauf, dass sie nicht beim Laufen, Gehen und Spielen zusammenstoßen und sich verletzen. Auch bei Partnerinnenübungen sollten Sie auf einen ausreichenden Sicherheitsabstand zueinander und untereinander achten.
- Gerade bei Gleichgewichtsübungen mit unterschiedlichen Hilfsmitteln sollte gegebenenfalls eine Hilfestellung durch eine Partnerin erfolgen. Der Abstand zu gefährlichen Gegenständen sollte ausreichend sein. Legen Sie zudem zur Sicherheit viele Matten aus.
- Wenden Sie sofort Erste-Hilfe-Maßnahmen bei einem Unfall oder bei einer Verletzung an und rufen Sie einen Notarzt. Informieren Sie sich, wo sich der Erste-Hilfe-Verbandskasten in der Einrichtung befindet.

Steuerung der Belastungsintensität

Eine gezielte Belastung beim Training ist von besonderer Bedeutung, um eine Überforderung einzelner Teilnehmerinnen zu vermeiden. Durch die individuelle Belastungssteuerung wird das Training ergebnisreich und bereitet Spaß. Jede teilnehmende Person hat ihre eigenen Leistungsgrenzen, die natürlich noch vom jeweiligen Trainingszustand abhängig sind. Gerade Anfänger, Untrainierte und Wiederbeginner sollten langsam an eine höhere Belastungsintensität herangeführt werden. Die maximale Leistungsgrenze sollte sowohl bei Anfängern als auch bei Fortgeschrittenen durch dieses Übungsprogramm nicht erreicht werden.

Die Intensität eines Trainings kontrolliert und steuert man über den Pulsschlag bzw. die Herzfrequenz. Um den Pulsschlag zu messen, brauchen Sie nur eine Uhr mit Sekundenzeiger oder eine Stoppuhr. Den Pulsschlag fühlt man am besten an der Innenseite des Handgelenkes oder seitlich am Hals direkt nach der Belastung.
Zehn Sekunden zählen Sie den Pulsschlag, während Sie am Platz weitergehen. Die Zahl multiplizieren Sie mit 6.
So erhalten Sie als Ergebnis Ihren augenblicklichen Pulsschlag (z. B. 23 Schläge x 6 = 138). Das Ergebnis vergleichen Sie mit der optimalen Herzfrequenz, die sich über die Faustformel zur Berechnung der optimalen Pulsfrequenz einfach ermitteln lässt.

Die Belastungsgrenze für die Trainingspulsfrequenz errechnet man mit der Faustformel zur Berechnung der optimalen Pulsfrequenz:

Anfänger	180 Schläge minus Lebensalter
Fortgeschrittene	200 Schläge minus Lebensalter
Leistungssportler	220 Schläge minus Lebensalter

Wenn man von dem errechneten Höchstwert des Pulsschlages 25 Schläge subtrahiert, erhält man den Grenzwert, in dem sich der optimale Trainingsbereich befinden sollte.
Eine Anfängerin, die 45 Jahre alt ist, sollte den Pulswert von 135 Schlägen pro Minute nicht überschreiten (180 Schläge minus 45 Jahre = 135 Schläge pro Minute). Der optimale Trainingsbereich für diese Teilnehmerin liegt zwischen 135 und 110 Schlägen pro Minute.

Liegt der ermittelte Wert unter dem optimalen Trainigsbereich, kann die Intensität noch erhöht werden. Befindet sich der Wert über dem des optimalen Bereiches, sollte die Intensität verringert werden, um eine Überforderung auszuschließen. Ist das bei einzelnen Teilnehmerinnen der Fall, sollten sie auf keinen Fall stehen bleiben. Sie sollen durch Gehen am Platz oder durch den Raum in Bewegung bleiben. So wird vermieden, dass der erhöhte Blutkreislauf plötzlich unterbrochen wird. Eine Unterbrechung kann zu einem Blutstau in den Beinen führen, der mit einer Blutleere im Kopf und Schwindelgefühlen verbunden ist.

Lassen Sie gegebenenfalls mehrmals bei Anfängern und Wiederbeginnern den Pulsschlag messen. Bei Fortgeschrittenen reicht oft eine einmalige Kontrolle nach einer Belastung.

Am Anfang einer Unterrichtseinheit kann der Ausgangspuls ermittelt werden. Er ist niedriger als der des optimalen Trainingsbereiches, aber höher als der Ruhepuls am Morgen im Liegen. Nach der Entspannungsphase wird die Pulszahl um 20-30 Schläge niedriger als der errechnete Trainingspuls sein.

Bedenken Sie, dass diese Werte nur Annäherungs- bzw. Durchschnittswerte sind. Durch äußere Faktoren, beispielsweise Stress, Medikamente oder Krankheit, kann sich die Pulsfrequenz ändern.

Die Belastung können Sie auch über die Atmung kontrollieren. Sie lässt sich leicht überprüfen. Mit der Partnerin oder Ihnen sollte sich die Teilnehmerin noch unterhalten können, ohne dass diese Person schnaufen muss.

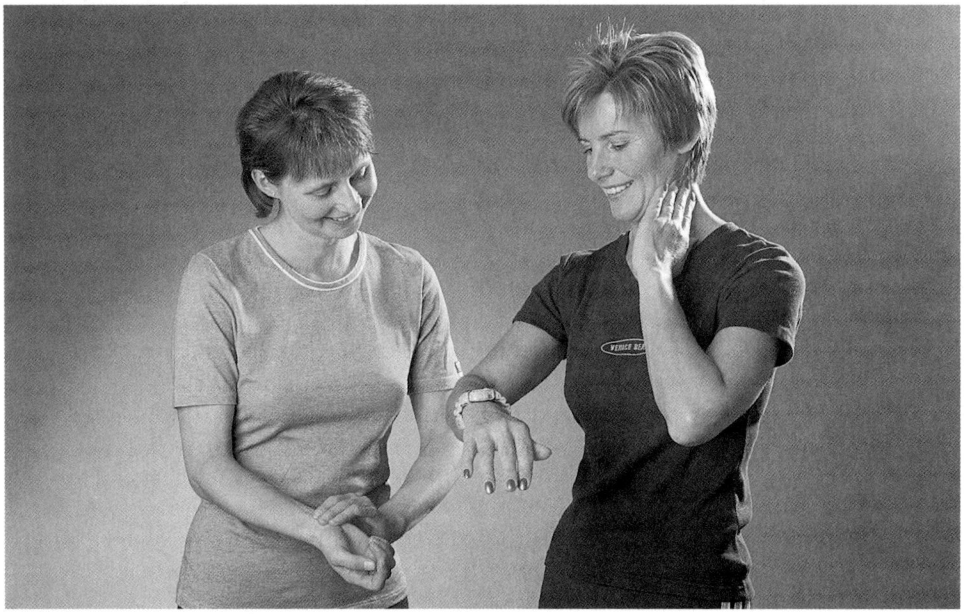

Optimale Pulsmessung

Pädagogische Grundlagen: Wie gelingt der Unterricht in Koordination?

Was gibt es da überhaupt zu lernen?

Das Hauptmotiv für die Teilnahme an diesem Konzept ist die Gesundheit. Die Teilnehmenden wollen ihren Körper bewusster erleben. Sie wollen durch Sport und Bewegung ihren Körper erfahren. Durch das gesellschaftliche und soziale Umfeld wird die Körperlichkeit immer weiter zurückgedrängt. In nur noch sehr wenigen Berufen werden vielfältige Bewegungsabläufe gefordert. Die meisten Berufe zeichnen sich durch einseitige und zu wenige Bewegungen aus. Sitzende Tätigkeiten, die stark durch die neuen Medien beeinflusst sind, führen zu einer körperlichen und sinnlichen Verarmung. Dazu wird im Gegensatz im visuellen Bereich eine Vollkommenheit vorgetäuscht, wie beispielsweise durch Computer- und Videospiele.

Durch die Teilnahme wollen die Personen ihre Beweglichkeit und körperliche Leistungsfähigkeit steigern. Durch Ausprobieren, Finden und Variieren erhoffen die Teilnehmerinnen zu sich selbst zu finden und mehr über sich selbst zu erfahren. Sie erlernen einen sensibleren Umgang mit dem eigenen Körper. Durch die Bewegungsvielfalt des Kursangebotes nehmen die Teilnehmenden ihren Körper bewusster wahr. Sie verstehen ihn besser und erleben sich selbst im Körper. Eine innere und äußere Balance wird wiederhergestellt. Die Teilnehmerinnen lernen ihre Stärken und Schwächen kennen und wie sie diese im Sport und im Alltag ausgleichen können. Das erleichtert ihnen die Bewältigung der vielseitigen Anforderungen im Bewegungsalltag wie etwas zu tragen oder sich anzuziehen.

Der erlernte bewusstere Umgang mit dem eigenen Körper führt zur Vermeidung von Fehlbelastungen und -haltungen. Die Personen lernen durch das vielfältige Training auch Verletzungen, die beispielsweise durch Stürze verursacht werden, vorzubeugen.

Ein weiterer wichtiger Aspekt ist die soziale Komponente. Im Verlauf des Kurses erfahren sich die Teilnehmerinnen untereinander. Sie erlernen, dass sie sich aufeinander verlassen können, vor allem bei Partnerinnenübungen. Sie erfahren Vertrauen untereinander. Das ist besonders notwendig bei neuen Aufgaben, die nur mit Hilfestellungen durch die Partnerin ausführbar sind.

Oft hilft die Gruppendynamik einzelnen Teilnehmerinnen zum Durchhalten des Stunden- oder Kursverlaufes. Es gibt immer wieder Situationen, in denen kleinere Misserfolge erfahren werden. Dann sind einzelne Personen oft enttäuscht und möchten am liebsten aufgeben. Doch die Gruppe kann diese Teilnehmerin unterstützen, damit sie wieder weiter übt.

Außerdem können die Teilnehmenden durch Beobachten erkennen, dass auch anderen Personen Aufgabenstellungen nicht sofort gelingen oder sie kleinere Enttäuschungen erleben.

Vorbereitung und Nachbereitung

Der Erfolg eines Stundenablaufes ist nicht nur von den Zielen und Inhalten abhängig, sondern beginnt schon mit der Vorbereitung. Bevor Sie mit der Planung der einzelnen Kurseinheiten anfangen, müssen die äußeren und inneren Rahmenbedingungen analysiert werden. Es muss geklärt werden, ob sich die von der Institution zur Verfügung gestellten Räumlichkeiten für die Bewegungsarbeit eignen. Ferner stellt sich die Frage, welche Materialien und Hilfsmittel zur Verfügung stehen und welche noch angeschafft werden müssen. Nicht zu vernachlässigen ist der Zeitpunkt des Kurses im Tagesablauf und die Wetterbedingungen. Oft hängt die Leistungsfähigkeit der Teilnehmerinnen von diesen beiden Faktoren ab.

Zu den inneren Rahmenbedingungen zählen die Zielsetzung, die Sie verfolgen, und ob diese mit der Zielsetzung des Konzeptes übereinstimmt. Außerdem sollten Sie den Bezug, den Sie zu der Gruppe haben, versuchen einzuschätzen. Zum Beginn des Kurses kann Ihnen das nur durch Befragung und Beobachtung gelingen, um eine individuelle Entwicklung der einzelnen Teilnehmerinnen zu fördern.

Bereiten Sie die Kursbausteine rechtzeitig vor, damit Sie alle Übungen ausprobieren können. Dann haben Sie noch die Möglichkeit, nach Variationen zu schauen. Sie können das fachliche Wissen durch intensive Vorbereitung festigen. So steht Ihnen noch ausreichend Zeit zur Verfügung, um eventuell weitere Hilfsmittel zu besorgen und bereitzulegen. Gerade als erfahrene Kursleitung neigt man dazu, nur eine kurzfristige Planung vorzunehmen. Nehmen Sie sich die Zeit für eine intensive Vorbereitung, damit Ihre Stunde zum Erfolg wird.

Zur Vorbereitung gehört auch ein rechtzeitiges Erscheinen im Übungsraum. So können Sie in Ruhe alle Hilfsmittel, Kleingeräte und sonstigen Gegenstände bereitlegen. Ihnen bleibt genügend Zeit, die Musikanlage zu überprüfen und die entsprechende Musik aus Ihren Unterlagen herauszusuchen.

Die Auswahl der Stundeninhalte ist ein weiterer wichtiger Aspekt. Die Inhalte müssen sich an den Interessen und Bedürfnissen der Teilnehmenden orientieren. Wenn Sie sich bei der Stundenplanung das Leistungsvermögen der einzelnen Teilnehmerinnen vor Augen führen, werden Sie feststellen, ob die unterschiedlichen Unterrichtsphasen für alle Teilnehmerinnen geeignet sind. Durch die verschiedenen Leistungsniveaus muss der Inhalt der Bewegungsphasen so vorbereitet werden, dass alle Gruppenmitglieder das Ziel erreichen können. Das Kurskonzept bietet viele Variationsmöglichkeiten *(siehe Seite 5)*, damit die Teilnehmenden nicht über- und unterfordert werden. Gegebenenfalls müssen einzelne Unterrichtsphasen in den Kursbausteinen gegen Aufgabenstellungen aus anderen Kapiteln mit dem gleichen Ziel ausgetauscht werden, um den individuellen Leistungsfähigkeiten der Teilnehmerinnen gerecht zu werden.

An einem abwechslungsreichen Stundeninhalt hat die Gruppe mehr Spaß als an monotoner Wiederholung der immer gleichen Übungen. Die einzelnen Kursbausteine geben ein vielfältiges und variables Programm vor. Durch die unterschiedlichen Zielsetzungen und Inhalte sollen die Teilnehmerinnen erlernen, sich selbst einzuschätzen, die eigenen Grenzen zu erkennen, eigene Ziele zu setzen und zu erreichen sowie den Mut aufzubringen, »Neues« auszuprobieren. Natürlich ist ein Abweichen vom Plan möglich, wenn die Zielsetzungen der einzelnen Phasen nicht vernachlässigt werden.

Die Nachbetrachtung einer Bewegungsstunde ist unerlässlich. Hier können Sie sich fragen, ob der Stundeninhalt den Bedürfnissen der Teilnehmerinnen entsprochen hat. Wurden die Inhalte des Kursthemas vermittelt? Hatten die Teilnehmerinnen im Ablauf der Kurseinheit ausreichend Zeit zur Erholung zwischen den einzelnen Unterrichtsphasen? Wurde die Leistungsfähigkeit der einzelnen Personen genügend berücksichtigt? Die Antworten auf diese und weitere Fragen beziehen Sie in die nächste Stundenvorbereitung mit ein, damit eine individuelle und leistungsgerechte Förderung der einzelnen Teilnehmerinnen gewährleistet wird.

Struktur der Treffen

Die Struktur und Funktion des Stundenablaufes ist in allen Kursbausteinen identisch aufgebaut. Jede Unterrichtseinheit ist dreigeteilt.

Sie beginnt mit der Einleitung der Stunde. Der Verlauf der Stunde wird vorgestellt, damit sich die Teilnehmerinnen ein Bild vom Ablauf der Veranstaltung machen können. Anschließend beginnt die Aufwärmphase, um den Organismus in Schwung zu bringen. Während des Aufwärmens werden bei den Teilnehmenden das Interesse und die Bereitschaft geweckt, bekannte und neue Bewegungsabläufe auszuprobieren.

Im Hauptteil findet man die Schwerpunkte der Unterrichtseinheiten. Die koordinativen Fähigkeiten werden durch unterschiedliche Bewegungsmethoden geschult, verbessert und gefestigt. Durch unterschiedliche Übungsaufgaben erfahren sich die Teilnehmerinnen selbst in verschiedenen Organisationsformen wie Einzel-, Partner- und Gruppenübungen und in Entspannungsphasen. In einem vielfältigen Programm, das von Stunde zu Stunde abwechslungsreich gestaltet ist, probieren die Teilnehmerinnen neue und bekannte Bewegungsabläufe aus, auch wenn es mal Misserfolge gibt. Das Übungsangebot sollte so aufbereitet werden, dass verschiedenste Interessen bei den Personen geweckt werden. Die Übungen sollten immer den unterschiedlichen Leistungsfähigkeiten der Teilnehmerinnen entsprechen, so dass alle das Ziel, wenn auch nur in kleinen Schritten, erreichen. Es gibt in diesem Konzept keine eindeutige Trennung zwischen richtig und falsch. Das Bemühen um die Mitwirkung im Kurs sollte positiv anerkannt und gewürdigt werden.

Im dritten Teil, dem Stundenabschluss, soll sich der Körper aktiv von den unterschiedlichen Belastungen erholen. Das geschieht durch Entspannungsphasen, Dehnübungen, kleine Spiele oder auch Partnerübungen.

Im abschließenden Gespräch können die Teilnehmerinnen Gefühle äußern, die Sie und andere Teilnehmerinnen nicht kommentieren sollten. Fragen können gestellt werden, die Sie natürlich beantworten. Zum Abschluss motivieren Sie die Teilnehmerinnen, einige Übungen aus dem Kursbuch zu Hause zu wiederholen und zu festigen. Dadurch wird nicht nur die Wirkungsweise der Übungen unterstützt, sondern auch die Selbstständigkeit gefördert.

Umgang mit anderen

Neben den Inhalten der Kurseinheiten und den fachlichen Grundlagen spielt die eigene Persönlichkeit eine zentrale Rolle. Versuchen Sie Ihre Persönlichkeit zu bewahren. Geben Sie den Spaß, den Sie selbst an Bewegung haben, an die Teilnehmerinnen weiter.

- Seien Sie immer nett und freundlich, wenn Sie Ihre Übungsanleitungen mitteilen. Vermeiden Sie einen Befehlston.
- Sprechen Sie laut und deutlich, ohne dass Sie schreien. Motivieren und ermutigen Sie immer wieder die Gruppe oder einzelne Teilnehmerinnen.
- Schenken Sie Ihren Teilnehmerinnen viel persönliche Aufmerksamkeit. Seien Sie behilflich, wenn eine Teilnehmerin ein Problem hat.
- Loben Sie die Gruppe und einzelne Kursteilnehmerinnen. Auch bei nur kleinen Fortschritten sprechen Sie Ihr Lob aus.
- Heißen Sie die Gruppe immer zu Beginn der Stunde willkommen. Bedanken Sie sich am Ende für die aktive Teilnahme am Kurs und gratulieren Sie zum erreichten Ziel.

Nutzen Sie neben den aufgeführten verbalen Ausdrucksmöglichkeiten Ihre nonverbalen Fähigkeiten. Ihre Mimik und Gestik sollte immer positiv auf die Teilnehmenden wirken. Lächeln, zwinkern und nicken Sie Ihren Teilnehmerinnen zu.
Sie werden sich mit einem strahlenden Lächeln bedanken. Versuchen Sie mit jeder Teilnehmerin mindestens einmal im Unterricht Augenkontakt aufzunehmen.

Neben der Gestik und Mimik ist auch die Körpersprache von besonderer Bedeutung. Bestimmte Bewegungen und Haltungen werden sowohl als freundlich als auch als unfreundlich interpretiert. Aus diesem Grund sollten Sie eine offene Körperhaltung zeigen. Stehen Sie mit dem Gesicht zur Gruppe oder mischen Sie sich unter die Gruppe. Vermeiden Sie Situationen, in denen Sie mit dem Rücken zur Gruppe stehen, es sei denn, dass dadurch eine Bewegungsausführung für die Teilnehmerinnen deutlicher wird.

Wahren Sie zu den Teilnehmerinnen einen gewissen Abstand. Dieser Persönlichkeitsfreiraum, den jeder Mensch für sich bean-

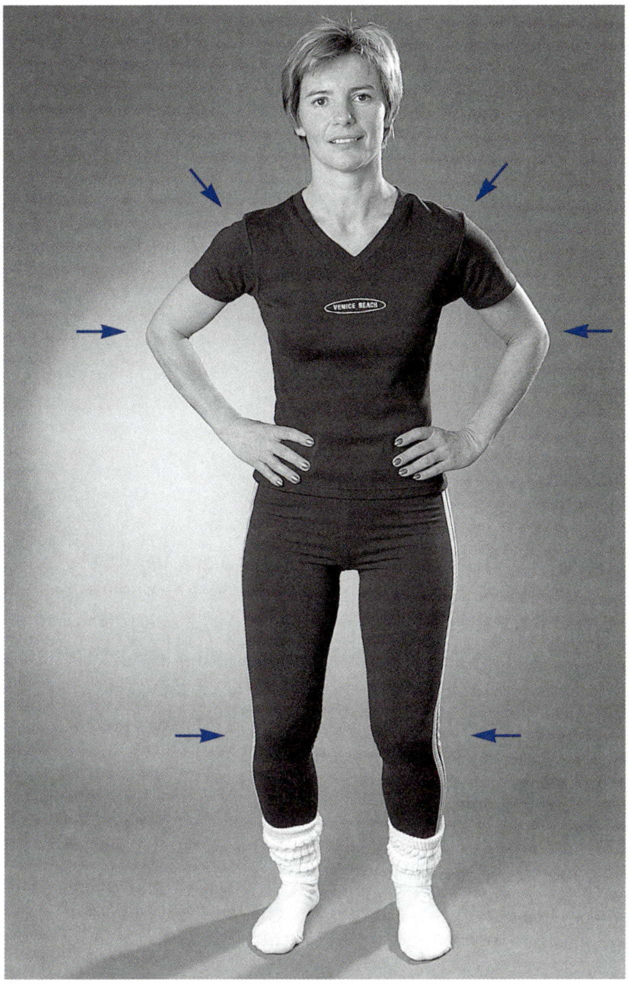

Positive Berührungspunkte

sprucht, variiert von Person zu Person. Wählen Sie lieber einen größeren als einen zu nahen Abstand zur Kursteilnehmerin. Der Sicherheitsabstand, den die einzelnen Teilnehmerinnen untereinander einnehmen, gibt Ihnen Anhaltspunkte, wer welchen persönlichen Freiraum benötigt.

Berührungen, die von Ihnen oder anderen Teilnehmerinnen ausgeführt werden, können verschiedene Emotionen auslösen. Einige Menschen mögen es, berührt zu werden. Andere fühlen sich eher unwohl, wenn sie berührt werden. Berührungen an den richtigen Körperstellen können sogar positive Auswirkungen haben. Zum einen kann der Kontakt beruhigend wirken. Zum anderen wird signalisiert, dass man an die Person denkt. Die zwischenmenschliche Beziehung wird so verbessert.

Wenn Sie beispielsweise gerne beim Korrigieren der Übungsaufgaben berühren, dann sollten Sie nur die Knie, Ellenbogen und Schulter berühren, um ein Unbehagen bei den Teilnehmerinnen zu vermeiden. An diesen Punkten enden nur wenige Nerven, wodurch eine Berührung als angenehm empfunden wird. Auf keinen Fall sollten Sie die Mitte des Oberschenkels, den Unterarm, den Bauch, das Gesäß und den Oberarm berühren. An diesen weichen Körperteilen enden viele Nerven, wodurch Körperkontakte unangenehme Gefühle auslösen können.

Fragen Sie vor jeder Berührung nach, ob die Teilnehmerin einverstanden ist, so gehen Sie sicher. Ein kurzes »Darf ich?« kann schon genügen, wenn es mit der Bereitschaft verbunden ist, ein »Nein, nicht so gerne« anzunehmen. Befindet sich in der Gruppe eine Person, die überhaupt keine Berührungen mag, sollten Sie dies akzeptieren. Besondere Sensibilität für Grenzen ist zwischen Männern und Frauen gefragt. Hier sollten Sie sich in allen Zweifelsfällen eher zurückhalten.

Sind Sie eher ein distanzierter Mensch, dann sollten Sie sich überwinden, die Teilnehmerinnen an positiven Punkten zu berühren.

Die Übenden sollen erfahren, dass ein Training in der Gruppe etwas sehr Positives ist. Keiner wird sich negativ über eine andere Teilnehmerin äußern, die nicht die gleichen körperlichen Leistungsfähigkeiten hat. Geschieht dies doch innerhalb der Gruppe, sollten Sie dies sofort unterbinden. Nur durch das gemeinsame Gruppengefühl erfahren alle Teilnehmerinnen, dass Sie von der Gruppe mit all ihren Stärken und Schwächen akzeptiert werden.

Allgemeine methodische Hinweise

Nachdem Sie die externen und inneren Voraussetzungen überprüft haben, sollten sie außerdem folgende allgemeinen Grundsätze beachten:

- Bauen Sie bei den unterschiedlichen Trainingsformen die Aufgaben immer vom Leichten zum Schweren, vom Bekannten zum Unbekannten und vom Einfachen zum Komplizierten auf. Die Teilnehmerinnen können beim Üben und Ausprobieren ruhig mal die Augen schließen, um Bewegungsabläufe zu erlernen und zu festigen.
- Passen Sie den Schwierigkeitsgrad der einzelnen Übungen den unterschiedlichen Leistungsfähigkeiten der Teilnehmerinnen an.
- Achten Sie darauf, dass die Programmvielfalt des Konzeptes die Teilnehmenden nicht überfordert. Wichtig ist immer, dass ein Ziel erreicht und verfestigt wird, bevor neue Aufgabenstellungen ausprobiert werden sollen.
- Seien Sie offen für Wünsche und Anregungen von Seiten der Teilnehmerinnen. Ändern Sie gegebenenfalls den Ablauf der Unterrichtseinheit.
- Ihre Instruktionen sollten kurz und verständlich sein. Beschränken Sie sich bei den Erläuterungen auf die wichtigsten Informationen und Hinweise.
- Versuchen Sie nur positive und konkrete Korrekturen zu geben. Wenn beispielsweise einige Teilnehmerinnen die Knie durchdrücken, geben Sie folgende Anweisung: »Die Knie sind leicht gebeugt.« Diese positive Korrektur sagt aus, was die einzelne Teilnehmerin verbessern kann. Eine negative Korrektur sagt nur aus, was man nicht ausführen soll. Es gibt keinen Hinweis, wie man die Bewegung oder Haltung optimieren kann.

Eine unkonkrete Korrektur erklärt nicht, wie das Ziel erreichbar ist: »Stellen Sie sich gerade hin!« – »Ja, aber wie geht das?« Bei individuellen Korrekturen sollten Sie Ihr Fingerspitzengefühl einsetzen. Achten Sie beim Korrigieren auf die Körperteile, die Sie berühren *(siehe Seite 23)*.

- Das schematische Wiederholen von Bewegungsabläufen, die von Ihnen vorgemacht werden, sollte vermieden werden. Die Teilnehmerinnen sollen die Bewegungen ausprobieren und sich in ihnen selbst erfahren.
- Dosieren Sie die Belastung entsprechend dem Leistungsvermögen der einzelnen Teilnehmerinnen. Bieten Sie immer wieder unterschiedliche Belastungsvariationen an. Vermeiden Sie maximale Belastungen der Teilnehmenden.
- Achten Sie auf eine ausreichende Erholung zwischen Belastungsphasen und Übungsabläufen.
- Besonders wichtig ist die funktionelle Ausführung der Übungen. Die Übungen sollten gelenk- und wirbelsäulenschonend ausgeführt werden. Wenn Ihnen nicht ganz klar ist, was dies genau bedeutet, besuchen Sie eine Fortbildung zu diesem Thema.
- Motivieren Sie ihre Teilnehmerinnen nicht nur durch Lob, sondern auch durch Musik. Musik kann die Stimmung positiv und negativ beeinflussen. Nutzen Sie den Charakter der Musik, um Bewegungsimpulse und angenehme Gefühle zu verstärken. Beachten Sie bei der Musikauswahl die Altersgruppe der Teilnehmerinnen.
- Beachten Sie Ihre Wortwahl beim Erklären oder Informieren. In den Entwicklungen der verschiedensten Sportarten hat sich eine eigene Terminologie entwickelt, die hauptsächlich zu englischen Begriffen tendiert. Besonders zeichnet sich diese Tendenz bei den Trendsportarten, wie z. B. beim Aerobic oder Rope-Skipping, ab. Im Handbuch sind sowohl die englischen als auch die deutschen Begriffe aufgeführt. Entscheiden Sie anhand der Gruppen- und Altersstruktur, welche sprachliche Darstellung Sie benutzen.

Training mit Musik

Der Einsatz von Musik in den unterschiedlichsten Unterrichtsphasen unterstützt das dynamische und rhythmische Training. Es ist sehr wichtig, dass die ausgewählten Musikstücke das richtige Tempo haben, damit das Aufgabenziel erreicht wird und der Körper in Schwung kommt. Die Taktschläge pro Minute oder »beats per minute (bpm)« geben das Tempo zum Üben an. Folgende Geschwindigkeit sollte die Musik für die entsprechenden Stundenteile haben:

Aufwärmen	120-135 bpm
Low-Impact (Aerobic)	130-150 bpm
High-Impact (Aerobic)	135-160 bpm
Step-Aerobic	120-130 bpm
Rope Skipping	130-140 bpm, 160 bpm für Fortgeschrittene
Dehnphasen	bis 100 bpm

Ob Ihre ausgewählte Musik für das Training geeignet ist, können Sie schnell selbst feststellen. Zählen Sie 15 Sekunden die Takte aus und multiplizieren Sie das Ergebnis mit vier. Das Ergebnis ist der Taktschlag pro Minute. Es passen nur Titel zusammen, die die gleichen Taktschläge haben. Sie sollten die Musik ohne Pausen aufnehmen, damit man fließend üben kann. Natürlich können Sie auch auf spezielle Aerobic-Musik aus dem Fachhandel *(siehe Seite 127)* zurückgreifen.

Eine besondere Bedeutung hat die Musik beim Aerobic und beim Step-Aerobic. Sie ist wichtiger Bestandteil der verschiedenen Übungsphasen. Dort wird der Takt der Musik durch die besondere Zählweise *(siehe Seite 39)* genau eingehalten, um erfolgreich eine Schrittkombination *(siehe Seite 40)* zu üben. Durch die motivierende Wirkung der Musik wird der Bewegungsfluss der Teilnehmerinnen positiv beeinflusst. Hier unterstützt die Musik die dynamischen und rhythmischen Bewegungsabläufe.

Den Rhythmus eines Liedes oder einer Melodie kann man hören, fühlen und erleben. Die Musikstücke können sowohl als Hintergrunduntermalung als auch zur Unterstützung beim Erfahren der verschiedensten Bewegungsabläufe einsetzt werden. Unterstützt die Musik die Bewegungen, sollte der Grundrhythmus der Musik deutlich hörbar und einfach sein. Der Takt muss erkennbar sein, damit nicht oder kaum geübte Teilnehmerinnen entsprechend üben können.

Wählen Sie die Musik für die unterschiedlichsten Unterrichtsphasen sorgfältig aus. Orientieren Sie sich am Geschmack und Musikempfinden der einzelnen Zielgruppen, um möglichst viele Teilnehmerinnen anzusprechen. Wechseln Sie öfters die Musikstücke, damit das Trainingsprogramm abwechslungsreich gestaltet wird. Zudem wird dann vermieden, dass die Teilnehmerinnen eine Bewegungsform mit einem bestimmten Musikstück verbinden.

Ein Training mit Musik trägt ganz wesentlich zur Förderung des Wohlbefindens und der Gesundheit bei. Die Teilnehmenden erleben ein harmonisches Zusammenspiel von Bewegung und Musik. Sie haben mehr Freude beim Trainieren, wodurch es zu einer gesteigerten körperlichen Leistungsbereitschaft kommt. So können elementare Körper- und Sinnesfunktionen verbessert und die motorische Leistungsfunktion gesteigert werden.

Startsignal – Reaktion und Aktion

Auf einen Blick

Ziele:

- Schulung der einfachen, schnellen und mehrfachen Reaktion durch unterschiedliche Signale
- Verbesserung der Gleichgewichtsfähigkeit mit dem Pezziball

Phasen und Übungen	Methode	Medien/Material	Zeit
Einstieg	Kurzreferat	Sprache	5 Min.
Lockerungs- und Kennenlernphase: »Sehen-Hören-Fühlen«	Bewegungs- und Kennlernspiel	Sprache, Musik, Musiktempo: langsames Gehen	5 Min.
Aufwärmphase und Dehnen: »Bewegter Platz«	Bewegung	Musik, Musiktempo: Gehen	10 Min.
Belastungsphase: Verbesserung der Reaktionsfähigkeit	Bewegung mit verschiedenen Signalgebungen	Ball, Pfeife, Tuch, Reifen, Luftballon, Musik, Sprache, Musiktempo: zügiges Gehen	20 Min.
Regenerationsphase: Ballgewöhnung	Bewegung, Sammeln	Sprache, ohne Musik	5 Min.
Belastungsphase: »Eine große runde Sache«	Bewegung, Partnerinnen-übungen	Sprache, Entspannungs-musik, Pezziball, Matten	15 Min.
Entspannungsphase und Dehnen: »Gedankenfluss«	Entspannungsmethode	Entspannungsmusik	10 Min.
Abschluss und Motivation: Verabschieden der Teilnehmerinnen	Blitzlicht	Sprache	5 Min.

Anleitungen zur Kurspraxis

Einstieg

Der Schwerpunkt dieser Kurseinheit liegt bei der Reaktions- und Gleichgewichtsfähigkeit. Ein Ziel ist die Schulung der einfachen, schnellen und mehrfachen Reaktionen durch Richtungs- und Bewegungsänderung auf unterschiedlichste Signale hin. Ein weiteres Ziel ist die Verbesserung der Gleichgewichtsfähigkeit. Diese wird auf dem Pezziball trainiert. Die Gruppe und Sie machen sich durch ein Kennenlernenspiel bekannt, wodurch eventuelle Ängste der Anonymität und der Berührung vermindert werden. Die Teilnehmerinnen erhalten Einblick in die inhaltlichen und methodischen Bausteine des Kurses. Die Wünsche und Erwartungen an den Kurs können geäußert werden. Außerdem erhalten alle Übungsanregungen für das Training außerhalb des Kurses.

Sie stellen sich als Kursleiterin mit Namen und den beruflichen Qualifikationen vor. Anschließend folgt die Vorstellung des Kurses:

- Die organisatorischen Daten, wie Anzahl der Kurseinheiten und Dauer des Kurssequenzen, werden von Ihnen vorgestellt.
- Die Motivation, die Ziele *(siehe Seite 7)* und Erwartungen des Kurses klären Sie mit der Gruppe in wenigen Sätzen.
- Fragen Sie die Teilnehmerinnen nach akuten oder chronischen Beschwerden, um ihnen möglicherweise wichtige Hinweise zum richtigen Bewegen in den Kurseinheiten zu geben.

Hinweise für Gruppen- und Verhaltensregeln

- Sie motivieren die Gruppe regelmäßig am Kurs teilzunehmen.
- Weisen Sie die Teilnehmerinnen darauf hin, dass sie feste Sportschuhe mit einer guten Dämpfung und Socken in den Unterrichtsstunden tragen sollten, um eventuelle Fehlbelastungen der Gelenke und Blasen an den Füßen zu vermeiden.
- Jede Teilnehmerin soll aus hygienischen Gründen ein Handtuch für die Übungen auf den Matten mitbringen.
- Fordern Sie die Gruppe auf, Ihnen akute Beschwerden mitzuteilen. Außerdem weisen Sie die Teilnehmerinnen darauf hin, dass sie eine Übung sofort abbrechen bzw. beenden sollen, wenn Schmerzen oder unangenehme Gefühle, wie z. B. Schwindelgefühle durch Überanstrengung, auftreten. Dieses sollten Sie Ihnen natürlich unverzüglich mitteilen.
- Bitten Sie die Gruppe, dass sich jeder zu den Unterrichtseinheiten etwas zum Trinken mitbringt.

Lockerungs- und Kennenlernphase: »Sehen-Hören-Fühlen«:

Erinnern Sie sich noch, wie es war, als Sie das letzte Mal an einem Kurs teilgenommen haben? Unbekannte Gesichter, die Unsicherheit, was von Ihnen gleich erwartet wird und schon geht es los mit fremden Händen auf der Schulter.

Helfen Sie Ihren Teilnehmerinnen über die erste Unsicherheit und eventuelle Berührungsängste hinweg. Ermuntern Sie sie, kreuz und quer durch den Raum zu gehen. Sie gehen mit durch den Raum; so lernen Sie alle Kursteilnehmerinnen kennen. In der Gruppe können Sie auch viel besser Ihre Anleitungen ansagen.

Während die Teilnehmerinnen den Raum erkunden, fordern Sie sie auf, sich durch Blickkontakt, wie z. B. durch ein Nicken des Kopfes oder ein Zwinkern, zu begrüßen. Wenn sich alle Teilnehmerinnen durch Blickkontakt wahrgenommen haben, ändern Sie die Begrüßung. Die Teilnehmerinnen sollen sich die Hände schütteln, wenn sie aufeinander zugehen. Nach dem Händeschütteln sagen Sie die nächste Begrüßungsart an. Jetzt nimmt die Gruppe untereinander Blickkontakt auf. Dann begrüßen sich immer zwei Teilnehmerinnen, indem sie freundschaftlich die rechte Hand auf eine Schulter des Gegenüber legen. Danach wechseln Sie wieder die Begrüßungsform.

Teilen Sie der Gruppe mit, dass Sie die Musik zur Begrüßung ausschalten. So müssen sich alle schnell eine Partnerin suchen, die sie beim Händeschütteln mit einem netten Zuruf, wie z. B. »Ich wünsche Ihnen einen schönen Tag!«, begrüßen.

Nehmen Sie unbedingt an dieser Begrüßungsart teil. Sprechen Sie laut Ihren Zuruf Ihrem Gegenüber aus, so wird auch die Gruppe laut und deutlich, nicht leise und flüsternd zueinander sprechen. Beim Einschalten der Musik geht die Gruppe weiter durch den Raum.

Sie können die Begrüßung variieren, wenn Sie das Gefühl haben, dass die erste Unsicherheit und die Angst vor Berührungen innerhalb der Gruppe überwunden sind. Motivieren Sie die Gruppe, in die Luft zu springen, wie wenn sich zwei gute Freundinnen nach Jahren wieder treffen. Oder lassen Sie die Teilnehmerinnen zur Begrüßung vor Freude in die Hände klatschen, als ob sie gerade eine gute Nachricht erhalten haben.

Aufwärmphase und Dehnen: »Bewegter Platz«

Nachdem Sie die Kennenlernphase abgeschlossen haben, soll die Gruppe einen Kreis bilden. Das Aufwärmen beginnt. Es bringt die Herz-Kreislauf-Tätigkeit in Schwung. Die Muskeln, Sehnen und Bänder werden auf die bevorstehende Belastung vorbereitet, um unter anderem die Verletzungsanfälligkeit zu mindern.

Die Gruppe geht locker auf der Stelle. Die Arme werden bewusst mitgeführt. Anschließend werden im Wechsel die Fersen vor dem Körper aufgesetzt. Nach einigen Wiederholungen werden die Schultern im Wechsel gehoben und gesenkt. Nach circa acht Wiederholungen pro Schulter ziehen Sie beide Schultern gleichzeitig hoch. Danach kreisen die rechte und linke Schulter abwechselnd zurück. Erst dann bewegen sich beide Schultern gleichzeitig zurück. Nun bewegen sich die Arme kreisförmig vorwärts und rückwärts. Mit diesen Übungen haben Sie den Schulterbereich der Teilnehmenden gelockert. Versuchen Sie die Übungen im Takt der Musik auszuführen: So gewöhnen sich die Teilnehmerinnen an dynamische und rhythmische Bewegungen.

Bewegungsablauf in der Aufwärmphase

Die Gruppe geht locker auf der Stelle weiter. Anschließend probieren Sie folgende Bewegungsabläufe mit der Gruppe. Führen Sie von jedem Bewegungsmuster so viele Übungen aus, dass alle genügend Zeit zum Ausprobieren der Aufgabe haben. Erst dann wechseln Sie zum nächsten Bewegungsablauf.

Sagen Sie Aufgaben immer genauso an, wie Sie selbst mit der Bewegungsausführung beginnen. Das erleichtert es den Teilnehmerinnen, die Übung richtig nachzuvollziehen. Ermuntern Sie die Gruppe während dieser Phase immer wieder weiter mitzumachen. Sie sollen einfach nur den Bewegungsablauf ausprobieren.
Nachfolgende Bewegungsabläufe sollen nacheinander durchgeführt werden:

- Die Knie werden abwechselnd hochgezogen, wobei das Knie vom gegenüberliegenden Ellenbogen berührt wird.
- Die Füße werden vor und hinter dem Körper von der gegenüberliegenden Hand berührt.
- Der Hampelmann wird gesprungen oder mit kräftigem seitlichen Armeinsatz gegangen.
- Die Knie werden abwechselnd vor dem Körper angewinkelt. Die Arme werden mit geführt. Sie können zuerst ausgestreckt oder angewinkelt in Schulterhöhe nach vorne oder hinten geführt werden. Seitlich ausgestreckt können die Arme hoch über den Kopf oder hinunter bis zum Gesäß gezogen werden. Die gebeugten Ellenbogen können in Schulterhöhe nach vorne und hinten geschoben werden.

Jede Übung sollte mindestens 30-60 sec. ausgeführt werden.

In dieser Aufwärmphase fließt die Kopplungsfähigkeit mit ein. Die Teilnehmerinnen müssen Teilkörper- und Einzelbewegungen fließend verbinden. Das ist z. B. der Fall beim Berühren des rechten Knies mit dem gegenüberliegenden linken Ellenbogen.

Anschließend sollen durch ein gezieltes Dehnprogramm *(siehe Seite 123ff.)* die wichtigsten Muskelgruppen auf die bevorstehende Belastung vorbereitet werden.

Belastungsphase: Verbesserung der Reaktionsfähigkeit

Schnelle und richtige Reaktionen im Alltag und im Sport zu treffen, ist mit Mehrfachanforderungen an eine Person verbunden. Sie muss sich beispielsweise beim Hupen eines Autos während der Straßenüberquerung entscheiden, ob sie schnell zum Ausgangspunkt zurück oder auf die andere Straßenseite wechselt. Die Person muss sich möglichst schnell entscheiden, um sich vor Verletzungen und Unfällen zu schützen. Diese Unterrichtsphase leistet mit dem Übungsprogramm einen Beitrag, die Reaktionsfähigkeit der Teilnehmerinnen durch Aufgaben der akustischen und optischen Signalgebung zu verbessern und zu schulen.

Einstimmung
Wie schnell reagieren Sie, wenn Sie im Straßenverkehr eine Autohupe wahrnehmen? Wann haben Sie zum letzten Mal einen Leichtathletikwettkampf im Fernsehen oder live im Stadion gesehen? Oder wann sind Sie das letzte Mal auf ein Signal hin einen Sprint mit mehreren Teilnehmerinnen gelaufen? Denken Sie an die Spannung, die an der Startlinie unter den Sprinterinnen herrscht, um als schnellste auf den Startschuss zu reagieren.

Versuchen Sie diese spannende Szene auch den Teilnehmerinnen zu vermitteln, während alle locker durch den Raum gehen.

Akustische Signalgebung:
Erklären Sie kurz die unterschiedlichen Signale, die Sie bei der Reaktionsschulung verwenden. Sie stellen folgende Signale vor:

- An- und Ausschalten der Musik
- Kräftiges Klatschen
- Lautes Trillerpfeifen

Zu den Signalen erfolgen gleichzeitig die Kommandos, die die auszuführenden Übungen beschreiben. Die Teilnehmerinnen sollen so schnell wie möglich die Aufgabe nach dem Signal in die von Ihnen vorgegebene Bewegung umsetzen.
Die Gruppe geht kreuz und quer durch den Gymnastikrraum. Nach ca. einer halben Minute geben Sie folgende Signale und zeigen die neue Bewegungsaufgabe.

- Sie stellen die Musik aus. Beidbeinig springen alle auf der Stelle. Beim Anschalten der Musik geht die Gruppe weiter.
- Ein Trillerpfeifen ertönt. Alle laufen rückwärts durch den Raum.

- Beim nächsten Signal, dem Klatschen, läuft die Gruppe wieder vorwärts.
- Nach ein paar gelaufenen Runden durch den Raum klatschen Sie in die Hände und die Gruppe springt mit abwechselnd angewinkelten Knien am Platz. Gleichzeitig werden die Arme angewinkelt in U-Haltung vor- und zurück geführt. Dann laufen alle weiter.
- Ein Pfeifton ertönt. Die Teilnehmerinnen springen einen Hampelmann. Denken Sie an den Spielzeughampelmann, der sich durch das Ziehen der Schnur bewegt.
  Hier sind die Beine mehr als hüftbreit geöffnet, während sich die geöffneten Arme über dem Kopf befinden. Anschließend sind die Beine geschlossen und die Arme bzw. Hände sind an den Oberkörper herangezogen. Nach ca. fünf Minuten wechseln Sie zur optischen Signalgebung. Die Gruppe geht wieder zügig weiter.

Optische Signalgebung:
Während des Gehens erklären Sie in wenigen Sätzen die optischen Signale:
- Sie kreisen mit beiden Armen vorwärts.
- Ein Ball oder Luftballon wird hochgeworfen
- Sie rollen einen Reifen oder Ball.

Die Gruppe muss Sie die ganze Zeit beobachten, um das optische Signal zu erfassen. Diesmal geben Sie keine lauten Kommandos, sondern Sie zeigen nur den Bewegungsablauf nach den entsprechenden Signalen.
Die Gruppe beginnt wieder mit dem Laufen. Nacheinander werden folgende Bewegungen von den Teilnehmerinnen ausgeführt, wenn die Übenden Ihr Signal wahrgenommen haben. Wenn Sie eine Bewegungsausführung beenden, bedeutet das für die Gruppe, dass sie wieder weiterläuft:

- Sie kreisen mit den Armen. Das ist das erste optische Signal. Dann springen Sie einbeinig durch den Raum. Das Sprungbein kann auch gewechselt werden. Sie beenden die Aufgabe und alle laufen weiter.
- Dann rollt ein Ball oder Reifen durch den Raum, die Teilnehmerinnen springen Ihnen einen »Charly Chaplin« nach. Danach läuft jeder weiter.
- Die Gruppe sieht einen hochgeworfenen Ball oder Luftballon im Raum. Nun springt jeder auf der Stelle. Abwechselnd wird ein Fuß nach vorne gekickt, während die ausgestreckten Arme vor dem Körper hoch- und herunter geführt werden.
- Als Nächstes kreisen Sie wieder mit den Armen. Die Gruppe läuft ganz schnell auf der Stelle. Anschließend geht die Gruppe schnellen Schrittes weiter.

Auch hier wechseln Sie nach ca. fünf Minuten zur nächsten Signalgebung, während alle weitergehen.
Die Übung kann erschwert werden, indem Sie jedem Signal ein bestimmtes Bewegungsmuster zuordnen. Da Sie nur drei akustische Signale verwenden, ordnen Sie diesen drei bestimmte Bewegungen der aufgeführten Bewegungsabläufe zu. Beispielsweise würden alle, wenn Sie das Signal »Armkreisen« zeigen, immer einbeinig durch den Raum springen. Den anderen beiden Signalen teilen Sie ebenso eine Bewegung zu. Dann wechseln

»Charly Chaplin«

Sie ständig die Signale mit den entsprechenden Bewegungen. Zwischen den einzelnen Bewegungsabläufen läuft oder geht die Gruppe ein paar Runden im Raum.

Akustische und optische Signalgebung:
Mit den folgenden Aufgaben sollen nicht nur die Reaktionszeit bzw. Schnelligkeit der Umsetzung einer Bewegung nach einem Signal, sondern auch Mehrfachanforderungen an die Teilnehmerinnen trainiert werden. Komplexe Reaktionsaufgaben verbessern diese Fähigkeit. In dieser letzten Übungsstufe der Verbesserung der Reaktionsfähigkeit sollen die akustischen und optischen Signale im Wechsel erfolgen. Den drei akustischen Signalen wird je ein bestimmtes Bewegungsmuster zugeordnet. So führen die Teilnehmerinnen nach einem der drei akustischen Signale das von Ihnen festgelegte Bewegungsmuster aus, die Sie vorab der Gruppe vorstellen:
- Dem Hampelmann ordnen Sie ein Pfeifen zu.
- Zum »Charly Chaplin« *(s. Foto)* klatschen Sie.
- Das einbeinige Springen mit Armeinsatz verbinden Sie mit dem Rückwärtslaufen.

Die drei optischen Signale mit dem Armkreisen, dem Hochwerfen eines Balles oder Luftballons und dem Rollen eines Reifens werden nicht verändert. Den verschiedenen Bewegungsabläufen zur Verbesserung der optischen Signalgebung fügen Sie in dieser Unterrichtssequenz noch zwei Bewegungsmuster zu. Gehen Sie für ein paar Sekunden in den Hock- oder Kniestand. Als Variation können Sie noch nach einem optischen Signal das Aufnehmen eines Balles, der gegen die Wand gespielt werden soll, einbauen.
Führen Sie alle Bewegungsabläufe nach einem Signal ca. 15-30 Sekunden aus. Erst dann läuft die Gruppe weiter. Merken Sie, dass Teilnehmerinnen sich durch das Laufen überanstrengen, dann bitten Sie sie zu gehen. Falls einzelne Personen überfordert sind, sollen sie nur weitergehen, ohne die Aufgaben noch mitzumachen.

»Schattenlauf«:
Zum Abschluss der ersten Belastungsphase schließt sich die Gruppe zu Paaren zusammen. Eine Partnerin vollzieht die Bewegung, z. B. einen Ausfallschritt nach links, der vor ihr laufenden Partnerin im Laufen oder Gehen nach. Nach einer Minute geben Sie ein akustisches Signal. Sie können zwischen einem Pfiff oder einem lauten Zuruf wählen. Jetzt erfolgt eine halbe Drehung der einzelnen Paare. Ein Rollentausch findet statt, die andere Partnerin macht jetzt die Bewegungen vor.
Animieren Sie Ihre Teilnehmerinnen zum Ausprobieren neuer, fantasievoller Abläufe. Sie können sich wie ein großer schwerfälliger Bär oder fein und flink wie eine Maus fortbewegen. Wiederholen Sie den Wechsel der Partnerinnen mindestens viermal.
Der Schattenlauf sollte ca. 5 Minuten dauern.

Regenerationsphase: Prellen – Rollen – Sitzen

In dieser Regenerationsphase sollen sich die Teilnehmerinnen von der Belastungsphase aktiv erholen. Während der Übung gewöhnt sich die Gruppe an die Pezzibälle. Durch das Rollen und Prellen der Bälle probieren die Kursteilnehmerinnen verschiedene Fortbewegungsmöglichkeiten des Balles aus. Unterschiedliche Übungen des Sitzens führen die Gruppe an das dynamische Sitzen auf dem Pezziball heran.

Wegrollen vermeiden!

Während Sie die Pezzibälle an die Teilnehmerinnen verteilen, erinnern Sie sie an ihre Kinder oder an ihre Kindheit. Beschreiben Sie das Bild, wie unermüdlich sie einen Ball durch den Garten geprellt, gerollt oder geschossen haben. Motivieren Sie die Gruppe, dies mit dem Pezziball nachzuvollziehen.

Alle prellen ihren Pezziball abwechselnd mit der rechten und linken Hand durch den Raum. Lassen Sie die Gruppe den liegenden Pezziball hochprellen. Wenn Sie merken, dass sich die Gruppe an die Größe und Form des Balles gewöhnt hat, lassen Sie jetzt den Ball mit den Händen kreuz und quer durch den Raum rollen.

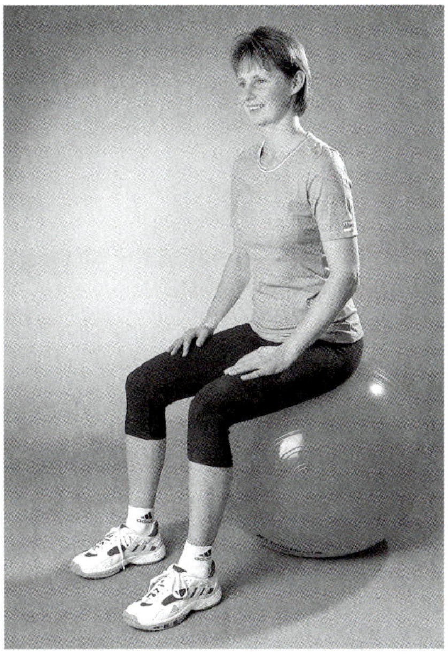
Aufrechtes Sitzen auf dem Pezziball

Anschließend treiben alle mit verschiedenen Körperteilen, wie mit dem Knie oder dem Fuß, den Pezziball voran. Zum Abschluss setzen sich alle im Kreis auf ihren Ball. Im Wechsel verlagern die Übenden den Oberkörper nach vorne, so dass sich das Gesäß abhebt. Dann setzen sie sich wieder. Wiederholen Sie die Übung so lange, bis sich alle sicher setzen bzw. aufstehen können. Anschließend federn alle locker auf und ab, um das elastische Verhalten des Balles zu erspüren.

Belastungsphase: »Eine große runde Sache«

Dieses Trainingsprogramm mit dem Pezziball soll die Gleichgewichtsfähigkeit der Teilnehmerinnen verbessern. Die unterschiedlichen Aufgabenstellungen fordern immer wieder das Halten der Balance in unterschiedlichen Positionen heraus.

Aufrechtes und aktives Sitzen auf dem Pezziball
Der Pezziball ist vorwiegend ein Übungs- und Trainingsgerät. Er kann aber auch sehr gut als Sitzgelegenheit genutzt werden. Durch sein labiles und elastisches Verhalten und durch die fehlende Rückenlehne muss der Körper ständig das Gleichgewicht ausgleichen. Hauptsächlich wird die Fähigkeit des dynamischen Gleichgewichtes trainiert, weil der Körper ständig aufgefordert wird, den Bewegungen des Balles durch Ausgleichsbewegungen zur Erhaltung des Gleichgewichts entgegenzuwirken.
Man sitzt auf dem Pezziball nicht automatisch aufrecht. Das korrekte Sitzen muss ständig geübt und korrigiert werden.

Folgende Punkte sind zu beachten:

- Die Sitzposition wird aus einem sicherem Stand eingenommen. Die Füße befinden sich mit der ganzen Sohle am Boden. Die Knie sind hüftbreit geöffnet. Der Winkel zwischen Oberkörper und Oberschenkel sollte mindestens 90 Grad betragen. Noch günstiger wäre es, wenn die Oberschenkel leicht abfallen.

- Das Becken wird nach vorne gekippt, als ob man ein leichtes Hohlkreuz einnimmt.
- Das Brustbein wird nach vorne geschoben, indem die Schulterblätter nach unten und an die Wirbelsäule herangezogen werden.
- Die Arme sind leicht gebeugt. Sie liegen entspannt auf den Oberschenkeln.
- Das Kinn wird leicht herangezogen, wodurch eine Halswirbelsäulenstreckung erfolgt. Die Blickrichtung geht geradeaus, also parallel zum Boden.

Bauen Sie die Übungsanleitung immer von unten nach oben auf. Der Aufbau beginnt mit der Position der Füße und endet mit der Kopfhaltung.

Mehr Sicherheit im Unterricht
Die Übungen mit dem Pezziball erfordern von den Teilnehmerinnen eine gute Gleichgewichtsfähigkeit. Um diese Fähigkeit ohne Unfallgefahren zu trainieren, sollten Sie nachfolgende Hinweise beachten:

- Legen Sie ausreichend Gymnastikmatten aus, damit sich niemand bei einem eventuellen Fallen verletzen kann.
- Achten Sie auf einen ausreichenden Abstand zwischen den einzelnen Teilnehmerinnen, damit sie bei den Übungen nicht zusammenstoßen.
- Die Teilnehmerinnen nehmen genügend Abstand zu Wänden, Heizkörpern, Schränken und anderen gefährlichen Gegenständen.
- Wenn Sie merken, dass einzelne Teilnehmerinnen mit Aufgabenstellungen überfordert sind, wandeln Sie Einzelübungen in Partnerarbeit um.

Der Schwebesitz
Eine aufrechte Sitzposition wird auf dem Ball eingenommen. Die Füße lösen sich vom Boden. Nun sollte das Gleichgewicht für ein paar Sekunden gehalten werden. Diese Übung wiederholen die Teilnehmerinnen dreimal.
Schlagen Sie der Gruppe vor, die Augen während der Übung geschlossen zu halten. Die Teilnehmerinnen werden feststellen, dass das Balance-Halten jetzt schwieriger wird.

Gehen am Platz
Die Übenden setzen sich aufrecht auf den Pezziball. Das linke Bein wird nach vorne gestreckt, ohne die Balance zu verlieren. Anschließend wird das rechte Bein vorgestreckt und der linke Fuß bleibt am Boden. Als Variation kann während des Gleichgewichtshaltens der gegengleiche Arm zum vorgestreckten Bein nach vorne geführt werden. Das Spielbein hat keinen Bodenkontakt.
Danach wird die Übung verändert, indem alle auf den Pezzibällen wippen. Die Knie werden im Wechsel so weit hochgezogen, dass der Fuß des jeweiligen Spielbeins keinen Bodenkontakt hat. Jetzt bewegen sich die Arme wie beim normalen Gehen gegengleich mit. Die Übung sollte so lange ausgeführt werden, bis bei den Teilnehmerinnen ein harmonisierter Bewegungsfluss deutlich wird. Lassen Sie die Gruppe an Kinder denken, die mit viel Freude und Spaß auf einem Hüpfball mit großen Sprüngen durch den Garten hüpfen.
Die Teilnehmerinnen werden lockerer in der Bewegungsausführung und der Bewegungsfluss harmonisiert sich.

Die Waage
Jede Person legt sich in Bauchlage auf ihren Pezziball. Gleichzeitig werden die Arme und Beine gehoben, um die Balance zu halten.
Auch nacheinander können Hände und Füße vom Boden gehoben werden. Achten Sie während der Übung auf die Ganzkörperspannung.
Lassen Sie den Teilnehmerinnen genügend Zeit, um die Übung auszuprobieren. Sie können der Gruppe noch den Hinweis geben, die Beine wie ein Frosch an den Pezziball heranzuziehen, um eine bessere Balance zu erhalten.

Hechtrolle

Hechtrolle
Die Hände und Arme sind auf dem Pezziball. Durch kräftiges Abdrücken vom Boden rollen alle so weit wie möglich in Bauchlage über ihren Pezziball nach vorne. Dann rollen alle in die Ausgangsposition zurück. Die Übung sollte 10-12-mal wiederholt werden.

Körperdrehung
Die Ausgangsposition ist die Bauchlage auf dem Ball. Die Beine sind gestreckt, die Füße haben Bodenkontakt und die Arme zeigen in Verlängerung zum Körper nach vorne. Nachdem eine Ganzkörperspannung aufgebaut wurde, beginnen die Versuche einer Drehung um die Körperlängsachse nach rechts und links. Die Übung kann erst mit einer halben Drehung zur Rückenlage begonnen werden, um aus dieser sicheren Lage in die Ausgangsposition der Bauchlage zu rollen. Achten Sie auf eine kontrollierte und bewusste Bewegungsausführung.

Körperdrehung

Kniestand
Die Teilnehmerinnen schließen sich zu Paaren zusammen. Jedes Paar hat nur einen Pezziball.
Eine Partnerin kniet sich mit Hilfestellung durch die andere auf den Ball. Die Knie und Unterschenkel drücken kräftig gegen den Ball. Durch Gleichgewichtsverlagerungen versuchen alle auf dem Pezziball das optimale Gleichgewicht zu finden. Nach zwei Minuten erfolgt ein Partnerinnenwechsel.
Die Übung kann variiert werden, indem der Kontakt zur stehenden Partnerin langsam gelöst wird.

Dehnen und Entspannungsphase: »Gedankenfluss«

Dehnen
Das Stretching *(siehe Seite 123ff.)* umfasst ein Dehnen der wichtigsten Muskelgruppen. Beginnen Sie mit dem Dehnen der Schulter-, Arm- und Nackenmuskulatur. Fahren Sie fort mit der Waden-, Hüftbeuge-, Beinstreck- und Beinbeugemuskulatur. Beenden Sie nach 3-5 Minuten das Dehnprogramm.

Entspannungsphase: »Gedankenfluss«
Lassen Sie diese Stunde mit einer Entspannungsphase ausklingen. Die Kursteilnehmerinnen haben so viele Eindrücke und Erfahrungen in diesem Kursbaustein gesammelt, dass sie während dieser Entspannungsübung zu einer inneren Ausgeglichenheit gelangen sollen. Vorab treffen Sie jedoch ein paar vorbereitende Maßnahmen, damit die Gruppe in dieser Phase wirklich zu innerer Ruhe findet. Beachten Sie ebenfalls die Grundregeln für intensive und erholsame Entspannungen in *(siehe Seite 58)*.

- Der Raum ist abgedunkelt.
- Im Hintergrund läuft gedämpfte Entspannungsmusik.
- Die Gruppe nimmt eine bequeme Liegeposition ein, indem sie sich in Rücklage auf die Matten legen. Die Unterschenkel liegen auf dem Pezziball, der Winkel zwischen Unter- und Oberschenkel sollte ungefähr 90 Grad betragen.
- Die Entspannungsphase kann ebenso ohne Pezziball ausgeführt werden.

Nachdem sich alle auf die Matten gelegt und eine bequeme Liegeposition eingenommen haben, beginnen Sie mit dem »Gedankenfluss«. Sprechen Sie mit einer ruhigen Stimme. Sagen Sie nur wenige Sätze, damit die Teilnehmerinnen nicht durch zu viele Anleitungen unruhig werden. Geben Sie nacheinander die folgenden Anweisungen:

- Schließen Sie die Augen, solange Sie es als angenehm empfinden.
- Kehren sie die Gedanken von der Außenwelt ab.
- Schauen Sie nach innen.
- Lassen Sie auftauchende Gedanken wie helle Wolken am Himmel vorbeiziehen.
- Betrachten Sie einfach nur die Gedanken, ohne diese zu hinterfragen.
- Die vorbeiziehenden Gedanken kommen langsam zur Ruhe.
- Spüren Sie die innere Ruhe und Gelassenheit, die in Ihnen aufsteigt.
- Genießen Sie die Ruhe und die Musik.

Nach etwa 5 Minuten beenden Sie diese Entspannungsphase. Die Teilnehmerinnen öffnen wieder die Augen. Sie räkeln und strecken sich. Langsam richten sie sich zum Sitzen auf.

Sagen Sie mit einer ruhigen Stimme und in nur wenigen Sätzen an, auf was die Gruppe während der Entspannung achten soll, um zu einer inneren Ausgeglichenheit zu gelangen.
Die Teilnehmerinnen sollen ihre Gedanken von der Außenwelt abkehren und nach innen schauen und auftauchende Gedanken wie helle Wolken am Himmel vorbeiziehen lassen, ohne diese zu hinterfragen. Sie sollen einfach nur die Ruhe und die Musik genießen, um die eintretende Entspannung wahrzunehmen.

Abschluss und Motivation

Am Ende dieser Kurseinheit sollten Sie der Gruppe Gelegenheit geben, offene Fragen, die eventuell in dieser Stunde entstanden sind, zu beantworten. Die Gruppe kann Wünsche, momentane Gefühle oder Kritik äußern, ohne dass diese von Ihnen kommentiert oder kritisiert werden.
Zum Abschluss teilen Sie die Hilfsmittel mit, die eventuell in der kommenden Kurseinheit benötigt werden.
Sie verabschieden sich von der Gruppe mit der Motivation, die Übungen auch zu Hause zu üben. Verweisen Sie auf das Kursbuch. Es erleichtert, die Übungen nachzuvollziehen und gibt Tipps für den Alltag.

Wissenswertes

Die Reaktionsfähigkeit

Die Reaktion eines Menschen ist die Antwort des Bewegungsverhaltens auf einen bestimmten Reiz hin. Reize können im Sport durch folgende Signale ausgelöst werden:

- Ein akustisches Signal kann beispielsweise durch einen Startpfiff gegeben werden.
- Ein geworfener Ball ist z. B. ein optisches Signal.
- Ein taktiles Signal kann eine Berührung eines Körperteiles, wie z. B. das Berühren des Arms, sein.

In fast allen Sportarten ist die Reaktion auf bestimmte Signale hin von besonderer Bedeutung. Sie ist Voraussetzung für die optimale Einleitung und Ausführung einer Bewegungshandlung bzw. eines Bewegungsablaufes nach einem gegebenen Signal.

Die Reaktionsfähigkeit stellt die Fähigkeit dar, möglichst schnell und zweckentsprechend eine motorische Aktion auf ein oder mehrere Signale hin einzuleiten und auszuführen.
Die Reaktionsfähigkeit ist entscheidend für die Realisierung der alltäglichen Bewegungsmuster, wie z. B. das Schalten, Bremsen und Hupen beim Autofahren.

Einfache Reaktion
Eine einfache Reaktion bezeichnet eine Reaktion auf ein einzelnes Signal mit einem vorher festgelegten Bewegungsmuster. Dies ist der Fall beim Start eines Sprints. Hier kann der Sprinter nur mit dem festgelegten Bewegungsablauf des schnellen Sprintens reagieren.

Komplexe Reaktionsfähigkeit
Man spricht von einer komplexen Reaktionsfähigkeit, wenn in einer bestimmten Situation die Aufgabe besteht, auf mehrere Signale zu reagieren.
Beim Skifahren bedeutet das Ausweichen vor einem auftauchenden Hindernis, z. B. einem Baum, für den Skifahrer einen dringenden Handlungsbedarf. Er muss die Situation erkennen, bewerten und sich für eine richtige Reaktion entscheiden.
Jetzt hat der Skiläufer mehrere Möglichkeiten, dem Hindernis auszuweichen: Er kann stoppen oder links oder rechts vorbeifahren.
Diese Mehrfachanforderung in solch einer komplexen Situation bedeutet für die Reaktionsfähigkeit eines Menschen, Signale zu erkennen, zu beurteilen und mit der Einleitung und Ausführung einer motorischen Aktion, einer Bewegung, zu reagieren.
Eine schnelle Reaktion hängt ebenso vom Erahnen, Voraussehen und der Erfahrung eines Menschen ab. Diese Antizipationsfähigkeit oder Bewegungsvorausnahme erleichtert dem Gehirn die Wahl der besten Reaktion, weil nicht nur das »reizauslösende« Signal, sondern auch alle anderen Informationen um das Signal herum aufgenommen werden. Diese Antizipationsfähigkeit findet man unter anderem beim Volleyball, ein Spiel, bei dem die Stellung des Gegners zum Ball eine entsprechende Reaktion hervorruft.
Die Entscheidungsfindung läuft als kognitiver Prozess ab.

Komplexe Reaktion gefragt

Motorische Reaktionsfähigkeit
Die Zeit, die vom Geben eines oder mehrerer Signale bis zur ersten wahrnehmbaren Muskelkontraktion bzw. Bewegung verstreicht, ist die motorische Reaktionszeit.
Die Reaktionszeit ist von besonderer Bedeutung bei vielen sportlichen Aktivitäten, um möglichst schnell den Gesamtkörper oder Körperteile in Aktion bzw. Bewegung zu setzen. Der Start beim Schwimmwettkampf bedeutet für den Schwimmer, seinen Körper schnell in Bewegung zu setzen, um eine gute Wettkampfzeit zu erzielen.
Die Reaktionszeit ist abhängig von der Art und der Intensität des Signals, der Temperatur des Körpergewebes, von psychischen und physischen Faktoren und chemischen Substanzen.

- Die Reaktionszeit ist bei akustischen Signalen kürzer als bei optischen Signalen.
- Ein Startschuss führt im Gegensatz zu einem hochgeworfenen Ball zu einer kürzeren Reaktionszeit.
- Je lauter und deutlicher das Signal ist, um so kürzer ist die Reaktionszeit.
- Die Reaktionszeit ist bei einem Knall kürzer als beim Pfeiffen oder Klatschen.
- Durch die Erhöhung der Temperatur des Körpergewebes steigt die Geschwindigkeit der nervalen Impulse und die Empfindlichkeit der Rezeptoren. Je länger sich ein Volleyballspieler aufgewärmt hat, um so schneller kann er im Spiel auf den Ball und die Position der Gegner reagieren.
- Lust und Freude auf einen Wettkampf verkürzen die Reaktionszeit, Unlust und fehlende Motivation verlangsamen die Reaktionszeit.
- Medikamente, Alkohol, Drogen und Nikotin verlangsamen die Reaktionszeit eines Menschen erheblich.

Außerdem beeinflussen das Alter, das Geschlecht, die Körperhaltung, die Ausdauer, die Ermüdung, die Aufmerksamkeit und der Reaktionstyp die Zeit bis zur motorischen Reaktion.

Signalgebung
Es wird in optische, akustische, taktile und kinästhetische Signale, die bei der Reaktionsfähigkeit von wichtiger Bedeutung sind, unterschieden:

- Optische Signale sind bewegende Gegenstände. Dieses ist z. B. ein hochgeworfener Ball. Partner oder Gegner in Mannschaftssportarten stellen auch optische Signale dar.
- Zu den akustische Signalen zählt man den Startschuss, das Pfeiffen und Klatschen.
- Unter kinästhetischen und taktilen Signalen versteht man die Berührung eines Körperteils, wie die Berührung des Gegners beim Boxen.

Die Gleichgewichtsfähigkeit

Die Gleichgewichtsfähigkeit ermöglicht dem Körper während und nach Bewegungsveränderungen Formen des statischen und dynamischen Gleichgewichts einzunehmen, zu halten oder wiederherzustellen. Diese Fähigkeit nennt man Gleichgewichtshalten, Balance-Halten oder Balancieren.
Die Wichtigkeit des Gleichgewichts wird besonders deutlich, wenn ein gestörtes Gleichgewicht wiederhergestellt oder korrigiert werden muss. Beim Stolpern, im Gehen oder beim Anrempeln oder Zusammenstoßen von Spielern versucht der Körper, möglichst schnell die Balance wiederherzustellen oder zu halten, um einen Sturz zu vermeiden.

Erscheinungsformen des Gleichgewichts

- Das statische Gleichgewicht bedeutet, dass sich ein Körper im ruhigen Zustand befindet. Statisches Gleichgewicht gibt es bei Menschen nicht. Man bezeichnet das Gleichgewichtsverhalten des Menschen in einer ruhigen oder quasi-statischen Position. Das kurze Halten eines Handstandes beim Bodenturnen ist eine quasi-statische Position.
- Vom dynamischen Gleichgewicht spricht man, wenn der Körper in Bewegung an neue Situationen, in denen kein Gleichgewicht herrscht, angepasst werden muss. Der Abgang vom Schwebebalken bedeutet für die Turnerin, aus der Bewegung heraus einen sicheren Stand auf der Matte einzunehmen.
- Das Gleichgewicht von Objekten bedeutet, einen Gegenstand im Gleichgewicht zu halten, wie z. B. das Balancieren eines Stabes in der Hand im Stehen. Das Balancieren eines Fußballes auf dem Fuß ist als ein ortsgebundenes Gleichgewichtsverhalten zu verstehen, wobei das Balancieren eines Balles auf dem Kopf während des Gehens als freibewegliches Gleichgewichtsverhalten bezeichnet wird.

Der Vestibularapparat

Der Vestibularapparat
Der Vestibularapparat ist ein entscheidender Wahrnehmungssinn bzw. Analysator für das Halten und Wiedererlangen des Gleichgewichts.
Im Vorhof des inneren Ohres liegt sein Platz. Im knöchernen System des Felsenbeines ist der Vestibularapparat eingebettet. Das vestibulare System umfasst den Bogengangapparat und den Statolithenapparat zur Erhaltung der Balance. Das Gehörorgan, die Schnecke, liegt ebenfalls im Innenohr.

Der Bogenapparat besteht aus drei häutigen Bogengängen, die miteinander verbunden sind. Sie sind mit der Endolymphe, einer klaren Flüssigkeit, gefüllt. Durch Drehbeschleunigungen, z. B. durch eine Drehung des Kopfes, berührt die Endolymphe die umgebende Haut der Bogengänge. So werden die Sinneshaare gereizt.
Der Statolithenapparat ist unmittelbar mit dem Bogengang verbunden. Er besteht aus zwei Bläschen, Sacculus und Utriculus. Sie enthalten Kalkkristalle, die bei translatorischen Beschleunigungskräften durch Lageveränderungen den Druck der Kalkkristalle auf die Sinneshaare verändern.

Die Sinneszellen melden diese Veränderungen an das Kleinhirn. Von dort aus werden durch das Zusammenwirken mit weiteren Sinnesmeldungen Aktivitäten zur Aufrechterhaltung des Gleichgewichts veranlasst bzw. störende und unnötige Aktionen unterbunden.

Aktivierung der Sinnes- und Wahrnehmungsebenen

Während des Trainings mit dem Pezziball werden folgende Sinnes- und Wahrnehmungsebenen der Teilnehmerinnen aktiviert:

- Sie erfahren ihr Gleichgewichtsverhalten mit und auf dem Pezziball auf vestibularer Ebene.
- Durch Muskelanspannung und -entspanunng, wie sie bei der progressiven Muskelrelaxation *(siehe Seite 69)* ausgeübt wird, aktiviert man die kinästhetische Ebene.
- Die akustischen Geräusche des Balles beim Rollen, Hüpfen bzw. Federn und Aufprallen hört man auf der akustischen Ebene.
- Durch das Berühren des Balles bzw. des Materials wird die Wahrnehmung auf taktiler Ebene aktiviert.
- Die visuelle Ebene nehmen Sie durch Form und Farbe des Pezziballes wahr.
- Der Geruch des Materials reizt die olfaktorische Ebene.

Störungen oder Ausfälle eines dieser Sinnes- und Wahrnehmungsbereiche führt zu Beeinträchtigungen der Gleichgewichtsregulierung des menschlichen Körpers. Der kinästhetische Analysator nimmt die Hauptrolle ein, wenn sich der Körper in Ruhe befindet. Die Ursache liegt darin, dass der Kopf in dieser Position nur geringe Schwankungen ausführt. Durch diese minimalen Bewegungen reagiert der vestibulare Analysator nicht. Die Reize müssen schon sehr hoch sein, um den Vestibularapparat *(siehe Seite 33)* zu stimulieren. Der vestibulare Analysator ist beim dynamischen Gleichgewicht von besonderer Bedeutung. Durch große Körperverlagerungen und Drehungen entstehen hohe Reize, auf die der Vestibularapparat reagiert.
Ohne Einschaltung des Bewusstseins reagiert der Organismus reflektorisch auf die Signale der Analysatoren.

Die Bedeutung des Gleichgewichts beim Training mit dem Pezziball

Beim Training mit dem Pezziball kommt der Gleichgewichtsfähigkeit eine sehr hohe Bedeutung zu, denn sie entscheidet über die Bewegungsausführung einer Übung. Ist die Balance beim dynamischen Gleichgewicht nicht stabil, kommt es zur Störung des Bewegungsflusses und des Bewegungsrhythmus. Kann eine Person die Balance auf dem Pezziball beim »Gehen am Platz« *(siehe Seite 30)* nicht halten, so werden Schwierigkeiten bei der gegengleichen Bewegung von Arm- und Beinkoordination entstehen. Ein harmonisierter Bewegungsablauf fehlt.
Das statische Gleichgewicht wird vorwiegend bei Übungen gefordert, die den Körper in einer bestimmten Position halten müssen. Besonders spürbar wird die Bedeutung einer guten Gleichgewichtsfähigkeit beim Lösen eines Beines vom Boden, wie das der Fall bei den Übungen »Der Schwebesitz« und »Gehen am Platz« *(siehe Seite 30)* ist .
Die Vielzahl der Ausgleichsbewegungen, um das Gleichgewicht stabil zu halten, laufen über die Gelenke nahe der Sitz- und Liegefläche ab.
Auch die Füße sind wichtig für die Balance *(siehe Seite 33)*. Wenige und kaum sichtbare Bewegungen und Anspannungen vieler kleiner Sehnen der Füße erhalten das Gleichgewicht.
Beim Balancieren ist das Bestreben darauf gerichtet, möglichst kleine und wenige Bewegungen mit den balancierten Körperteilen ausführen zu müssen.

Die Bedeutung der Reaktions- und Gleichgewichtsfähigkeit im Alltag

Eine ausgeprägte Reaktions- und Gleichgewichtsfähigkeit wird nicht nur im Sport, sondern auch im Alltag benötigt. Beim Gehen, Laufen, Sitzen, Stehen, Aufstehen und bei unebener Bodenbeschaffenheit wird ein stabiles Gleichgewicht gebraucht, um sich gewandt und geschickt im täglichen Ablauf zu bewegen.
Gerade ältere Personen haben aufgrund ihrer körperlichen Schwächen oder chronischen Erkrankungen oft Störungen des Gleichgewichtssinns. Dieser Mangel hat zur Folge, dass sie Angst vor Stürzen mit schweren Verletzungen haben. Eine vielseitig erworbene Gleichgewichtsfähigkeit in Verbindung mit einer schnellen Reaktionsfähigkeit kann als Schutz gegen Stürze dienen.
Schnelle und richtige Reaktionen sind oft, wie z. B. beim Stolpern, beim Hupen eines Autos oder beim Fallen mit Mehrfachanforderungen an die Person verbunden. Diese muss sich möglichst schnell entscheiden, um sich vor Verletzungen oder Unfällen zu schützen. Deshalb sollten vorwiegend nicht nur die Reaktionszeit bzw. Schnelligkeit und Einfachreaktion, sondern komplexe Reaktionsaufgaben zur Erhaltung einer ausgeprägten Bewegungssicherheit im Alltag und im Sport trainiert werden.

Bewegte Rhythmen

Auf einen Blick

Ziele:

- Erspüren, Erlernen und Verbessern des Rhythmusempfindens
- Schulung der Kopplungs- und Kombinationsfähigkeit von Arm- und Beinbewegungen mit Hilfsmitteln

Phasen und Übungen	Methode	Medien/Material	Zeit
Einstieg	Kurzreferat	Sprache	3 Min.
Einstimmungsphase: »Hand aufs Herz«	Körperwahrnehmungsübung	Sprache, Entspannungsmusik	10 Min.
Aufwärmphase und Dehnen: Bewegen im Raum und am Platz	Bewegung, Dehnen	Musik, Sprache	10 Min.
Erfahren der Rhythmusfähigkeit: Übungen	Aerobic-Schrittkombination	Musik, Sprache	20 Min.
Regenerationsphase: »cool down«	Bewegung, Unterstützung der Regeneration	Musik, Sprache	5 Min.
Kompakttraining zur Verbesserung der Kopplungs- und Kombinationsfähigkeit: »Doppelt gut!«	Bewegung	Sprache, Musik, Hanteln, Matten	15 Min.
Entspannungsphase und Dehnen: »Energie aufladen«	Bewegung, Entspannungsmethode	Sprache	10 Min.
Abschluss und Motivation	Kurzreferat	Sprache, Kursbuch »Spielbein/Standbein«	2 Min.

Anleitungen zur Kurspraxis

Einstieg

Ein Ziel dieses Kursbausteines ist das Erspüren, Erlernen und Verbessern des Rhythmusempfindens. Mit Schrittkombinationen der Aerobic wird dies in der ersten Belastungsphase geschult. In der zweiten Belastungsphase wird die Kopplungs- und Kombinationsfähigkeit geübt. Die Übungen sind aus der »Problemzonengymnastik«. In dieser Phase werden Hanteln eingesetzt. Den eigenen inneren Rhythmus erspüren die Teilnehmerinnen durch Atem- und Entspannungsübungen.

Einstimmungsphase: »Hand aufs Herz«

Einstimmung
Wann spürten Sie zum letzten Mal Ihr Herz rasen? War es beim letzten Spurt zum Zug, um diesen noch rechtzeitig zu erreichen? Führte vielleicht die Aufregung vor einer Prüfung zu einem schnelleren Herzschlag?

Ermuntern Sie Ihre Teilnehmerinnen, bewusst Ihren Herzschlag zu spüren.

Bevor Sie mit den »äußeren Rhythmen« beginnen, sollte jede Teilnehmerin ihren eigenen inneren Rhythmus erspüren. Herzschlag, Atemfluss, Pulsschlag und Blutzirkulation sind die inneren Rhythmen. Sie werden oft ignoriert oder nicht bewusst wahrgenommen. Die Gruppe soll in dieser Übung erfahren, dass Rhythmus nicht nur von außen durch Bewegung und Musik geprägt wird, sondern dass jeder Mensch seinen eigenen, individuellen inneren Rhythmus hat.

Die Gruppe legt sich mit dem Rücken auf Matten. Alle spüren ihren Herzschlag, indem sie die rechte Hand auf die Herzgegend legen. Sie können helfen, sie zu lokalisieren. Mit der linken Hand klopfen alle leise ihren Herzschlag neben dem Körper mit. Wenn eine Teilnehmerin ihren Herzschlag nicht spürt, soll sie die rechte Hand an den Hals legen, um den Pulsschlag zu spüren. Mit der linken Hand kann sie wieder den Rhythmus des Pulsschlages mittippen.

Wenn alle ihren Herz- bzw. Pulsschlag erspürt haben, konzentriert sich die Beobachtung auf den Atem. Die Teilnehmerinnen sollen bewusst tief ein- und ausatmen. Gleichzeitig sollen sie die Bewegungen und Reaktionen ihres Körper beobachten.

Sprechen Sie mit einer leisen und ruhigen Stimme zu der Gruppe, damit sich alle auf ihren inneren Rhythmus konzentrieren können.
Wenn Sie einer Teilnehmerin helfen, dann hocken oder knien Sie sich zu ihr, um eine vertrautere Beziehung zwischen Ihnen und der Teilnehmerin zu schaffen.

Nach circa 8 Minuten soll sich die Gruppe langsam aufsetzen. Erst dann sollten alle behutsam aufstehen, um Kreislaufprobleme zu vermeiden. Anschließend räumen alle ihre Matten weg, damit mit dem Aufwärmen begonnen werden kann.

Aufwärmphase und Dehnen: Bewegung im Raum und am Platz

In dieser Aufwärmphase führen Sie Ihre Teilnehmerinnen langsam an die Rhythmusübungen der ersten Belastungsphase heran. Anschließend fällt der Gruppe die Ausführung der Übungen wesentlich leichter, da sie schon etwas Rhythmusgefühl erlernt oder ihr Rhythmusempfinden verbessert haben.

Beginnen Sie wieder mit dem Gehen auf der Stelle. Beim Gehen bewegen Sie nacheinander den Schulterbereich durch, indem Sie folgenden Bewegungen nacheinander mit etwa acht Wiederholungen pro Aufgabe ausführen.

- Heben und senken Sie die rechte und linke Schulter wechselseitig *(siehe Seite 26f)*.
- Anschließend führen Sie die Bewegung gleichzeitig aus.
- Nach acht Wiederholungen kreisen die Schultern rückwärts. Erst beginnen Sie wieder wechselseitig, dann kreisen die Schultern gleichzeitig zurück.
- Denselben Übungsablauf führen Sie mit Ellenbogenkreisen aus.
- Zum Schluss führen Sie die Arme nach der gleichen Vorgabe rückwärts.

Jetzt laufen Sie zuerst am Platz. Im Kreis laufen alle weiter. Nach ungefähr drei gelaufenen Runden kreist der rechte Arm vorwärts. Der linke Arm schwingt nach einer weiteren Runde vorwärts. Danach laufen alle weiter. Die Arme sind nacheinander seitlich in Schulterhöhe, hoch über dem Kopf und vor dem Körper ausgestreckt, während sich die Hände ständig öffnen und schließen. Die Arme werden nach drei Runden ausgeschüttelt. Locker läuft die Gruppe noch zwei weitere Runden.

Die folgenden Übungen werden im Laufen am Platz ausgeführt. Die Arme werden kräftig mitgeführt. Zeigen Sie Ihren Teilnehmerinnen immer den neuen Bewegungsablauf. Lassen Sie die Übung so lange ausüben, bis alle sie sicher ausführen können. Dann laufen Sie auf der Stelle weiter.

Am Ort ziehen Sie die Knie abwechselnd mit der Gegenbewegung der Arme hoch. Wenn die Gruppe sicher in der Ausführung der Übung ist, geht es mit lockerem Laufen weiter. Jetzt ändern Sie die Aufgabe. Sagen Sie an, dass die Knie nur achtmal hintereinander, also jedes Knie viermal, hochgezogen werden sollen. Geben Sie durch Zuruf ein Signal zum Start der Übung. Am besten, Sie zählen laut von acht auf eins hinunter. So erkennen die Teilnehmerinnen leichter den Wechsel zwischen der Aufgabe und dem ständigen Laufen am Platz.
Wiederholen Sie diese Aufgabenstellung drei- bis viermal. Die Anzahl der Wiederholungen kürzen Sie anschließend auf insgesamt vier- bzw. zweimal. Auch diese kurzen Sequenzen sollten Sie mehrmals wiederholen und durch lautes Mitzählen begleiten. Zwischen den einzelnen Wiederholungen laufen alle am Ort.

Aus dem Laufen springen Sie in die Seitgrätschstellung. Die Beine sind leicht nach außen gedreht. Die Fußspitzen zeigen nach außen und die Knie sind etwas gebeugt. Hüpfen Sie aus der geöffneten Position in die geschlossene zurück.

Den »Hampelmann« üben Sie so lange, dass alle gleichzeitig die Arme hoch über den Kopf führen können, während sie in die Grätsche springen. In der geschlossenen Ausgangsstellung befinden sich die Arme am Körper.
Die Anzahl der Wiederholungen kürzen Sie zwischen dem Laufen am Ort auch hier von acht auf vier und nochmals von vier auf zwei Sprünge. Zählen Sie wieder laut die Zahlen rückwärts mit.

»Hampelmann«

Die Gruppe läuft am Ort weiter. Jede Teilnehmerin springt mit geschlossenen Beinen am Platz. Bei jedem Sprung klatschen alle in die Hände. Nach einigen Wiederholungen laufen alle weiter. Jetzt reduzieren Sie die Schluss-Sprünge mit kräftigem Klatschen von acht auf vier bzw. von vier auf zwei Wiederholungen. Denken Sie an das laute Rückwärtszählen.

Falls Sie noch ausreichend Zeit haben sollten, da Ihre Teilnehmerinnen die Übungen schnell umgesetzt haben, können Sie die drei Sprungvariationen miteinander verbinden.

Beginnen Sie mit dem Hochziehen der Knie. Ohne dass Sie zwischendurch laufen, springen Sie in den Hampelmann. Anschließend hüpfen Sie. Beim ersten Durchgang führen Sie acht Wiederholungen pro Übung aus. Dann läuft die Gruppe locker weiter.

Der zweite Durchgang hat dann nur noch vier und der letzte nur zwei Wiederholungen pro Übungsdurchgang. Diese Abfolgen begleiten Sie wieder durch lautes Mitzählen, um den Teilnehmerinnen die Übergänge zwischen den einzelnen Übungen zu erleichtern.
Mit einem lockeren Gehen am Platz beenden Sie die Aufwärmphase, um mit dem Dehnen fortzufahren.

Wählen Sie zu dieser Aufwärmphase eine rhythmische Musik aus, zu der man zügig gehen kann. Dieses Tempo entspricht den Schlagzahlen von ca. 120 bis 135 beats pro Minute. Versuchen Sie auf jeden Taktschlag bzw. »beat« der Musik eine Bewegung auszuführen.

Das Dehnen sollte circa 5 Minuten umfassen. Hier soll durch das gezielte Stretching intensiv auf die bevorstehende Belastung vorbereitet werden *(siehe Seite 123ff.)*.

Übungen zum Erfahren der Rhythmusfähigkeit

Mit dem Begriff »Rhythmus« assoziiert man oft Tanzen, durch das die wahrgenommenen Rhythmen ausgelebt werden können. In dieser Unterrichtsphase wird nicht die Lebendigkeit eines Rhythmus von den Teilnehmerinnen erlebt, erfahren und empfunden, sondern durch eine strenge Rhythmusvorgabe soll diese Fähigkeit verbessert werden.

Die Übungen zum Erfahren oder Verbessern der Rhythmusfähigkeit sind aus dem Bereich des Aerobics. Es werden einige Schritte aus dem Low-Impact mit denen aus dem High-Impact-Aerobic kombiniert. Low-Impact bedeutet, dass die Schritte alle gegangen werden. Im Gegensatz zum Low-Impact wird im High-Impact die Bewegung gesprungen oder gelaufen. Den einzelnen Grundschritten werden englische Begriffe zugeordnet, die diese Bewegungen genauer umschreiben sollen. Das deutsche Synonym wird hier ebenfalls aufgeführt.

March, Walk (Gehen am Platz) / Schritt A
Die Ausgangsstellung ist der Schluss-Stand. Die Füße sind hüftbreit geöffnet. Zum ersten Taktschlag heben Sie das rechte Bein. Beim zweiten senken Sie das Bein. Das linke Bein wird zum dritten Taktschlag gehoben und beim vierten gesenkt. Diese Abfolge bleibt, solange alle am Platz gehen, immer gleich. Sie gehen energisch mit kräftigem Armeinsatz, der gegengleich zur Beinbewegung erfolgt, am Platz. Die Knie werden dabei leicht hochgezogen, ohne den Bewegungsfluss zu hemmen. Der Fuß sollte immer bis zu den Fersen abgerollt werden. Die Beine sind nicht durchgedrückt, sondern ständig leicht gebeugt. Achten Sie darauf, dass die Teilnehmerinnen nicht laut stampfen, sondern leise abrollen.
Sie können diesen Schritt variieren, indem die Teilnehmerinnen unterschiedlich stark die Beine anheben. Oder sie gehen mit weit geöffneten oder geschlossenen Beinen im Wechsel am Ort.

Step-Touch (Seitschritt)

Step-Touch (Seitschritt) / Schritt B

Der Schlussstand ist die Ausgangsposition. Die Füße sind hüftbreit geöffnet. Mit dem rechten Fuß führen Sie einen Seitschritt nach rechts zum ersten Taktschlag aus. Den rechten Fuß setzen Sie belastet auf (step rechts). Beim zweiten Schlag schließt der linke Fuß die Bewegung, doch dieser wird unbelastet aufgesetzt (touch links). Beim dritten Taktschlag führen Sie mit dem linken Bein einen Schritt nach links aus (step links). Das linke Bein wird belastet aufgesetzt, während Sie zum vierten Schlag das rechte Bein heranziehen (touch rechts).
Auch diesen Grundschritt können Sie verändern. Führen Sie zwei Step-Touch nach rechts bzw. dann nach links aus. Versuchen Sie, eine Armbewegung einfließen zu lassen. Schieben Sie die Arme nach vorne, wenn Sie einen Fuß wegsetzen. Ziehen Sie die Arme beim Schließen der Füße an den Oberkörper heran.

Heel-Dig (Ferse aufsetzen) / Schritt C

Aus dem Gehen heraus setzen Sie zum ersten Taktschlag die rechte Ferse nach vorne. Diese ziehen Sie beim zweiten Schlag zurück. Die linke Ferse wird zum dritten Taktschlag vorgesetzt und beim vierten zurückgezogen.
Hier können Sie die Arme nach vorne, oben, unten und seitwärts strecken, während Sie im Wechsel die Ferse aufsetzen. Die Hände sind immer leicht nach oben im Handgelenk gebeugt.

V-Step / Schritt D

Die Ausgangsposition ist wieder der Schluss-Stand. Den rechten Fuß setzen Sie schräg nach vorne rechts. Beim zweiten Taktschlag führen Sie den linken Fuß nach schräg vorne links. Der rechte Fuß wird beim dritten Taktschlag in die Ausgangsstellung zurückgezogen. Beim vierten Schlag erfolgt das Gleiche mit dem linken Fuß. Der Schritt sieht wie ein in Druckbuchstaben geschriebenes »V« aus.
Führen Sie die Arme entsprechend der Beinbewegung mit. Wenn Sie den rechten Fuß vorsetzen, ziehen Sie den rechten Arm hoch. Den linken Arm führen Sie mit dem linken Fuß mit. Der rechte bzw. linke Arm wird an den Oberkörper herangezogen, wenn das entsprechende Bein in die Ausgangsposition zurückgeführt wird.

Lunge (Ausfallschritt) / Schritt E

Aus der Ausgangsposition machen Sie einen Ausfallschritt nach hinten zum ersten Taktschlag. Jetzt lastet das Gewicht auf beiden Füßen. Während des zweites Schlages gehen Sie mit dem rechten Fuß zurück in die Ausgangsstellung. Beim dritten und vierten Taktschlag wiederholen Sie das mit dem linken Bein. Achten Sie beim Ausfallschritt auf den Winkel zwischen Knie und Fuß. Das Knie sollte sich immer über dem Fuß befinden. Den Ausfallschritt kann man auch zur Seite oder nach vorne ausführen, wobei die Taktung genau die gleiche bleibt. Probieren Sie zu diesem Ausfallschritt eine leichte Armbewegung aus. Führen Sie die Arme unter Spannung nach vorne, während Sie gleichzeitig einen Fuß zurücksetzen.

Lunge (Ausfallschritt)

Jumping-Jack (Hampelmann)/Schritt F

Von der geschlossenen Ausgangsposition der Füße springen Sie mit beiden Beinen gleichzeitig in eine leichte Grätsche *(siehe Seite 37)*. Die Knie sind wie immer leicht gebeugt und die Fußspitzen zeigen nach vorne. Das passiert beim ersten Taktschlag. Mit beiden Beinen springen Sie zum zweiten Schlag in den Schlussstand zurück. Beim dritten und vierten Taktschlag erfolgt die Wiederholung der Bewegung. Die Arme werden angewinkelt bis zur Schulterhöhe hochgezogen. So sind Ellenbogen, Hände und Schultern auf einer Linie. Beim Schließen der Beine werden die Arme wieder an den Körper geführt.

Hopp mit Knee-Lift (Knie hochziehen)/Schritt G

Sie beginnen die Übung im Low-Impact und leiten dann zum High-Impact über. Aus dem Schlussstand mit hüftbreit geöffneten Beinen wird das rechte Knie auf den ersten Taktschlag vor- bzw. hochgezogen. Das linke Standbein bleibt leicht gebeugt. Beim zweiten Taktschlag senken Sie das rechte Knie wieder. Die Abfolge wiederholen Sie mit dem linken Bein zu den nächsten zwei Taktschlägen. Nach einigen Wiederholungen im Low-Impact versuchen Sie, die Übung im Springen auszuüben.
Die Belastung bleibt während der Übung auf dem Fußballen und nicht auf den Fersen. Der Oberkörper sollte etwas nach vorne gebeugt sein, doch der Rücken muss gerade bleiben.
Die Bauchmuskeln sind angespannt.
Die Arme können in der Butterfly-Bewegung mit geführt werden. Die Ellenbogen sind vor dem Körper in Schulterhöhe geschlossen, wenn Sie ein Knie hochziehen. Die Arme sind wieder in der Ausgangsposition weit geöffnet.

Aufbau einer Aerobic-Kombination

Zum Aufbau dieser Aerobic-Choreographie wählen Sie die »Link-Methode«. Diese Methode ist nur eine von vielen, um eine Choreographie sinnvoll aufzubauen.
Sie beginnen mit dem »March«, dem Gehen am Platz. Dann unterrichten Sie den Seitschritt. Zwischendurch gehen Sie wieder am Ort. Anschließend üben Sie »Heel-Dig«. Jetzt setzen Sie die Schritte Seitschritt und Heel-Dig zusammen, so dass Sie eine doppelte Schrittkombination erhalten. Das Gleiche führen Sie mit den Schritten V-Step und Ausfallschritt aus. Zum Abschluss setzen Sie alle vier Schritte – Seitschritt und Ferse aufsetzen, V-Step und Ausfallschritt – in der geübten Reihenfolge zusammen. Sie erhalten eine Vier-Schritt-Kombination. Im Anschluss daran üben Sie die Schritte »Hampelmann« und »Knie hochziehen« nacheinander und setzen sie zusammen. Schließlich setzen Sie alle drei Teile zusammen, um die Schrittkombination zu vervollständigen. Sie erhalten eine Sechser-Schrittfolge aus den Teilen Seitschritt und Ferse aufsetzen, V-Step und Ausfallschritt und Hampelmann und Knie hochziehen.
Die Zählzeit für jeden einzelnen Schritt geht von 1 bis 8.
Üben Sie die einzelnen Schritte immer so lange, bis sich die Bewegungsausführung harmonisiert hat. Überfordern Sie Ihre Teilnehmerinnen nicht, sondern lassen Sie sie ruhig zwischendurch mal wieder am Ort gehen. Am Ende einer Bewegungsausführung reduzieren Sie die Wiederholungen auf die in der Tabelle angegebene Anzahl. Mit den anderen Schritten verfahren Sie genauso. Wiederholen Sie die gesamte Schrittkombination mehrmals.

Verzichten Sie zu Beginn auf den Einsatz der Arme beim Üben. Sie werden erst mitgeführt, wenn die Schrittabfolge bei allen sehr sicher und korrekt ausgeführt wird.
Sie können die Schrittkombination in zwei Variationen einüben. Sie stehen zur Gruppe, so müssen Sie alle Übungen spiegelverkehrt vormachen. Sie selbst beginnen dann nicht mehr mit dem rechten, sondern mit dem linken Bein. Um die Teilnehmerinnen nicht zu verwirren, arbeiten Sie mit der Gruppe. So stehen Sie mit dem Rücken zur Gruppe. Diese Variation hat den Nachteil, dass Sie die Bewegungsausführung Ihrer Teilnehmerinnen nicht wahrnehmen.

Zählzeit	Schrittabfolge	Anzahl der Bewegungen
Teil 1:		
1-8	Schritt B	4 x Step-touch zur Seite
1-8	Schritt C	4 x Ferse vorsetzen
Teil 2:		
1-8	Schritt D	2 x V-Step nach vorne
1-8	Schritt E	4 x Ausfallschritt zurück
Teil 3:		
1-8	Schritt F	4 x Knie hochziehen
1-8	Schritt G	4 x Hampelmann

Mit dieser Methode werden die Teilnehmerinnen langsam an längere Schrittfolgen im Aerobic und Step-Aerobic *(siehe Seite 65)* herangeführt.
Falls Ihnen noch ausreichend Zeit zur Verfügung stehen sollte, können Sie die Schrittabfolge kürzen, indem Sie die Schritte um die Hälfte reduzieren. So vermindert sich auch die Zählzeit auf 1 bis 4.

Bedeutung der Musik beim Aerobic

Die Musik unterstützt das dynamische und rhythmische Training. Doch ist es sehr wichtig, dass die Musik das richtige Tempo hat, damit der Körper in Schwung kommt. Die Taktschläge pro Minute oder »beats per minute« geben das Tempo zum Üben an. So sollte die Musikgeschwindigkeit für diese Belastungsphase zwischen 130 und 150 Taktschlägen pro Minute (bpm) liegen. Ob Ihre ausgewählte Musik für das Training geeignet ist, können Sie schnell selbst feststellen. Zählen Sie 15 Sekunden die Takte aus und multiplizieren Sie das Ergebnis mit vier. Das Ergebnis ist der Taktschlag pro Minute. Es passen nur Titel zusammen, die die gleichen Taktschläge haben. Sie sollten die Musik ohne Pausen aufnehmen, damit man fließend üben kann. Natürlich können Sie auch auf spezielle Aerobic-Musik aus dem Fachhandel zurückgreifen.

Eine besondere Bedeutung beim Aerobic ist die Zählweise. Jeder Taktschlag entspricht einem Schritt. Beim Aerobic besteht ein Takt aus acht Taktschlägen. Vier Takte mit jeweils acht Schlägen ergeben einen Musikbogen aus 32 Taktschlägen.

Um die Schrittkombination richtig nachzuvollziehen, müssen Sie immer die Anzahl der Takte bzw. Taktschläge einhalten. Zählen Sie immer bis acht und orientieren Sie sich am Rhythmus der Musik. Versuchen Sie, den ersten Taktschlag in einem Takt zu erkennen. Die Zählzeit für die Bewegungen beginnt immer mit dem ersten Taktschlag. Mit etwas Übung wird es Ihnen gelingen, den ersten Schlag im Takt zu hören. Achten Sie auf den Einsatz von neuen Instrumenten, Strophen oder Refrains. Sie werden erkennen, dass sich die Musik mit der Zahl 4 oder 8 in Abschnitte einteilen lässt. Diese Einteilung der Musik können Sie später zu gestalterischen Zwecken einer Schrittkombination nutzen.

Regenerationsphase: »cool down«

Beenden Sie die Schrittkombination mit Gehen auf der Stelle oder durch den Raum. Lassen Sie dabei die Teilnehmerinnen tief ein- und ausatmen. Die Arme werden zum Einatmen hoch- und zum Ausatmen hinunter geführt.
Führen Sie nochmals die Bewegungen aus der Aufwärmphase, die am Ort gegangen werden, aus. So besteht keine Gefahr, dass Herz-Kreislauf-Probleme bei den Teilnehmerinnen auftreten. In dieser Phase normalisieren sich die Pulsfrequenz, die Atmung und der erhöhte Stoffwechsel.

Zum Abschluss werden noch die Oberschenkelbeuge- und streckmuskulatur, die Wadenmuskulatur, der untere Rücken und die Arm- und Schultermuskulatur gedehnt *(siehe Seite 123ff)*. Wählen Sie zu dieser Phase etwas langsamere Musik, die Sie leise einstellen.

Kompakttraining zur Verbesserung der Kopplungs- und Kombinationsfähigkeit: »Doppelt gut!«

In dieser Belastungsphase trainieren Sie mit der Gruppe die typischen »Problemzonen« an Hüfte, Oberschenkel, Gesäß, Bauch und auch den Oberkörper. Hier werden zwei Bewegungsabläufe zu einer Kombinationsübung zusammengesetzt, wodurch zwei unterschiedliche Muskelgruppen trainiert werden.

Durch die Verbindung zweier Teilbewegungen lässt sich die Kopplungs- und Kombinationsfähigkeit gut trainieren. Die einzelnen Teilbewegungen führen zu einer Gesamtbewegung bzw. einer Kombinationsbewegung. Die Teilnehmerinnen erlernen eine feindifferenzierte Abstimmung zwischen Körper- und Hantelbewegungen. Sie erfahren ein genaues Steuern von Beschleunigungs- und Abbremsbewegungen gleichzeitig von verschiedenen Körperteilen.

Beginnen Sie immer erst mit einem Bewegungsablauf, damit sich die Teilnehmerinnen an den Ablauf gewöhnen können. Erst dann kombinieren Sie diese mit dem zweiten Bewegungsablauf. Alle Teilnehmerinnen legen sich ein paar Hanteln, die nicht schwerer als 1000g sein sollten, bereit. Die Hilfsmittel liegen vor jeder Teilnehmerin, damit ein unnötiges Hin- und Herlaufen durch den Raum vermieden wird. Weisen Sie Ihre Teilnehmerinnen darauf hin, dass das Handgelenk während der Hantel-Übungen immer gestreckt bleiben muss.

Führen Sie von jeder Kombinationsübung drei Sätze hintereinander aus. In jedem Satz machen Sie 12-15 Wiederholungen. Pausieren Sie ca. 20 Sekunden zwischen den einzelnen Sätzen.

Wählen Sie zu diesem Belastungsabschnitt wieder Musik aus. Die Musik sollte einen klaren Grundrhythmus aufweisen, damit der Taktschlag gerade für rhythmisch wenig oder ungeübte Teilnehmerinnen deutlich erkennbar ist. Die Doppelbewegungen sollten im Rhythmus der Musik ausgeführt werden, um auch weiterhin die Rhythmusfähigkeit zu schulen. Die Musikgeschwindigkeit sollte zwischen 100-120 Taktschlägen pro Minute liegen.

Beine & Bizeps

Beine & Bizeps:
Diese Übung trainiert die Oberschenkel und den Bizeps. Für diese Kombinationsübung benötigen Sie zwei Hanteln.

- Nehmen Sie eine Hantel in jede Hand. Öffnen Sie Ihre Beine zum Plié. Die Füße sind mehr als hüftbreit auseinander geführt. Die Knie sind leicht gebeugt. Die Knie befinden sich oberhalb des Fußes. Beugen Sie die Knie auch nicht mehr als 90 Grad. Die Fußspitzen zeigen nach außen.
- Beginnen Sie mit dem Bewegungsablauf. Beugen Sie die Knie, indem Sie den Oberkörper gerade absenken. Anschließend gehen Sie in die Ausgangsposition zurück. Achten Sie auf die korrekte Ausführung, dass die Knie nicht über 90 Grad gebeugt werden. Erst wenn alle den Ablauf beherrschen, nehmen Sie die Armbewegung hinzu. Jetzt ziehen Sie die Ellenbogen an den Oberkörper heran. Nun beugen Sie die Arme und ziehen die Hanteln an die Schultern heran, während Sie gleichzeitig die Knie beugen. Beim Hochführen des Körpers strecken Sie die Arme fast aus, wobei die Ellenbogen am Oberkörper bleiben.
- Am Ende der Übung legen Sie die Hanteln ab und schütteln Arme und Beine gut aus.

Sie können die Bewegungskombination auch variieren, indem Sie beim Absenken des Körpers die Arme nach vorne ausstrecken.

Beine & Trizeps:
Hier werden der Trizeps und die Außenseiten der Oberschenkel trainiert. Nehmen Sie eine Hantel vom Boden auf.

- Die Ausgangsposition ist ein hüftbreiter Stand. Die Knie sind leicht gebeugt. Die Gesäß- und Bauchmuskeln sind angespannt. Der Oberkörper ist gerade. Die Hantel befindet sich in der rechten Hand. Strecken Sie den rechten Arm nach oben. Mit der linken Hand fixieren Sie den rechten Ellenbogen. Dann winkeln Sie den rechten Unterarm nach hinten an. Anschließend führen Sie ihn in die Ausgangsposition zurück. Es ist wichtig, dass die Bewegung nur aus dem Ellenbogengelenk erfolgt.
- Nun beginnen Sie mit der Beinbewegung. Führen Sie auf der gleichen Körperseite das rechte Bein mit hochgezogener Fußspitze seitlich weg, während Sie gleichzeitig den rechten Unterarm anwinkeln. Dann ziehen Sie das Bein zurück und strecken den Arm wieder aus. Während der ganzen Übung ist die Gesäßmuskulatur bewusst angespannt.
- Wiederholen Sie die drei Sätze nicht nacheinander auf einer Seite, sondern wechseln Sie zwischendurch die Seiten. So haben die Teilnehmerinnen mehr Abwechslung und die Muskulatur ermüdet nicht so schnell.

Gesäß & Schultern:
Bevor Sie mit dieser Übung beginnen, holen Sie sich eine Matte, denn es geht auf dem Boden weiter. Wieder benötigen Sie eine Hantel für diese Doppelbewegung. Jetzt kräftigen Sie den seitlichen Schulterbereich und die Gesäßmuskulatur.

- Legen Sie sich auf die rechte Körperseite. Den rechten Arm strecken Sie aus und legen darauf den Kopf ab. Die Beine werden so weit an den Oberkörper herangezogen, dass ein Winkel von 90 Grad zwischen Oberkörper und den Oberschenkeln entsteht. Auch die Unterschenkel liegen in demselben Winkel zu den Oberschenkeln. In der linken Hand halten Sie die Hantel.
- Das obere Bein wird angehoben. Gleichzeitig heben Sie seitlich den Arm. Der Arm befindet sich in der gleichen Linie wie der Oberkörper.
- Während der Wiederholungssätze zeigt die Fußspitze nach vorn bzw. zum Oberkörper. Nach drei Sätzen wechseln Sie auf die linke Seite und beginnen die Übungsabfolge erneut. Danach legen Sie die Hantel beiseite. Diese wird für die letzte Übung nicht mehr gebraucht.

Bauch & Beine:
Hier tun Sie nicht nur etwas für den Bauch, sondern kräftigen auch noch die Oberschenkelinnenseiten.

- Die Ausgangsposition ist die Rückenlage. Die Beine sind in einem Winkel von 90 Grad zwischen Ober- und Unterschenkel angewinkelt in der Luft. Die Beine sind zunächst noch geschlossen. Der Oberkörper liegt flach am Boden. Jetzt drücken Sie die Füße kräftig gegeneinander und öffnen und schließen die Knie. Erst wenn alle diese Bewegung richtig ausführen, beginnen Sie mit der Übung für die Bauchmuskulatur.

Bauch & Beine

- Hier berühren die Fingerspitzen den Kopf hinter den Ohren. Die Ellenbogen sind weit geöffnet, so dass diese mit dem Kopf eine Linie ergeben. Der Blick ist zu Decke gerichtet, damit immer ein Abstand zwischen Kinn und Brustbein besteht. Nun heben Sie den Oberkörper bis zu den Schulterblättern an und senken ihn wieder. Führen Sie keine ruckartigen Bewegungen aus, sondern achten Sie immer auf die kontrollierte Bewegungsausführung.
- Die Doppelbewegung ist korrekt ausgeführt, wenn Sie gleichzeitig den Oberkörper anheben und die Beine öffnen. Beim Absenken des Oberkörpers schließen Sie wieder die Knie. Nach Beendigung der Übung schütteln Sie die Beine aus und strecken sich am Boden.

Dehnen und Entspannungsphase: »Energie aufladen«

Die Dauer des Dehnens *(siehe Seite 123ff)* sollte etwa 5 Minuten betragen, damit genügend Zeit für die Entspannungsphase bleibt. Jetzt sollten vorwiegend Gesäß-, Oberschenkel-, Bauch-, Schulter- und Armmuskulatur gedehnt werden.

Diese Entspannungsmethode steigert die körperliche und seelische Vitalität vor und nach einem Training.
Alle Teilnehmerinnen nehmen eine bequeme aufrechte Position ein. Die Augen sind geschlossen. Jede soll ihre Aufmerksamkeit auf die Atmung richten. Sie sollen ihren Atemrhythmus erfahren und beobachten.
Nach ungefähr 2 Minuten, in denen Sie nichts zur Gruppe gesagt haben, erklären Sie mit ruhiger Stimme die nächste Aufgabe. Die Teilnehmerinnen atmen kräftig und dynamisch ein, wobei sie die Ausatmung geschehen lassen sollen. Während des Einatmens sollen alle die Vorstellung, dass sie »Energie« einatmen, umsetzen. Geben Sie der Gruppe circa 3 Minuten Zeit, diese Vorstellung des Einatmens von »Lebensenergie« nachzuvollziehen. Während dieser Phase bleiben die Augen geschlossen, solange die Teilnehmerinnen es als angenehm empfinden.

Nach 5 Minuten beenden Sie die Entspannungsphase. Lassen Sie die Teilnehmerinnen erst mehrmals tief ein- und ausatmen, bevor sie wieder die Augen öffnen. Beachten Sie, dass während der Dauer der Entspannungsphase keine Musik zur Untermalung eingesetzt wird.
Die Musik könnte die Teilnehmerinnen vom Beobachten des eigenen Atemrhythmus ablenken.

Abschluss und Motivation

Zum Schluss sollten Sie der Gruppe die Möglichkeit bieten, Fragen zu beantworten, die während der Stunde aufgetaucht sind.

Motivieren Sie Ihre Teilnehmerinnen, auch zu Hause zu einer Melodie den Takt bzw. den Rhythmus zu klatschen, zu tippen oder mitzusprechen. Fordern Sie die Teilnehmerinnen auf, sich im Rhythmus der Musik zu bewegen. Alle sollten die Übungen dieser Kurseinheit im Buch nachlesen und anschließend mehrfach ausführen. Verweisen Sie auf die Kapitel im Kursbuch.

»Energie aufladen«

Wissenswertes

Geschichte des Aerobics

In den 60-er Jahren legte der Sportmediziner und Astronautentrainer Dr. med. Kenneth H. Cooper den Grundstein für das aerobe Training. Er entwickelte ein Bewegungstraining zur Steigerung der Leistungsfähigkeit des Herz-Kreislauf-Systems. Unter dem Titel »Aerobics« erschien sein Buch 1968 in englischer und 1970 in deutscher Sprache. Dieses neue Bewegungstraining ließ ein neues Bewusstsein für regelmäßiges und ausdauerndes Training aufkommen. Es entstand eine Fitnesswelle. Sie führte zu einem gymnastischen Ausdauertraining, das als Aerobic bekannt ist.

Anfang der 80er-Jahre wurde Aerobic auch in Deutschland bekannt. Kurz darauf begannen zahlreiche Sportvereine, Sportstudios und Verbände Aerobic anzubieten. Doch wurden die Stunden ohne große Kenntnisse ausgeführt. Eine Vielzahl der Übungen wurden unsachgemäß und unfunktionell ausgeführt. Deshalb wurde nach kurzer Zeit massiv Kritik von Fachleuten und Sportmedizinern geübt. Daraufhin ebbte die Aerobic-Welle erst einmal ab.

In den USA verlief die Entwicklung des Aerobics ganz anders. Dort wurde auf didaktisch-methodische Konzeptionen und funktionelle Übungsprogramme geachtet. So wurde Aerobic zum festen Bestandteil von Sportangeboten in der Freizeit.

Heute organisieren und kontrollieren Aerobic-Verbände und Institutionen die Weiterentwicklung des aeroben Trainings unter funktionellen Gesichtspunkten. Diese Einrichtungen bilden qualifizierte Trainerinnen und Übungsleiterinnen, die auch Instruktoren genannt werden, aus und weiter.

Rhythmische Anpassungs- und Rhythmisierungsfähigkeit

Rhythmus wird durch die innere Rhythmusfähigkeit und die äußeren Einflussgrößen – wie vorgebene Bewegungen, bestimmte Techniken und Musik – bestimmt. Unter Rhythmusanpassung wird die Anpassung einer Bewegung oder Bewegungsabfolge an einen bestimmtem Rhythmus verstanden. Zuerst wird die zeitliche Abfolge der Bewegungen erfasst. Es wird beobachtet, wann z. B. beim Walzer der rechte Fuß und der linke Fuß vorgesetzt werden. Diese Abfolge wird gespeichert, um sie anschließend in zeitlich-dynamischer Gliederung im Takt der Musik wiederzugeben und darzustellen. Erst dann erfolgt eine Präzision der Übungsausführung, die eine Erleichterung des Kraftaufwandes zur Folge hat. Zum Schluss tritt die gruppendynamische Wirkung des Rhythmus, wie beim Formationstanzen, ein.

Die Rhythmusfähigkeit ist abhängig von der Informationsaufnahme und den Informationsverarbeitungsprozessen. Der Rhythmus in Bewegungen wird durch die optischen, akustischen und kinästhetischen Komponenten bestimmt *(siehe Seite 19)*.

Die Rhythmisierungen verlaufen meist bei fast allen Bewegungsanforderungen auf wenig bewusster Ebene ab. So teilt ein Fußballspieler seinen Aktionsraum zum Tor in zeitlich-räumlich-dynamischer Abfolge ein und kontrolliert ständig diesen fast unbewussten Ablauf.

Die Rhythmusfähigkeit wird bei Holtz (1977) in die Fähigkeit zum Rhythmuswechsel und die Fähigkeit zur Rhythmusresistenz unterteilt. Die Fähigkeit zum Rhythmuswechsel beschreibt die Fertigkeit, möglichst schnell einen Rhythmuswechsel wahrzunehmen und in eine motorische Handlung umzusetzen. Unter der Fähigkeit zur Rhythmusresistenz versteht man das Umsetzen eines Rhythmus ohne dessen bewusste Wahrnehmung.

In der Fachliteratur findet man neben dem Begriff Rhythmusfähigkeit auch die Begriffe »Rhythmisierungsfähigkeit«, »rhythmische Umsetzungsfähigkeit« und »Fähigkeit zur Umstellung und Anpassung an rhythmische Wechsel«.

Die Rhythmusfähigkeit ist in besonderem Maße von anderen koordinativen Fähigkeiten abhängig. Die Orientierungsfähigkeit beeinflusst durch die optische Wahrnehmung den Bewegungsrhythmus des Übenden gegenüber dem Partner oder Gegner im Spiel ebenso wie das direkte Umfeld, wie der Raum, das Spielfeld oder die Geländeform.

Rhythmus und Musik

Zur Ausbildung der Rhythmusfähigkeit eignet sich besonders Musik. Sie sollte nicht als Hintergrunduntermalung dienen, sondern sollte ganz bewusst zur Unterstützung des Bewegungsablaufes eingesetzt werden. Es ist wichtig, dass der Bewegungsrhythmus mit dem Musikrhythmus übereinstimmt. Aufgrund der Struktur des Musikrhythmus werden Akzentsetzungen in Bewegungsabläufen und -verbindungen ermöglicht.

Die Musik, die man für den Unterricht auswählt, sollte einen deutlich hörbaren und einfachen Grundrhythmus und erkennbaren Takt haben. So eignet sie sich besonders gut für rhythmisch nicht oder kaum geübte Teilnehmerinnen. Es ist darauf zu achten, dass die Musikauswahl entsprechend der Zielgruppe ausgesucht wird, um möglichst viele Teilnehmerinnen anzusprechen.

Ein Training zur Schulung der Rhythmusfähigkeit trägt ganz wesentlich zur Förderung des Wohlbefindens und der Gesundheit bei. Besondere Bedeutung kommt dem Einsatz von Musik zu, wenn sie zur Rhythmisierung von Bewegungen eingesetzt wird. So können elementare Körper- und Sinnesfunktionen verbessert und die motorische Leistungsfunktion gesteigert werden.

Kopplungs- und Kombinationsfähigkeit

Die Kopplungsfähigkeit umschreibt ein fließendes Verbinden verschiedener Teilkörper- oder Einzelbewegungen auf eine zielgerichtete Gesamtbewegung des Körpers. Diese Bewegungskopplung wird unter anderem besonders beim Speerwurf oder beim Tennisschlag deutlich. Die Bewegungsabläufe dieser Sportarten zeigen außerdem die zeitliche Verschiebung der einzelnen Teilbewegungen. Die Teilbewegungen des Gesamtablaufes kann man als Gliederungskette betrachten. Bei den Übertragungen der Kraft beim Tennisschlag und der Wurfbeschleunigung beim Speerwurf spielt der Rumpfeinsatz eine große Rolle. Der Rumpf empfängt Impulse von Armen und Beinen und überträgt Impulse auf Arme und Beine.

Zur Kopplungsfähigkeit gehört nicht nur das Gesamtziel einer Bewegungsabfolge, sondern auch das differenzierte Abstimmen von Beschleunigen und Abbremsen von Teilkörperbewegungen während des Bewegungsablaufes.

Die motorische Kombinationsfähigkeit basiert auf der vorausschauenden Abfolge der Gesamtbewegung oder des Gesamtziels. Sie verbindet mehrere selbstständige Bewegungsabfolgen zu Bewegungskombinationen oder Bewegungsprogrammen. Beim Geräteturnen oder bei der rhythmischen Sportgymnastik sieht man solche Bewegungskombinationen.

Problemzonengymnastik

Bei der sogenannten Problemzonengymnastik werden systematisch bestimmte Muskelgruppen gekräftigt. Zu den typischen Problemzonen zählen die Arm-, Bauch-, Hüft-, Gesäß- und Oberschenkelmuskulatur. Aber auch die Rückenmuskulatur zählt zu ihnen, da durch ungenügende oder nicht angemessene Belastung Rückenleiden bzw. -beschwerden auftreten können. Weniger ästhetische als funktionelle Probleme sind eigentlich gemeint, auch wenn der Begriff von vielen anders verstanden wird.

Die Ursachen dieser »Problemzonen« liegen vorwiegend bei fehlender Bewegung und falscher Ernährung. Genetische Faktoren und psychische Faktoren wie Stress, Depressionen, Hektik und Sorgen haben Einfluss auf die ersten zwei genannten Bereiche.

Ziel der Problemgymnastik ist, die wichtigsten Muskelgruppen zu kräftigen, um eine ausgeprägte Muskulatur zu erhalten.
Mit diesem Kraftausdauertraining beugt man auch muskulären Dysbalancen vor. So können schwach ausgebildete Bauch- und Rückenmuskulaturen gekräftigt werden, um eventuellen Wirbelsäulenproblemen entgegenzuwirken.

Zu beachten ist, dass während des Trainings die Gelenke, die Funktionsweise der Muskeln und besonders die Wirbelsäule berücksichtigt werden.

Wirkung der Entspannungsphase »Energie aufladen«

Diese Form der Entspannungsmethode steigert die körperliche und seelische Vitalität. Außerdem vermindert sie Nervosität.

Die Wahrnehmung der Atmung beruhigt und harmonisiert zunächst die Atmung. Aufgrund deren körperlicher und seelischer Doppelfunktion wird damit der gesamte Stoffwechsel harmonisiert und die Seele beruhigt.

Der Atemvorgang wirkt dabei nicht nur auf die Lunge und den Brustkorb. Als größter Atemmuskel bewegt das Zwerchfell alle Bauchorgane und bewirkt eine Massage von innen. Die Darmfunktion, Bauchspeicheldrüse, Niere und Nebenniere werden sanft aktiviert. Viele kleine Atemhilfsmuskeln, zum Beispiel zwischen den Rippen, werden ebenfalls aktiv. Nicht nur Muskeln im Brustkorb, sondern auch im gesamten Bauchraum sind daran beteiligt.

Gesundheitspsychologische Erkenntnisse verweisen darauf, dass durch Vorstellungen einige körperliche Funktionen wie z. B. das Immunsystem beeinflusst werden können. Dies macht sich die Vorstellung des Energieeinatmens zu Nutze.

Mehrmals täglich kann diese Methode angewandt werden. Besonders eignet sie sich, wenn man sich gerade müde und erschöpft fühlt. Vor Wettkämpfen, Prüfungen und wichtigen Terminen lässt sich dieses Entspannungsverfahren gut anwenden, um die aufsteigende Nervösität zu mindern. Eine Entspannungsphase dauert zwischen 3-5 Minuten. Während der Phasen sollte die Umgebung ungestört und ruhig sein.

Hinweis für mehr Sicherheit im Unterricht

Atmet man schnell und intensiv ein, aber nur kurz und oberflächlich aus, kann eine Hyperventilation entstehen, die zur einer Übersäuerung des Blutes mit CO_2 führen kann. Die Folgen einer solchen Übersäuerung können z. B. Muskelkrämpfe und Absterben einiger Gehirnzellen aufgrund von Sauerstoffmangel sein.
Solche Phänomene lassen sich vermeiden, wenn bewusst auf eine lange und tiefe Ausatmung geachtet wird. Die Einatmung erfolgt dann von alleine. Weisen Sie die Gruppe auf die Ausatmung hin.

Bemerken Sie, dass eine Person dennoch zu hyperventilieren beginnt, sprechen Sie nochmals nachdrücklich die Ausatmung an und bitten Sie im Zweifelsfall die betroffene Person, die Atemübung zu beenden.
Ist dennoch eine Hyperventilation eingetreten – Sie erkennen dies an der Atmung und einer krampfartigen Fingerhaltung – hilft es, eine Weile in und aus einer Plastiktüte zu atmen.

Neue Wege gehen

Auf einen Blick

Ziele:

- Optimieren der Orientierungsfähigkeit mit und ohne optischer Wahrnehmung
- Verbessern der Differenzierungs- und Umstellungsfähigkeit und des Timings durch Rückschlagspiele

Phasen und Übungen	Methode	Medien/Material	Zeit
Einstieg	Kurzreferat	Sprache	3 Min.
Einstimmungsphase: »Waldesruh«	Sinneswahrnehmung	Sprache	10 Min.
Übungen zum Erfahren der Orientierungsfähigkeit ohne optische Wahrnehmung: »Neue Wege gehen«	Geräuschtraining	Sprache, Tücher	20 Min.
Übungen mit optischer Wahrnehmung: »Orientierungslauf«	Orientierungsmethode	Sprache, 10 Markierungspunkte bzw. -gegenstände	10 Min.
Dehnen	Stretching	Sprache	5 Min.
Übungen zum Präzisieren der Differenzierungsfähigkeit und zum Erlernen einer besseren Umstellungsfähigkeit: »Rechts ist richtig! Links ist wichtig!«	Rückschlagspiele, Frisbeescheibe	Sprache, viele verschiedene Schläger der Rückschlagspiele, Tennisringe, Frisbeescheiben, Leinen	20 Min.
Dehnen	Stretching	Sprache	5 Min.
Abschluss und Motivation	Kurzreferat	Sprache, Kursbuch	2 Min.

Anleitungen zur Kurspraxis

Einstieg

In dieser Kurseinheit soll die Orientierungsfähigkeit durch Übungen mit und ohne optischer Wahrnehmung verbessert werden. Außerdem soll die Orientierung in einem definierten Umfeld in der ersten Phase geschult werden.
Die bessere Feinabstimmung von Bewegungsabläufen und die schnellere Umstellungsfähigkeit auf neue Situationen werden durch Rückschlag- und Frisbeespiele in der zweiten Belastungsphase trainiert.
Diese Einheit sollte im Wald, im Park, auf der Wiese oder auf einem Sportplatz stattfinden. Bedenken Sie, dass Sie rechtzeitig mit Ihren Teilnehmerinnen einen anderen Treffpunkt, vielleicht auch einen anderen Beginn, vereinbaren müssen. Weisen Sie darauf hin, dass alle feste Turnschuhe oder Schuhe tragen sollten. Suchen Sie sich ein großes freies Gelände aus, so dass alle ausreichend Platz für die Rückschlagspiele haben.

»Schlechtes Wetter, was nun?« – Eine Variationsmöglichkeit
Blitz und Donner, es regnet. Schneeflocken fallen vom Himmel. Dieser Kursbaustein kann draußen nicht stattfinden. Ändern Sie ein paar Übungsabläufe, um die Stunde im Gymnastikraum durchzuführen:

- Wählen Sie eine Musik aus, die viele verschiedene Geräusche wie beispielsweise Vogelgezwitscher oder Wellenrauschen wiedergibt. Zu dieser Musik führen Sie die Übung »Waldesruh« aus.
- Anschließend geht es mit »Fühlen und Folgen« und »Hören und Folgen« weiter.
- Danach wählen Sie eine Aufwärmphase, von der Sie wissen, dass diese der Gruppe besonders gut gefallen wird, von den anderen Kursbausteinen aus.
- Ist Ihre Unterrichtsstätte geräumig genug, führen Sie den »Orientierungslauf« aus.
- Mit »Rechts ist richtig! Links ist wichtig!« fahren Sie fort. Falls Sie nicht genug Platz haben, verzichten Sie auf die Schläger und die Frisbeescheiben. Führen Sie ein- und beidhändige Wurfübungen mit verschiedenen Ballgrößen von unterschiedlichem Material aus. Sie können auch Luftballons oder Softbälle benutzen. Der Schwerpunkt liegt beim Werfen mit der ungeübten Hand.
- Die Stretchingphasen ändern sich nicht.

Einstimmungsphase: »Waldesruh«

Einstimmung
Denken Sie an erholsame Ruhe, frischen Geruch von Erde und Grünpflanzen und Gezwitscher von Vögeln. Nehmen Sie sich die Zeit, um solche Momente zu genießen. Achten Sie auf die unterschiedlichsten Geräusche. Klingen sie hell oder dunkel? Ist es vielleicht ein Rauschen von einem Fluss oder sogar ein Rascheln von einem Tier? Zwitschern oder zirpen Vögel im Wald? Gibt es Gerüche, die Sie noch nie so bewusst wahrgenommen haben? Riechen Sie den Geruch der Erde, der Bäume, der Sträucher und der Blumen. Erspüren Sie den Boden, auf dem Sie stehen. Fühlt er sich weich oder hart an? Vielleicht ist er uneben oder glatt. Lassen Sie die Eindrücke auf sich wirken. Beobachten Sie alles ganz genau.

Mit diesen Vorstellungen bzw. aufgeweckten Erinnerungen führen Sie Ihre Gruppe an die nächste Aufgabe heran. Die Gruppe verteilt sich im Wald oder in dem von Ihnen gewählten Gelände. Jede Teilnehmerin sucht sich einen Platz, an dem sie sich besonders wohl fühlt. Sie bleibt stehen und beobachtet die Natur. Den Geräuschen, Gerüchen und Bewegungen der Natur schenken alle ihre Aufmerksamkeit. Alle sollen die Ruhe auf sich wirken lassen. Natürlich können die Augen geschlossen werden, um die Eindrücke besser wahrzunehmen und zu verinnerlichen. Die Gruppe kann diese Übung barfuß ausführen, wenn es die Außentemperaturen zulassen.

Weisen Sie auf eine bewusste Atmung hin. Nach circa 8-10 Minuten beenden Sie die Einstimmungsphase.

Übungen zum Erfahren der Orientierungsfähigkeit ohne optische Wahrnehmung: »Neue Wege gehen«

Führen und folgen
Die Gruppe hat durch die Einstimmungsphase das räumliche Bild ihrer Umgebung erfasst. Jede Teilnehmerin kann ungefähr einschätzen, wo sich vielleicht ein Baum, ein Pfosten oder ein anderes Hindernis befindet. Die folgende Aufgabe, die als Partnerinnenübung ausgeführt werden soll, trainiert die akustische und taktile Orientierungsfähigkeit.
Da die Orientierungsfähigkeit von der Wahrnehmung des Auges und des Gehörs stark beeinflusst wird, sollte hier die optische Einflussgröße ausgeklammert werden. Die Augen werden mit einem Schal oder Tuch verbunden.
Die Teilnehmerinnen schließen sich zu Paaren zusammen. Achten Sie darauf, dass sich immer zwei Personen finden, die sich auch sympathisch finden. Die nachfolgende Übung bedarf viel Vertrauen zwischen den Partnerinnen.
Sie verteilen pro Paar ein Tuch, das Sie oder die Teilnehmerinnen selbst mitgebracht haben. Bevor die Augen einer Partnerin verbunden werden, erklären Sie den Übungsablauf. Erst dann beginnen alle mit der Übung.
Einer Partnerin werden die Augen verbunden. Sie ist die übende Partnerin. Die andere Partnerin, also die anleitende Person, fasst deren Hand oder legt eine Hand auf deren Schulter. Die sehende Partnerin führt das Paar durch das von Ihnen festgelegte Gebiet. Die Paare sollen ein angemessenes Schritttempo wählen, so dass sich die übende Partnerin mit einem sicheren Gefühl fortbewegen kann. Die anleitende Teilnehmerin muss jetzt für ihre Partnerin mitdenken. Sie sollte jede Bodenbeschaffenheit bzw. jedes Hindernis mitteilen. Außerdem soll sie genau den Verlauf des Weges beschreiben, den sie zu zweit entlanggehen. Nach 4-5 Minuten wechseln die Partnerinnen.
Durch den Körperkontakt bauen die übenden Teilnehmerinnen im Laufe der Übung Vertrauen zu ihren Partnerinnen auf. Das wird besonders deutlich sichtbar beim Aufsetzen der Füße. Zuerst werden einige sehr unsicher auftreten und etwas schwanken, doch nach einigen Minuten wird das Gehen immer sicherer. Die Übenden lernen dem Hören und Fühlen zu vertrauen.

Hören und folgen

Das Vertrauen, das sich während der Übungsphase zwischen den Partnerinnen entwickelt hat, wird in der nächsten Aufgabe noch verstärkt.

Wieder werden einer Partnerin die Augen verbunden. Diesmal muss die übende Partnerin den Weg ohne Kontakt zur leitenden Partnerin beschreiten. Die Übende sollte auf Zuruf den Weg fortführen. So sollte sich die anleitende Teilnehmerin zwei bis drei Schritte von ihrer Partnerin befinden. Sie sagt genau an, wie weit, wohin, wie viele Schritte, welches Tempo und in welche Richtung ihre Partnerin gehen soll.

Sie können diese Übung variieren, indem die anleitende Person ihre Partnerin vorsichtig auf einen oder mehrere Gegenstände, wie z.B. einen Baum oder Zaun, zugehen lässt, den diese dann ertasten und fühlen soll. Nach circa 4-5 Minuten tauschen die Partnerinnen ihre Rollen.

Achten Sie auf die Sicherheit Ihrer Teilnehmerinnen. Geben Sie Ihren Teilnehmerinnen am Ende der beiden Übungen noch etwas Zeit, sich auszutauschen. Alle sollten ihre Eindrücke, Empfindungen oder andere Auffälligkeiten mitteilen, ohne dass diese von Ihnen oder anderen der Gruppe kommentiert und kritisiert werden.

Übungen mit optischer Wahrnehmung: »Orientierungslauf«

In dieser Übungsphase wird ein Orientierungslauf zwischen verschiedenen, unbewegten Punkten ausgeführt. Die Teilnehmerinnen sollten in mehreren Versuchen die günstigste Wegstrecke zwischen den einzelnen Markierungen ermitteln.

Verteilen Sie im Gelände 10 Markierungen, wie z. B. Gymnastikreifen, Fähnchen oder Zettel. Sie können die Gegenstände völlig willkürlich ablegen. Große Abstände können Sie nehmen, wenn Sie eine konditionell starke Gruppe haben. Wählen Sie kleinere Zwischenräume, wenn die Gruppe untrainiert ist.

Es gilt, zwischen den einzelnen Markierungspunkten die kürzeste Strecke zurückzulegen. Lassen Sie mehrere Durchgänge ausführen, damit alle Teilnehmerinnen durch die Veränderungen ihrer Position in ihrem Umfeld die beste Strecke bestimmen können. Wählen Sie eine Entfernung zwischen den einzelnen Markierungen, die man auch wirklich mehrmals wiederholen kann. Am besten, Sie gehen die Strecke mehrmals ab, um abzuschätzen, dass die Teilnehmerinnen den Weg zurücklegen können.

Die Teilnehmerinnen sollten die Wegstrecken nicht im Laufen, sondern im Walken zurücklegen. Walking eignet sich hier besonders gut, da diese Sportart sich für Anfänger und Fortgeschrittene eignet. Es bedarf keiner großen Technikschulung. Führen Sie Ihrer Gruppe den Bewegungsablauf vor und erklären Sie die wichtigsten Punkte zur Körperhaltung und Technik.

Körperhaltung beim Walking

Walking-Technik

- **Schrittlänge und Tempo:** Beginnen Sie in einem gemäßigten Tempo. Führen Sie normale Schritte aus, wobei die Füße aktiv vom Boden abgehoben und die Knie leicht gebeugt werden. Bleiben Sie locker und unverkrampft, um optimal zu walken. Sie sollten ihre Schrittlänge nicht verändern, um ein Unwohlsein zu verhindern. Erhöhen Sie die Schrittfrequenz, wenn Sie zügiger walken wollen und können.
- **Position der Füße:** Rollen Sie die Füße von der Ferse bis zu den Zehen ab. Drücken Sie sich mit den Fuß kräftig vom Boden ab, so dass die Fuß- und Unterschenkelmuskulatur aktiv eingesetzt wird. Sie können den Schritt bis zur Gesäßmuskulatur spüren. Obwohl Sie sich stark vom Boden abdrücken, darf der Bewegungsablauf nicht gestört sein. Die Fußspitzen sollten möglichst geradeaus in Wegrichtung zeigen.
- **Armschwung:** Die Arme werden beim Walking bewusst eingesetzt. Sie werden angewinkelt zum Rhythmus der Gehbewegung mitgeführt. Sie schwingen gegengleich zur Beinbewegung mit. So werden gleichzeitig der rechte Arm und das linke Bein nach vorne geführt und umgekehrt.

Das Schwingen der Arme sollte eine natürliche Bewegung sein. Es darf nicht verkrampft und gezwungen wirken. Die Schultern sind locker und werden nicht hochgezogen. Die Hände schließen Sie zu einer lockeren Faust. Ballen Sie die Faust nicht zu fest zusammen, um eine Verkrampfung des gesamten Arm- und Schulterbereiches zu vermeiden.
Wenn Sie schneller walken möchten, erhöhen Sie nicht nur die Schrittfrequenz, sondern winkeln Ihre Arme stärker an. Bis zu 90 Grad können Sie die Arme anwinkeln. Schon nach einigen Schritten werden Sie merken, dass sich Ihre Geschwindigkeit erhöht.

- **Körperhaltung:** Der Oberkörper sollte aufgerichtet sein, doch nehmen Sie keine Hohlkreuzposition ein. Das verhindern Sie, indem Sie die Bauch- und Gesäßmuskulatur etwas anspannen und den Oberkörper ganz leicht nach vorne beugen. Der Blick richtet sich geradeaus auf die nächsten 4 bis 5 Meter. Vermeiden Sie ein ständiges Senken Ihres Kopfes zum Boden, um Ihren Atemrhythmus nicht zu beeinträchtigen.
Der Atemrhythmus ist individuell verschieden. Sie können den Tipp geben, dass man beispielsweise vier Schritte lang ein- und bei den nächsten vier Schritten ausatmet.

Dehnen

Hier haben Sie die Möglichkeit, die Natur einzubeziehen. Halten Sie sich z. B. am Baum fest, wenn Sie die Beinmuskulatur dehnen und die Fußgelenke lockern. Vergessen Sie nicht den Schulter-, Hals- und Nackenbereich zu dehnen *(siehe Seite 123ff)*.

Übungen zum Präzisieren der Differenzierungsfähigkeit und zum Erlernen einer besseren Umstellungsfähigkeit: »Rechts ist richtig! Links ist wichtig!«

Diese Kurssequenz soll die Feinabstimmung und das Timing einzelner Teilkörperbewegungen und Bewegungsphasen in Bezug auf Kraft-, Raum- und Zeitwahrnehmung verbessern. Die Teilnehmerinnen sollen die Genauigkeit ihres Krafteinsatzes und die koordinierte Abstimmung der zeitlich aufeinanderfolgenden Bewegungsabläufe und Teilkörperbewegungen mit Hilfe des Ball- und Tempogefühls der Rückschlag- und Ballspiele und der Frisbeescheibe erlernen.

Nehmen Sie alle möglichen Rückschlagspiele wie Tennis-, Tischtennis-, Softball-, Badminton-, Squash-, Federball- und Beachballschläger mit. Wählen Sie dazu die unterschiedlichsten Bälle aus. Es können Tennis-, Tischtennis-, Feder- und Hartgummibälle sein. Die Bälle sollten verschiedene Ballgrößen haben. Vergessen Sie nicht die Frisbeescheiben. Sie können auch Tennisringe mitnehmen. Pro Paar sollten mehrere unterschiedliche Bälle zur Verfügung stehen, um diese während des Spiels auszuprobieren.

Die Teilnehmerinnen bilden wieder Paare, die während der Spielphasen untereinander auf Ihr Kommando getauscht werden. Ein Paar wählt sich zwei gleiche Schläger und mehrere Bälle oder zwei Frisbeescheiben aus.

Animieren Sie Ihre Teilnehmerinnen mal mit der ungeübten Hand längere Zeit zu spielen, um auf der ungeübten Seite die Genauigkeit und das Ballgefühl zu trainieren. Nach einem Partnerinnenwechsel, der mit einem Gerätetausch verbunden ist, wird wieder weiter geübt. Nach dem Wechsel müssen sich alle auf die neuen Partnerinnen einstellen, wodurch die Umstellungsfähigkeit auf neue Situationen verbessert wird.

Die Paare können vor Beginn der Übungen ein paar Leinen, Bänder oder Wäscheleinen zwischen Bäumen oder Pfeilern in Kopfhöhe spannen. Falls Sie nicht die Möglichkeit haben, Leinen spannen zu können, verzichten Sie auf diese.

Wenn Ihnen noch Zeit zum Üben bleibt, variieren Sie die Bewegungsabläufe. Pro Paar wird eine Person bestimmt, die ihrer Partnerin nur die Bälle zuspielt. Die andere Partnerin hält in der einen Hand den Schläger zum Spielen, in die andere Hand nimmt sie einen Ball. Diesen legt sie nach der ersten Ballannahme dicht neben sich auf den Boden, ohne dabei den Flugball aus den Augen zu verlieren. Nach der zweiten Annahme hebt sie den am Boden liegenden Ball wieder auf. Weiterhin legt sie den Ball nach einem Ballwechsel ab oder hebt ihn auf. Nach ein paar Minuten erfolgt ein Wechsel der Partnerinnen. Sie verfahren nach dem gleichen Schema. In derselben Zeit üben andere Paare mit dem Tennisring oder der Frisbeescheibe den gleichzeitigen Wurf der Geräte. Auch hier sollten wieder beide Hände im Wechsel zum Werfen und Fangen eingesetzt werden.

Es können zwei Paare gegeneinander mit einem oder mehreren Bällen spielen. Oder jede Partnerin nimmt sich zwei Schläger, wenn ausreichend Schläger zur Verfügung stehen. So sollten dann alle im Spiel mit der Gegnerin beidhändig spielen. Achten Sie darauf, dass kein Wetteifern unter den Teilnehmerinnen entsteht. Alle sollen Spaß beim Ausprobieren von verschiedenen Bewegungsabläufen haben.

Lassen Sie alle Teilnehmerinnen beim Abbau und Zusammentragen der Materialien helfen. Während sie sich in dieser Zeit untereinander austauschen, erfolgt eine Beschleunigung der Regenerationsprozesse *(siehe Seite 58)* bei den einzelnen der Gruppe.

Dehnen

Beginnen Sie beim Stretching mit der Dehnung der Innen- und Außenseite der Unterarmmuskulatur. Fahren Sie mit Brust-, Schulter- und Rückenmuskulatur fort. Beenden Sie diese Phase mit dem Dehnen der Waden-, Hüftbeuge-, Beinstreck- und Beinbeugemuskulatur. Versuchen Sie, die Übungen in der Aufstellung zum Kreis oder an Bäumen auszuführen. Die Übungen zum Dehnen der Beinmuskulatur lassen sich mit Zuhilfenahme des Baumes ausführen *(siehe Seite 123ff)*.

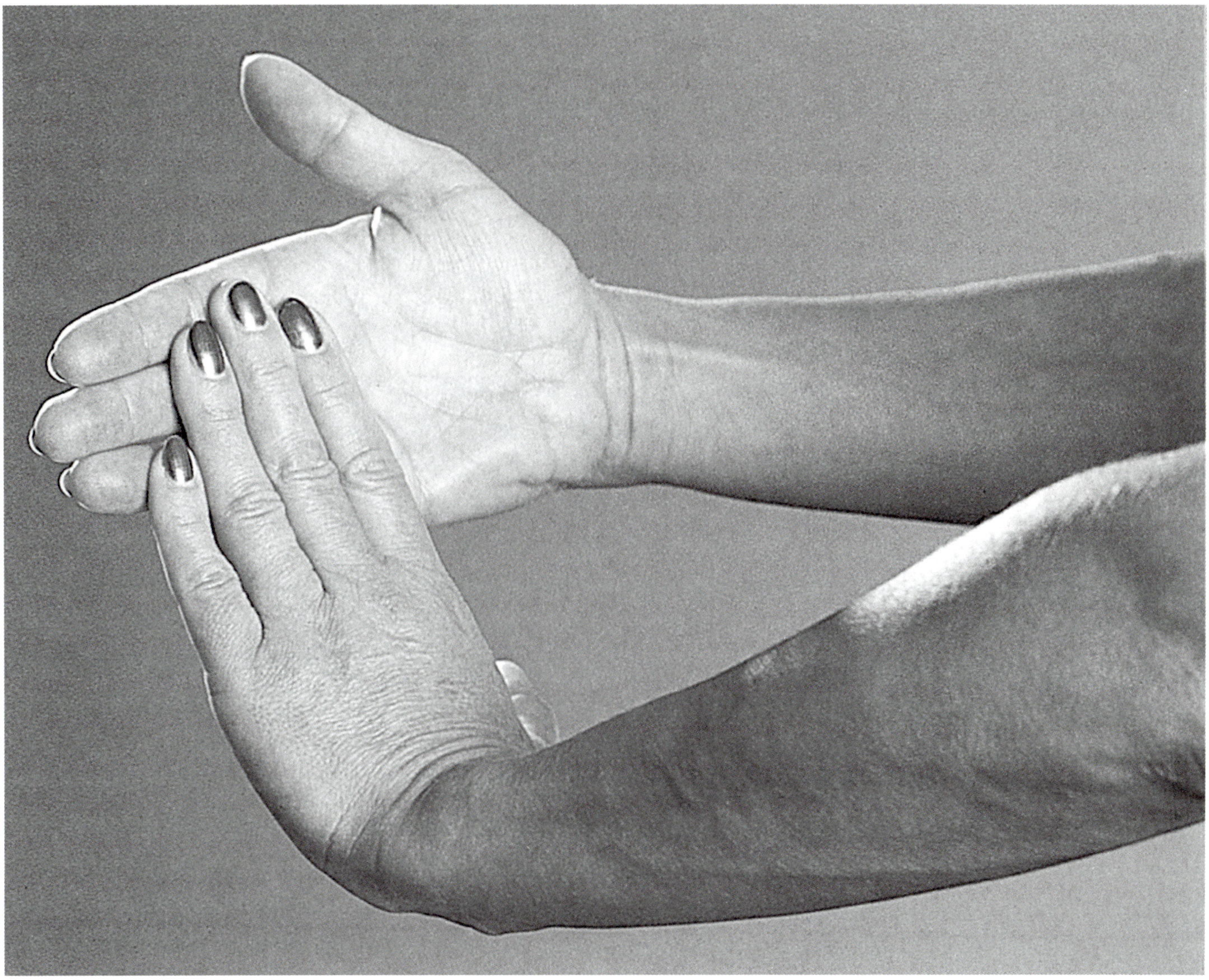

Die Unterarme lockern

Dehnen des Handstreckers:
Die Arme hängen locker neben dem Körper. Das rechte Handgelenk beugen Sie nach hinten. Anschließend strecken Sie den Ellenbogen durch. Dann drehen Sie den Unterarm nach innen, so dass die Finger seitlich nach außen rechts zeigen. Sie spüren die Dehnung auf dem Unterarm. Wechseln Sie den Arm nach circa 20 Sekunden.

Dehnen des Handbeugers:
Strecken Sie den linken Arm leicht nach vorne. Beugen Sie die Hand nach oben, indem der Daumen nach rechts zeigt. Greifen Sie mit der rechten Hand die Fingerspitzen der linken Hand. Dann ziehen Sie die Fingerspitzen langsam nach oben in Richtung des Körpers, bis ein angenehmes Spannungsgefühl entsteht. Nach circa 20 Sekunden wechseln Sie zum rechten Arm.

Abschluss und Motivation

Animieren Sie Ihre Gruppe, alltägliche Bewegungsabläufe nicht immer nur mit der Lieblingshand oder dem Lieblingsfuß zu beginnen und auszuführen. Sie sollen bewusst die andere Hand oder den anderen Fuß benutzen. Nach einigem Ausprobieren, werden alle merken, dass Sie einige Tätigkeiten mit der anderen Seite genauso gut ausführen können.

Geben Sie der Gruppe noch Gelegenheit, Fragen an Sie zu richten, die im Verlauf der Einheit entstanden sind.

Wissenswertes

Räumliche Orientierungsfähigkeit

Die Orientierungsfähigkeit bestimmt die Lageveränderungen des eigenen Körpers in Raum und Zeit. So muss eine Basketballspielerin ihre momentane Körperposition in der Halle zu ihren Gegenspielerinnen festlegen, um diese zielgerichtet zu verändern. Definierte Räume können unter anderem auch Sportplätze, Parks, Wohnungen und Wohngegenden sein.

Die Orientierungsfähigkeit ist von verschiedenen Analysatoren abhängig.

- Von besonderer Bedeutung ist die optische Information. Sie gibt einer Spielerin Hinweise über die eigene Position im umgebenden Raum. Fällt die visuelle Information aus, kann man sich über andere Analysatoren orientieren. Blinde Personen stützen sich auf die taktilen und akustischen Informationsarten, um sich in ihrer Umwelt zurechtzufinden.
- Der taktile Analysator gibt Aufschluss über die Festigkeit von Materialien wie z. B. die Bodenbeschaffenheit. Felskletterer ertasten beim Greifen die Beschaffenheit der Grifffläche, um sich sicher fortzubewegen.
- Über akustische Informationen, beispielsweise durch einen Zuruf, kann man die Position eines Mitspielers erfahren.
- In enger Beziehung zur Orientierungsfähigkeit steht die Gleichgewichtsfähigkeit. Sie bestimmt die Position nach einer Lageveränderung des Körpers. Führt eine Turnerin eine Drehbewegung vom Reck auf die Weichmatte aus, muss das Gleichgewicht wiederhergestellt und gehalten werden. So ist für die räumliche Orientierungsfähigkeit die Kopfbewegung entscheidend, da der optische und vestibulare Analysator eine wichtige Rolle spielen.
- Muss man sich in einem bekannten Umfeld bei völliger Dunkelheit fortbewegen, beruht die Orientierung auf kognitiv gespeicherten Informationen über den definierten Raum. Diese gespeicherten Informationen über diesen Raum beinhalten nicht nur optische, sondern auch akustische und taktile Eindrücke. Eine Skiläuferin kann sich auf einer Abfahrtsstrecke im Nebel zurechtfinden, wenn sie sich an den Schneeverhältnissen und den Geräuschen der Skilifte orientiert. Manchmal können auch Gerüche von besonderer Bedeutung sein.

Die Anforderungen an die Orientierungsfähigkeit einzelner Personen ist in den unterschiedlichsten Sportarten sehr verschieden. In einigen Sportarten orientiert man sich an einem »unbewegten« Umfeld, wie die Skiläuferin im Gelände. In anderen muss man seine Körperposition zu »bewegten« Objekten bestimmen, wie das eine Fußballspielerin zu ihrer Gegnerin im Spiel ständig überprüft. Die Anforderungen an die Orientierungsfähigkeit werden um so größer, je höher die Anzahl der bewegten und unbewegten Objekte wird.
Die Differenzierungsfähigkeit ist eng mit der Orientierungsfähigkeit verbunden, weil sie auch die Körperposition in Raum und Zeit bestimmt.

Differenzierungsfähigkeit

Die Differenzierungsfähigkeit ermöglicht eine Feinabstimmung einzelner Teilkörperbewegungen und Bewegungsphasen. Zudem unterscheidet diese Fähigkeit Kraft-, Zeit- und Raumparameter im gesamten Bewegungsvollzug. Der räumliche Parameter gibt z. B. die Winkelstellung in den Gelenken an. Angespannte oder entspannte Muskulatur entscheidet über den Krafteinsatz. Die zeitliche Komponente ergibt sich über die Geschwindigkeit von Teilkörperbewegungen. Erst nach langem Üben und viel Erfahrung entwickelt sich ein Feingefühl für die Bewegungssteuerung. So spricht man vom »Ballgefühl« eines Fußballers, wenn er präzise und kontrolliert Bewegungen mit Kopf und Fuß ausführen kann.

Umstellungsfähigkeit

Die Umstellungsfähigkeit ist die Basis für Situationsveränderungen im Bewegungsplan. Situationsveränderungen gibt es in allen Sportarten, besonders bei den Kampf- und Spielsportarten. Vom Handlungsziel wird durch eine plötzliche Veränderung nicht abgewichen, sondern die Bewegungsausführung muss geändert oder sogar abgebrochen werden, um eine neue Handlung einzuleiten. Eine Eiskunstläuferin muss nach einem Fehler ihre Kür ändern. Werden Situationsveränderungen erwartet, ändert sich die Bewegungsausführung kaum. Bei einem erwarteten Anstieg wird eine Läuferin nur ihre Schrittlänge verkürzen. Der Bewegungsablauf bleibt erhalten. Die Umstellungsfähigkeit *(siehe Seite 16)* setzt voraus, dass eine Situationsveränderung des Bewegungsprogrammes wahrgenommen wird, um sich zielgerichtet der neuen Situation anzupassen. Die Umstellungsfähigkeit ist eng mit Reaktions- und Orientierungsfähigkeit verknüpft *(siehe Seite 16 und Seite 110)*.

Timing

Timing beschreibt die Fähigkeit, zu einem bestimmten Zeitpunkt die richtige Leistung zu erbringen. Der zeitlich abgestimmte Kraftaufwand entscheidet über ein gelungenes Timing. Der Anlauf zu einem Schmetterschlag nach einem zugespielten Ball ist das richtige Timing, um die Kraft in die Beschleunigung des Balles umzusetzen.

Was ist Walking?

Aus dem Anglo-Amerikanischen stammt der Begriff »Walking« und bedeutet »Gehen«. Walking ist forciertes Gehen mit Armeinsatz. Verwechseln Sie diese Sportart nicht mit der olympischen Disziplin des hüftwackelnden Gehens. Walking ist eine Ausdauersportart, die sich positiv auf das Herz-Kreislauf-System auswirkt, so dass sich Walking besonders gut für Untrainierte oder ältere Personen als Einstiegssportart eignet. Walking verbindet die effektiven und gesundheitlichen Vorteile der sportlichen Betätigung mit einem verminderten Verletzungsrisiko durch eine geringe Belastung des Bewegungsapparates. Die Belastung der Gelenke, Sehnen, Bänder und Wirbelsäule ist wesentlich geringer als beim Joggen.

Eine runde Sache

Auf einen Blick

Ziele:
- Erspüren, Erlernen und Verbessern der Differenzierungsfähigkeit; Schulung der Kopplungs- und Kombinationsfähigkeit mit Hilfsmitteln;
- Wahrnehmen der Entspannungsfähigkeit durch Partnerinnenarbeit

Phasen und Übungen	Methode	Medien/Material	Zeit
Einstieg	Kurzreferat	Sprache	3 Min.
Einstimmungsphase: »Sich auf den Körper besinnen«	Bewegung, An- und Entspannung	Sprache, Musik	10 Min.
Aufwärmphase und Dehnen: Übungssammlung zum Erfahren der Differenzierungsfähigkeit	Bewegung, Stretching	Sprache, verschiedene Bälle	15 Min.
Erfahren der Kopplungsfähigkeit: »Body-Balance«	Body-Balance	Sprache, Musik, Body-Balls	15 Min.
Regenerationsphase: »Rast-Ball«	Pantomime	Sprache, verschiedene Bälle	5 Min.
Erfahren der An- und Entspannungsfähigkeit	Rückentraining	Sprache, Musik	15 Min.
Entspannungsphase: »Rollkur«	Entspannungsmethode	Sprache, Musik, Igelbälle	10 Min.
Abschluss und Motivation	Kurzreferat	Kursbuch	2 Min.

Anleitungen zur Kurspraxis

Einstieg

Ein Ziel dieser Einheit ist das Erspüren, Erlernen und Verbessern der Differenzierungsfähigkeit. Mit Prellübungen von unterschiedlichen Bällen mit verschiedenen Kraftaufwänden wird dies in der ersten Belastungsphase geschult. Weiterhin wird diese koordinative Fähigkeit durch An- und Entspannungsaufgaben und Pantomime erfahren.
Die Kopplungs- und Kombinationsfähigkeit wird im Kompakttraining trainiert. Beim »Body-Balance« werden ebenfalls Bälle als Hilfsmittel eingesetzt.
Die Entspannungsfähigkeit wird durch Partnerinnenarbeit wahrgenommen.

Einstimmungsphase: »Sich auf den Körper besinnen«

Einstimmung
Sie sind am Strand. Der Wind weht Ihnen um die Nase. Sie spüren den leichten Wind auf Ihrer Haut. Es ist ein angenehmes Gefühl, diesen leisen Windhauch zu fühlen. Schließen Sie die Augen, um diese Gefühle noch mehr zu verinnerlichen. Vielleicht werden Erinnerungsmomente aus der Kindheit und dem letzten Urlaub geweckt, in denen Sie sich besonders wohl fühlten. Gehen Sie einen Moment diesen Gedanken nach.

Die Gruppe verteilt sich zu dieser Übung locker im Raum. Alle wählen einen Platz, an dem sie sich wohl fühlen. Die Augen werden geschlossen. Eine leise und ruhige Musik setzt ein. Im Stand wiegen sich die Teilnehmerinnen vorsichtig und leise hin und her, um den leichten Windhauch nachzuspüren.

Beobachten Sie Ihre Teilnehmerinnen, damit ein Zusammenstoßen von Personen vermieden wird. Fühlt sich eine Teilnehmerin mit geschlossenen Augen unwohl oder unsicher, kann die Übung mit geöffneten Augen ausgeführt werden.

Nach circa 2-3 Minuten regeln Sie die Musik langsam herunter. Allmählich sollen die Teilnehmerinnen zur Ruhe kommen. Wenn die Musik schweigt, sollen alle in sich horchen. Die Übenden beobachten ihren eigenen Körper. Nach einer weiteren Minute richten Sie Fragen in der Ichform an die Teilnehmerinnen. Erst wenn Sie merken, dass alle aus der Gruppe die Aufgabenstellung nachvollziehen konnten, stellen Sie die nächste Frage. Lassen Sie sich wirklich Zeit, damit bei den Teilnehmerinnen keine innere Unruhe entsteht.

- Wie stehe ich? Habe ich einen sicheren und festen Stand?
- Wie fühlen sich meine Fußsohlen an?
- Was spüre ich in den Waden, Knien und Oberschenkeln?
- Ist mein Gesäß entspannt?
- Sind meine Bauchmuskeln angespannt oder ganz locker?
- Was spüre ich im Rücken? Lasse ich meine Schultern und Arme locker hängen? Bin ich im Nacken entspannt?
- Ist mein Gesicht ganz entspannt und gelöst?

Wenn Sie alle Fragen gestellt haben, geben Sie den Teilnehmerinnen noch etwas Zeit zum Nachspüren. Dann fordern Sie alle auf, eine Körperspannung aufzubauen. Die Spannung wird langsam von den Fußsohlen bis zur Gesichtsmuskulatur aufgebaut. Anschließend wird die Körperspannung nacheinander in umgekehrter Reihenfolge wieder gelöst. Diesen Vorgang lassen Sie mindestens dreimal wiederholen.

Hier haben Sie die Möglichkeit die Aufgabe des wiederkehrenden An- und Entspannens immer anzusagen. Um aber eine Verwirrung der Teilnehmerinnen zu vermeiden, sagen Sie die Übungsabfolge mit ruhiger Stimme nur vor dem Beginn der Aufgabe an.

Aufwärmphase und Dehnen: Übungssammlung zum Erfahren der Differenzierungsfähigkeit

»Prellball«
In dieser Phase erlernen die Teilnehmerinnen differenziert, ihre Kraft und ihre Bewegungsausmaße bewusst einzusetzen. Als Hilfsmittel wählen Sie verschiedenste Bälle, wie z. B. Gymnastik-, Basket- oder Tennisbälle aus, die sich am Boden prellen lassen. Durch die unterschiedlichsten Aufgabenstellungen sollten alle Teilnehmerinnen eine Feinabstimmung ihrer Bewegungsabläufe erreichen.
Verteilen Sie die ausgewählten Bälle in der Gruppe. Die Bälle sollen durch den Raum geprellt werden. Jede Teilnehmerin versucht, möglichst zügig mit dem zu prellenden Ball durch den Raum zu gehen. Wenn alle sicher den Ball prellen, beginnen Sie mit den Übungsaufgaben.

- Der Ball wird nur mit der rechten Hand gerollt.
- Die linke Hand führt den Ball durch den Raum.
- Im Wechsel wird der Ball mit der linken und rechten Hand geführt.
- Alle gehen rückwärts und prellen den Ball.
- Mit verschiedenen Körperteilen, beispielsweise mit der Handkante, dem Fuß oder dem Ellenbogen, wird geprellt.
- Der Ball soll mit unterschiedlichen Krafteinsätzen geprellt werden. Mal wird weniger, mal mehr Kraft aufgewandt, um den Ball fortzubewegen.

Wechseln Sie immer nach einer Runde zur nächsten Aufgabenstellung.

»Augen zu!«
Nach der letzten Übung bleiben alle auf Ihr Stoppzeichen stehen und versuchen, den Ball mit geschlossenen Augen zu prellen.
Sie können diesen Übungsabschnitt variieren, indem die Teilnehmerinnen laufen statt gehen. Die Übungen können auch im Hopserlauf, Rückwärts-, Seitwärtslauf- oder Schlusssprung ausgeführt werden.

»Prellbank«
Nach dem letzten Übungsstück bauen Sie mit der Hilfe der Gruppe Bänke, die hintereinander stehen sollen, auf. Jetzt wird die Bank als weiteres Hilfsmittel benutzt, das die Übungen etwas erschwert. Hier müssen die Teilnehmerinnen noch differenzierter ihre Bewegungen und ihre Kraft einsetzen.

Die Gruppe stellt sich hintereinander in einer Reihe auf. Die Übenden führen die nachstehenden Übungen an der Bank aus und reihen sich anschließend wieder ein.

- Jede Teilnehmerin läuft auf der Bank und prellt den Ball rechts auf dem Boden.
- Das Ballprellen wird links neben der Bank ausgeübt.
- Die Gruppe geht neben der Bank und prellt den Ball nur auf der Banksitzfläche.
- Jede Spielerin geht auf der Bank und prellt den Ball im Wechsel am Boden und auf der Sitzfläche.
- Der Ball wird wieder im Wechsel auf der Bank und auf dem Boden geprellt, während die Spielerinnen neben der Bank gehen.
- Im Rückwärtsgehen auf der Sitzfläche wird ein Ball neben der Bank geführt.
- Die Teilnehmerinnen gehen auf der Bank und prellen mit zwei Bällen, also rechts und links, neben der Turnbank.

Stehen Ihnen viele Bänke zum Aneinanderreihen zur Verfügung, führen Sie auch hier nur einen Durchlauf pro Spielaufgabe durch. Ansonsten lassen Sie Übungen mehrmals wiederholen. Sollten keine Turnbänke vorhanden sein, wählen Sie eine gerade Linie von den Hallenmarkierungen aus. Alternativ können Sie mit aufgeklebten Punkten eine Linie markieren. Hintereinandergelegte Reifen ersetzen genauso eine Turnbank.

Die richtige Handhaltung beim Prellen

Beim Prellen wird der Ball nicht geschlagen, so dass es sich wie ein »Patschen« anhört, sondern die Finger passen sich der Form des Balles an. Sie sind leicht gekrümmt, damit der Ball geführt zum Boden gedrückt wird.

Handhaltung beim Prellen

Dehnen

Das Dehnen beendet die Aufwärmphase. Der Schwerpunkt des Dehnens liegt bei der Arm- und Schulter- sowie der Beinmuskulatur, um auf die bevorstehende Belastung der Kräftigungsphase mit Body-Balance vorzubereiten.

Erfahren der Kopplungsfähigkeit: »Body-Balance«

»Body-Balance« ist eine Methode zur Kräftigung der Gesamtmuskulatur. Es werden Bälle eingesetzt, die sich im Gewicht von den normalen Gymnastikbällen unterscheiden. Sie haben mindestens ein Gewicht von 500g. Die anderen Größen sind gestaffelt in 1000g, 2000g und 3000g. Der Standardball im Training wiegt 2000g.

In dieser Belastungsphase werden vorwiegend die Schultern und die Beine gekräftigt. Die Kombination von Arm- und Beinbewegungen verbessert die Kopplungs- und Kombinationsfähigkeit. Die Übenden erfahren eine fein differenzierte Bewegungsausführung von Körper- und Ballbewegungen. Sie erlernen ein präzises Steuern von Beschleunigungs- und Abbremsbewegungen.

Beginnen Sie immer erst mit dem Bewegungsablauf der Arme bzw. des Balles. Anschließend kombinieren Sie diesen mit der Beinbewegung. Jede Kompaktübung führen Sie in drei Sätzen aus. Ein Satz besteht aus 12-15 Wiederholungen. Legen Sie eine Pause von circa 20 Sekunden nach einem durchgeführten Satz ein.

Dieses Kompakttraining sollte von Musik begleitet werden. Zum einen gibt der hörbare Grundrhythmus die Geschwindigkeit der Teilbewegungen vor und zum anderen wird wieder die Rhythmusfähigkeit geschult. Durch den vorgebenden Takt können die Teilnehmerinnen die Bewegungsausführung besser nachvollziehen. Die Geschwindigkeit der Musik sollte zwischen 100-120 Taktschlägen pro Minute liegen.

Jede Teilnehmerin erhält einen Body-Ball. Sind keine Gymnastikbälle in den angegebenen Größen vorhanden, greifen Sie auf Hanteln mit den entsprechenden Gewichten zurück.

Schultern & Beine

Diese Übung trainiert die Oberschenkel-, Waden- und Schultermuskulatur.

- Nehmen Sie den Ball in eine Hand. Öffnen Sie Ihre Beine zur leichten Grätsche. Die Füße sind mehr als hüftbreit auseinander geführt. Beugen Sie die Knie leicht. Sie sind oberhalb des Fußes und nicht mehr als 90 Grad gebeugt. Die Fußspitzen zeigen nach außen.
- Zeigen Sie den ersten Bewegungsablauf. Legen Sie den Ball in die rechte Handinnenfläche. Strecken Sie den Arm seitlich neben dem Körper hoch. Der Arm befindet sich in Schulterhöhe, wobei der Ellenbogen leicht gebeugt ist. Führen Sie den Arm gleichmäßig hoch und in die Ausgangsposition zurück.

Wenn alle den Bewegungsablauf richtig ausführen, nehmen Sie die Beinbewegung hinzu. Ziehen Sie die linke Ferse hoch, während der Ball nach oben geführt wird. Der Oberkörper bleibt gerade und die Position der Knie ändert sich nicht.

- Wechseln Sie zwischen den Sätzen die Körperseiten, damit die Muskulatur nicht so schnell ermüdet und die Gruppe mehr Abwechslung hat. Jetzt werden der linke Arm und die rechte Ferse gehoben und gesenkt.
- Variieren Sie diese Kompaktübung, indem ein Arm immer vor dem Körper hoch- und heruntergeführt wird. Der Hebel der Armbewegungen bringt Abwechslung in die Bewegungsfolge. Heben Sie die Arme in einem kleinen Abstand hinauf und hinunter.

Die Knie werden nicht mehr als 90 Grad gebeugt, indem der Oberkörper gerade gesenkt wird. Achten Sie beim Zurückkehren in die Ausgangsposition auf die Stellung der Knie. Sie dürfen nicht durchgedrückt werden, sondern müssen immer leicht gebeugt bleiben.

- Die Kompaktübung können Sie etwas verändern, wenn Sie beim Hochführen und Absenken verschiedene Stufen einbauen. Sie können in verschiedenen Zählzeiten hinunter- und hinaufgehen. Senken Sie in zwei Zählzeiten den Körper ab oder gehen Sie in drei Abstufungen hinunter und in einer Bewegung wieder hinauf. Die Übung lässt genauso gut verschiedene Hebel der Armbewegung zu. Bewegen Sie die Arme nur in kleinen Abständen hoch und hinunter.

Schultern & Beine

Brust & Oberschenkel

Brust & Oberschenkel

Diese Übungskombination kräftigt die Brust-, Schulter- und Oberschenkelmuskulatur.

- Die Position der Beine ist identisch mit der oberen Ausgangsstellung, wobei die Bauch- und Gesäßmuskeln angespannt sind. Greifen Sie den Ball von unten mit beiden Händen und ziehen Sie die Ellenbogen vor dem Körper zusammen. In Höhe der Schultern befinden sich die zusammengezogenen Ellenbogen. Der Ball bzw. die geschlossenen Arme werden nach oben und in den Ausgangspunkt zurückgeführt. Die Ellenbogen müssen immer zusammenbleiben.
- Nun kombinieren Sie die Armbewegung mit der Beinübung. Während die Arme hochgeführt werden, wird der Körper abgesenkt.

Arm- und Schultermuskulatur & Gesäß- und Beinmuskulatur

Hier trainieren Sie nicht nur die Arm- und Schultermuskulatur, sondern Sie kräftigen auch Ihr Gesäß und Ihre Beine.

- Öffnen Sie die Füße schulterbreit und beugen Sie etwas die Knie. Neigen Sie den Oberkörper mit gerader Wirbelsäule leicht nach vorne. Greifen Sie den Ball mit beiden Händen vor dem Körper und strecken Sie die Arme nach vorne. Anschließend ändert sich die Handhaltung. Die Hände umgreifen nicht mehr den Ball, sondern halten ihn mit gespreizten Fingern und mit leicht gebeugten Ellenbogen vor dem Körper.
- Jetzt wird der Ball vor dem Oberkörper bis über den Kopf gehoben und anschließend in Schulterhöhe zurückgebracht. Dann beginnt die Beinarbeit. Gehen Sie in eine halbe Kniebeuge und wieder zurück.

Das Gesäß wird weit nach hinten abgesenkt, so dass die

Fußspitzen beim Absenken noch zu sehen sind. Die Kniebeuge ist korrekt ausgeführt, wenn man während der Kniebeuge die Fußspitzen in den Schuhen hochziehen kann. Gleichzeitig werden die Arme hochgeführt und der Körper abgesenkt.

- Wenn Sie einige Sekunden in verschiedenen Kniebeugewinkeln bleiben und in den entsprechenden Stufen die Arme mitbewegen, ändern Sie die Übung zur Abwechslung der Teilnehmerinnen ab.

Arm- und Schultermuskulatur & Gesäß- und Beinmuskulatur

Schultern & Step-Touch

Zum Abschluss dieses Kompakttrainings verbinden Sie eine Kräftigungsübung der Schulter mit einer Aufgabe zum Verbessern der Rhythmusfähigkeit.

- Diesmal beginnen Sie erst mit der Beinbewegung. Dennoch halten Sie den Ball mit beiden Händen eng vor dem Körper. Führen Sie einen Aerobicschritt, den Step-Touch bzw. Seitschritt *(siehe Seite 38)*, aus.
- Wenn alle Teilnehmerinnen den gleichen Schritt im Rhythmus ausführen, zeigen Sie die Armbewegung. Nun wird der Ball in der rechten Hand von unten gehalten. Der Arm wird seitlich angewinkelt, so dass sich der Ellenbogen in Schulterhöhe und der Ball bzw. die Hand über dem Kopf befinden. Der Winkel zwischen Ober- und Unterarm beträgt ungefähr 90 Grad. Zum Rhythmus der Beinbewegung und der Musik wird der angewinkelte Arm gehoben bzw. gesenkt.
- Nach einem Satz wechseln Sie den Ball in die linke Hand. Den Step-Touch führen Sie jetzt nicht mehr nach rechts, sondern nach links aus. Bei den nächsten Wiederholungssätzen wechseln Sie immer wieder die Seiten.

Variation

Falls Sie weder die Möglichkeit haben, Bodyballs noch Hanteln einzusetzen, können Sie aus den Übungen der Aufwärmphase einen Prellparcour zusammenstellen. Bauen Sie verschiedene Stationen auf, an denen alleine oder mit mehreren Personen gleichzeitig mehrere Minuten eine Übung trainiert wird. Auf Ihr Signal werden die Stationen gewechselt. Die Verweildauer in einer Übung ergibt sich aus der Anzahl der aufgebauten Stationen. Bauen Sie z. B. sechs Stationen auf, trainieren die Teilnehmerinnen circa 2 Minuten eine Übung, um die Phasendauer von 15 Minuten einzuhalten.

Regenerationsphase: »Rast-Ball«

Um einen abrupten Übergang zu den Übungen aus dem Rückentraining zu vermeiden, dient diese Pantomimeübung als Regenerationsphase. Während des Ausübens wird die Herz-Kreislauf-Tätigkeit heruntergefahren und alle können sich aktiv vom Body-Balance-Training erholen.

Alle Teilnehmerinnen tauschen den Body-Ball bzw. die Hantel gegen einen Gymnastikball. Mit diesem Ball bewegen sie sich im Raum.

Sie können den Ball beispielsweise prellen, werfen oder rollen. Plötzlich halten alle auf Ihr Signal hin an. Der Ball »rastet« ein und kann nicht mehr bewegt werden. Die Teilnehmerinnen bewegen sich um den eingerasteten Ball.

Die Bewegung bezieht sich auf den Ball, der entweder am Boden oder auf der Handinnenfläche liegt. So bewegen sich alle um ihn herum, auf ihn zu oder auch über den Ball. Jede Teilnehmerin ist aufgefordert, Bewegungsfolgen mit dem eingerasteten Ball zu improvisieren. Die Bewegungsfantasie jeder einzelnen Teilnehmerin ist gefordert. Alle Bewegungsfolgen sind möglich.

Auch hier erfährt die Gruppe wieder den Wechsel zwischen Anspannung und Entspannung. Pantomime beinhaltet Ausdrucksbewegungen des gesamten Körpers, wobei teilweise einzelne Körperteile schnell angespannt und anschließend wieder gelöst werden.

Lassen Sie die pantomimische Darstellung mehrmals wiederholen, damit die Szene ausdrucksstark wird.

Erfahren der An- und Entspannungsfähigkeit

Ein Rückentrainingsprogramm soll in dieser Belastungsphase die An- und Entspannungsfähigkeit verdeutlichen. Die Teilnehmerinnen werden feststellen, dass sie nur durch Anspannung die Positionen halten können.

Obwohl ein Rückentraining gleichermaßen die Verbesserung der Körperhaltung, das Dehnen von verkürzter Muskulatur, den Abbau von muskulären Dysbalancen und die Mobilisierung der Gelenke und der Wirbelsäule als Ziele und Inhalte hat, beschränkt sich die Übungssammlung in diesem Abschnitt nur auf Übungen zur Ganzkörperkräftigung. Die Übungen zur Kräftigung und Stabilisation der Gesamtmuskulatur verdeutlichen besonders den Wechsel zwischen An- und Entspannung.

Jede Teilnehmerin braucht eine Gymnastikmatte für die Übungen. Gehen Sie gemeinsam mit der Gruppe in wirbelsäulengerechter Haltung hinunter auf die Matte. Führen Sie zusammen die einzelnen Schritte aus.

Stabiler Stand

Der stabile Stand wird eingenommen, indem sich alle auf den Handinnenflächen bzw. der Faust und den Knien abstützen. Die Fingerspitzen zeigen etwas zueinander. Die Ellenbogen sind leicht gebeugt. Der Kopf ist in Verlängerung der Wirbelsäule. Die Knie können bei Bedarf zusätzlich gepolstert werden. Jetzt wird die Bauchmuskulatur angespannt, um eine Fehlhaltung im Hohlkreuz zu vermeiden. Die Aufgabe kann mit der bildlichen Vorstellung des »Bauchnabeleinziehens« umschrieben werden. Anschließend wird das rechte Bein nach hinten weggestreckt. Die Fußspitze zeigt nach unten, als ob die Ferse eine unsichtbare Wand wegdrücken will. Weiterhin bleiben die Bauchmuskeln angespannt und die Ellenbogen leicht gebeugt. Erst wenn alle das Gleichgewicht halten können, wird der linke Arm nach vorne geführt. Alle versuchen durch starke Anspannung das Gleichgewicht zu halten. Nach circa 20 Sekunden wechseln Sie die Seiten. Machen Sie zwischendurch eine Pause, um die Handgelenke zu lockern. Wiederholen Sie die Übung auf jeder Seite dreimal.

Freier Unterarmstütz

Die Belastung liegt auf den Unterarmen und den Knien. Die Hände sind senkrecht am Boden. Die Handinnenflächen werden nicht abgelegt. Die Fußspitzen werden aufgesetzt, um die Belastung von den Knien auf die Fußspitzen zu bringen.
Die Rumpfmuskulatur ist angespannt, damit der Rücken gerade gehalten werden kann. Der Kopf ist in Verlängerung zur Wirbelsäule. Halten Sie diese Spannung dreimal circa 20 Sekunden.
In den Pausen wird der Oberkörper ganz locker und entspannt auf den Oberschenkeln abgelegt.
Anschließend können Sie die Übung intensivieren,

- indem wechselseitig ein Fuß für einige Sekunden leicht angehoben wird,
- dadurch, dass der Abstand zwischen den Unterarmen und den Knien vergrößert wird,
- wenn gegengleich zum Spielbein der Arm angehoben wird.

Führen Sie nacheinander die Variationen aus. Achten Sie immer auf die Position der Knie. Sie befinden sich circa 10 Zentimeter hinter den Hüftgelenken.

Freier Unterarmstütz

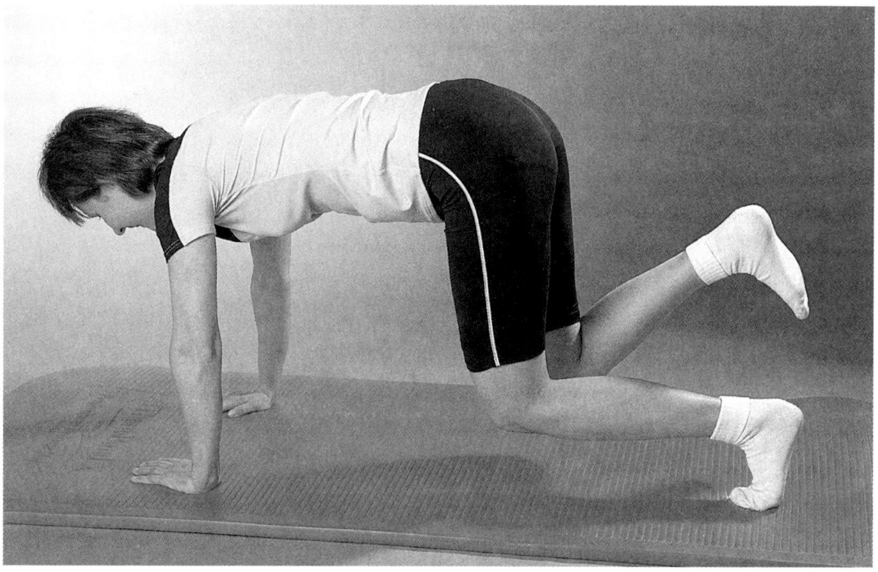

Freier Vierfüßlerstand

Eine Partnerin legt sich auf den Bauch auf eine Matte. Die andere kniet oder hockt sich zu der liegenden Partnerin. Achten Sie auf die Haltung der Partnerin, die die Entspannungsübung ausführt. Wichtig ist das Abpolstern der Knie und eine wirbelsäulengerechte Haltung.

Mit dem Igelball wird der liegenden Partnerin über die Arme, den Rücken (neben der Wirbelsäule), das Gesäß, die Bein und die Fußsohlen massiert. An den Armen beginnend wird der Igelball bis zu den Fußsohlen hinunter und umgekehrt wieder hinauf auf einer Körperseite gerollt. Anschließend wird auf die andere Seite gewechselt. Das Ausrollen sollte nicht hektisch und schnell, sondern intensiv ausgeführt werden.

Freier Vierfüßlerstand

Die Ausgangsposition ist der Vierfüßlerstand. Die Belastung liegt auf den Händen und Knien. Die leicht nach innen gedrehten Hände befinden sich unterhalb der Schultern. Die Wirbelsäule wird durch Anspannen der Rumpfmuskulatur gerade gehalten.
Die Knie, die unter den Hüftgelenken sind, werden eine Handbreit vom Boden gelöst. Das rechte Bein wird leicht angehoben, wobei der Abstand des Stützknies, das linke Knie, nicht verändert wird. Nach circa 10 Sekunden wechseln Sie das Bein. Wiederholen Sie die Aufgabe mit jedem Bein dreimal.

- Im Anschluss variieren Sie ebenfalls diese Übung.
- Heben Sie eine Hand und das gegenüberliegende Bein vom Boden ab, ohne dass sich der Abstand des Stützknies zur Matte ändert.
- Verlagern Sie Ihr Gewicht auf den Händen und Fußspitzen, doch eine deutliche Bewegung wird nicht sichtbar.

Diese Übungsvariationen sollten pro Übung bzw. Seite dreimal circa 20 Sekunden gehalten werden. Achten Sie immer auf die gleichbleibende Höhe des Rückens. Ein Einfallen zwischen die Schulterblätter sollte vermieden werden.

Dehnen

Beenden Sie das Rückentraining mit einem Stretching, dass vorwiegend die Arm-, Schulter- und Brustmuskulatur dehnt. Doch die Bein- und Gesäßmuskulatur darf im Dehnprogramm nicht fehlen *(siehe Seite 123ff)*.

Entspannungsphase: »Rollkur«

Die Unterrichtseinheit wird mit der »Rollkur« beendet. Die Gruppe schließt sich zu Paaren zusammen. Jedes Paar erhält einen Igelball. Falls keine Igelbälle vorhanden sind, nehmen Sie Tennisbälle.

Zum Abschluss wird der Igelball zur Seite gelegt, um die auf der Matte liegende Partnerin von den Schultern bis zu den Waden mit beiden Händen auszustreichen. Das Ausstreichen wird immer von oben nach unten ausgeführt und bei den Waden bzw. den Fußsohlen beendet. Die massierte Partnerin öffnet langsam die Augen und setzt sich behutsam auf. Dann genießt die andere Partnerin die Rollkur.

Im Hintergrund spielt eine leise und ruhige Musik. Der Raum ist angenehm temperiert, so dass man während der Entspannungsphase nicht auskühlt. In dieser Phase sollte kaum gesprochen werden, um sich ganz auf die eintretende Entspannung zu konzentrieren.

Die Ballmassage kann ebenso im Sitzen ausgeübt werden. Hier bietet es sich an, nur den Rücken auszurollen.

Nehmen Sie bei Entspannungsverfahren, die in Partnerinnenarbeit ausgeführt werden, immer ein Hilfsmittel, wie z. B. ein Tennisball. Oft ist die Angst vor Berührungen oder zu viel Nähe sehr groß. Bei der ersten Entspannung, die durch eine Partnerin ausgeführt wird, senkt ein »Hilfsmittel« die Scheu des Anfassens und der Berührung.

Abschluss und Motivation

Versuchen Sie Ihre Teilnehmerinnen für ein Training zu Hause zu gewinnen. Alle können die Übungen des Kompakttrainings auch zu Hause wiederholen. Sie benötigen nicht unbedingt einen Body-Ball. Hanteln oder Plastikflaschen mit Wasser oder Sand gefüllt eignen sich genauso.
Motivieren Sie Ihre Gruppe, die Einstiegsübung »Sich auf den Körper besinnen« mal im Sitzen oder Liegen auszuprobieren, um den Unterschied zwischen An- und Entspannung wahrzunehmen.
Natürlich können wieder Fragen oder Äußerungen an Sie gerichtet werden. Das Kursbuch kann Thema sein.

Wissenswertes

Differenzierungsfähigkeit

Die Differenzierungsfähigkeit umschreibt die Feinabstimmung von Krafteinsatz, das koordinative Abstimmen von Bewegungssequenzen in Verbindung mit Teilkörperbewegungen. Um Differenzierungsaufgaben erfolgreich zu lösen, wird eine genaue und präzise Bewegungsausführung benötigt. Diese Feinabstimmung und der differenzierte Bewegungsvollzug entwickeln sich erst nach langem Üben. Die Informationen über die feingesteuerte Bewegungsausführung beispielsweise beim Korbleger im Basketballspiel erhält man hauptsächlich über den kinästhetischen Analysator. Er gibt Rückmeldungen über die Winkelstellung der Gelenke (räumlicher Parameter), über angespannte und entspannte Muskulatur (Kraftparameter) und über die Geschwindigkeit von Teilkörperbewegungen (zeitlicher Parameter). Dosierte Steuerungsimpulse sind gefordert, um eine Bewegung präzise in Bezug auf Kraft-, Raum- und Zeitwahrnehmung auszuführen. So stehen Lockerheit und Entspannung in Wechselbeziehung mit Belastung und Anspannung. Von großer Bedeutung sind auch Sensibilität und Feingefühl. In einigen Sportarten, wie z. B. in den Kampfsportarten, ist das Feingefühl für Druck und Zug ein weiterer entscheidender Faktor.

Differenzierungsaufgaben müssen mit hoher Bewegungsgenauigkeit ausgeführt werden. Doch reichen meistens die allgemeinen Übungen durch Zielwürfe mit unterschiedlichen Geräten und Wurfformen, Zielsprünge in unterschiedlichen Sprungformen und An- und Entspannungsübungen nicht aus, um die Differenzierungsfähigkeit zu verbessern. Erst durch das unendliche Üben von Bewegungsabfolgen in einer Sportart und die Sensibilisierung der eigenen Körperwahrnehmung verbessert sich die kinästhetische Wahrnehmung und somit auch die Differenzierungsfähigkeit. Ein erhöhtes Körperbewusstsein kann man unter anderem durch Ausdruckstanz und Pantomime erreichen.

Die Orientierungsaufgaben stehen wegen des räumlichen Parameters in enger Verbindung zu Differenzierungsübungen.

Kompakttraining zur Verbesserung der Kopplungs- und Kombinationsfähigkeit »Body-Balance«

Die Bedeutung der Kopplungsfähigkeit finden Sie im Kapitel »Bewegte Rhythmen« *(siehe Seite 44)* beschrieben.

»Body-Balance« ist ein Trainingsprogramm für mehr Muskelkraft und Ausdauer. Es ist so konzipiert, dass alle wichtigen Muskelgruppen trainiert werden. Als zusätzliches Hilfsmittel werden Bälle eingesetzt, die sich von normalen Gymnastikbällen unterscheiden.

Da vorwiegend Frauen Trainingsprogramme zur Muskelkräftigung ausüben, wählte man bewusst Bälle als Hilfsmittel bzw. Widerstand aus. Die Bälle sollen durch ihre Form und Beschaffenheit den Zugang zu dieser Trainingsform erleichtern. Bälle liegen besser in der Hand und fühlen sich durch ihre Oberfläche angenehmer an als Hanteln oder andere Hilfsmittel.

Entspannungsfähigkeit

Eine Entspannungsphase dient dem Körper zur Erholung von den Belastungen des Tages, vom Stress und den körperlichen Anstrengungen durch sportliche Betätigung. Diese Erholungsphase ist eine aktive psycho-physische Entspannung. In der Entspannung werden die Regenerationsprozesse beschleunigt. Die Muskulatur wird gelockert und entmüdet. Die Atemfrequenz wird reduziert und die Herz-Kreislauf-Tätigkeit gesenkt. Diese Entspannungsmaßnahmen werden willentlich beeinflusst, wobei diese automatisch und selbstständig ablaufen.

Es gibt eine Vielzahl von Verfahren, die zu einem Spannungsausgleich und einer erholsamen Entspannung führen. Yoga, autogenes Training, progressive Muskelentspannung, Feldenkrais-Methode, Eutonie und Atemarbeit gehören zu den bekanntesten Entspannungsverfahren, die über die Entspannung hinaus auch therapeutisch eingesetzt werden. Um diese Methoden gezielt und effektiv einzusetzen, bedarf es einer großen Erfahrung und einer speziellen Ausbildung. Aus diesem Grunde werden nur einfache, allgemein nachvollziehbare Elemente aus den unterschiedlichen Entspannungsmethoden gezielt für den Ausklang einer Unterrichtseinheit ausgewählt.

Grundregeln für intensive und erholsame Entspannungen
Um eine intensive Entspannung zu erreichen, sollten folgende Faktoren bei Entspannungssequenzen beachtet werden.

- Der Raum bzw. die Halle muss ausreichend temperiert sein, um ein starkes Auskühlen während der Entspannungsphase auszuschließen. Kühlt der Körper zu sehr aus, werden die Muskeln angespannt, um Wärme zu erzeugen. Eine erholsame Entspannung ist nicht mehr möglich. Außerdem darf es nicht zugig sein. Eventuell ist es sinnvoll, dünne Wolldecken mitbringen zu lassen, um ein Auskühlen zu vermeiden.
- Die Augen sollten geschlossen werden, damit sich die Aufmerksamkeit auf die eintretende Entspannung richtet.
- Die Teilnehmerinnen sollten möglichst bequem auf Gymnastikmatten oder Decken liegen.
- Die Geräusche im Umfeld sollten nicht sehr laut sein, damit die Gruppe nicht von der Entspannungsphase abgelenkt wird.
- Am Ende kommen die Teilnehmerinnen langsam aus der Entspannung zurück, indem sie sich räkeln und strecken. Die Hände werden zur Faust geballt und die Arme angespannt. Zum Spannungsausgleich wird gegähnt. Erst dann werden die Augen geöffnet. Anschließend setzen sich alle auf.

Sich in Bewegung setzen

Auf einen Blick

Ziele:

- Wahrnehmen, Erfahren und Verbessern der Rhythmusfähigkeit
- Erweitern der Bewegungserfahrung und -gestaltung
- Erzielen eines besseren Bewegungsflusses
- Verbesserung der Körperwahrnehmung und der Entspannungsfähigkeit

Phasen und Übungen	Methode	Medien/Material	Zeit
Einstieg	Kurzreferat	Sprache	3 Min.
Einstimmungsphase: »Bewegter Klang«	bildlich-innere Vorstellung, Rhythmuswahrnehmung	Sprache	10 Min.
Aufwärmphase und Dehnen: »Schritt für Schritt«	Bewegung	Steps, Musik, Sprache	10 Min.
Übungen zum Erfahren, Erlernen und Verbessern der Rhythmusfähigkeit: »Treppauf, treppab«	Step-Aerobic-Schrittkombination, Stretching	Steps, Musik, Sprache	20 Min.
Dehnen	Bewegung, Dehnmethode	Sprache, Musik	5 Min.
Übungen zum Erfahren, Erlernen und Verbessern des Bewegungsflusses: »Fließend bewegen«	Staccatobewegungen	Musik, Sprache	15 Min.
Entspannungsphase: »Aktiv entspannen«	Progressive Muskelrelaxation	Sprache oder Kassette	10 Min.
Abschluss und Motivation	Kurzreferat	Sprache, Kursbuch	2 Min.

Anleitungen zur Kurspraxis

Einstieg

Ein Ziel dieser Kurseinheit ist das Wahrnehmen, Erfahren und Verbessern der Rhythmusfähigkeit. Der Einstieg geht über das Klatschen von verschiedenen Rhythmen bis hin zu ausdrucksstarken fließenden Bewegungen in der zweiten Unterrichtseinheit. Zu den unterschiedlichsten Rhythmen sind der Fantasie der Bewegungsgestaltung und -erfahrung keine Grenzen gesetzt. Die Rhythmusfähigkeit wird durch Schrittkombinationen aus dem Step-Aerobic geschult.
Die Stunde klingt mit einer aktiven Körperentspannung aus, wodurch die Körperwahrnehmung verbessert oder bewusster und die Entspannungsfähigkeit gefördert wird.

Einstimmungsphase: »Bewegter Klang«

Einstimmung
Bevor Sie mit der nachfolgenden Einstimmungsübung beginnen, lassen Sie die Gedanken Ihrer Gruppe nach Afrika reisen. Was verbinden Sie mit Afrika und Tanz? Untermalen Sie die bildlichen Vorstellungen oder vielleicht auch Erinnerungen mit folgenden Bildern: Denken Sie an einen Urstamm, beispielsweise die Masai in Kenia und Tansania. Stellen Sie sich einen Tanz von Frauen und Mädchen vor, wenn die Krieger des Stammes in den Krieg ziehen.

Sie sammeln sich im Kreis und beginnen mit dem Singen. Ihre Köpfe schwingen im Takt rhythmisch vor und zurück. Die Halsbänder aus Perlen, die sie bis zu einem Dutzend um den Hals tragen, bewegen sich in Wellen auf und ab. Die Frauen und Mädchen bewegen sich alle frei und ungezwungen, als ob der Rhythmus ihrer Bewegung bei den Füßen beginnt und bis zum Kopf fließt. Ihre Tänze spiegeln ihren Lebensausdruck und ihre momentanen Gefühle wider.

Um die Gruppe auf diese Kurseinheit »Sich in Bewegung setzen« einzustimmen, beginnen Sie mit einer Übung, in der die Teilnehmerinnen ihren eigenen Rhythmus finden.

Wählen Sie einen klassischen Marsch aus Operetten oder ein Musikstück mit einem deutlich hörbaren Grundrhythmus aus. Zu der Musik sollen die Teilnehmerinnen recht zügig und zackig kreuz und quer durch den Raum gehen, als nähmen Sie an einer Parade teil. Die Arme werden kräftig mitgeführt. Lassen Sie die Gruppe einige Runden durch den Raum gehen, damit alle den Rhythmus der Musik aufnehmen können.

Danach versuchen die Teilnehmerinnen, den Grundrhythmus der Musik nachzuklatschen. Falls Ihnen verschiedene Klanginstrumente zur Verfügung stehen, kann der Rhythmus mit den Instrumenten wiedergegeben werden. Nachdem die Teilnehmerinnen den Rhythmus aufgegriffen haben, tritt die Musik in den Hintergrund. Jetzt sind alle aufgefordert, einen eigenen einfachen Rhythmus zu finden.

Das Klatschen kann aus kurzen und langen Rhythmen bestehen, wie beispielsweise »kurz, kurz, lang, lang, kurz, kurz«. Die Teilnehmerinnen sollen den Takt nicht nur klatschen, sondern sie sollen auch im gleichen Rhythmus dazu gehen. Vielleicht haben einige Teilnehmerinnen Schwierigkeiten, sich sofort dem eigenen Rhythmus anzupassen. Doch nach einiger Zeit empfinden sie den Rhythmus und passen sich ihrem eigenen geklatschten Rhythmus an.

Bisher wurde die Rhythmusanpassung nur durch Klatschen und Gehen geübt. Jetzt bleibt der Rhythmus konstant und die Bewegung ändert sich. Fordern Sie Ihre Teilnehmerinnen auf, bei gleichbleibenden Schlägen in unterschiedlichen Rhythmen zu gehen.
Oft haben viele Teilnehmerinnen nicht genügend Bewegungserfahrung, um diese Aufgabe sofort umzusetzen. Erst nach einigen Übungsversuchen gelingt es ihnen, die Aufgabenstellung auszuüben. Die Teilnehmerinnen sollen ein Gefühl für die Dauer des Rhythmus in einer Bewegung erfahren. Sie sollen erlernen, dass eine Bewegung in Sequenzen eingeteilt werden kann. Hier wird besonders die Fähigkeit, Rhythmus in Bewegung umzusetzen bzw. zu variieren, gefordert.

Oft hat die Gruppe große Schwierigkeiten in der Umsetzung der Aufgabe. Deshalb geben Sie konkrete Übungsanweisungen und lassen Sie der Gruppe ausreichend Zeit, diese Übungen auszuführen.

- Die Teilnehmerinnen klatschen oder schlagen einen Rhythmus nur mit kurzen Schlägen. Sie sollen beim Gehen auf vier Schläge das rechte und auf weitere vier Schläge das linke Bein vorsetzen. Wiederholen Sie die Übung mehrmals. Anschließend kürzen Sie die Schläge auf zwei bzw. einen pro Bein.
- Jetzt geben nur Sie den Rhythmus vor, der diesmal aus langen Schlägen besteht. Die Gruppe soll auf acht Rhythmusschläge die Arme hoch über den Kopf und anschließend auf acht wieder hinunterführen. Erst beim achten Schlag sind die Arme hoch über dem Kopf bzw. am Oberkörper. Danach kürzen Sie die Einheiten des Hoch- und Herunterführens der Arme auf sechs, vier und zwei Schläge.
- Ein kurzer Rhythmusschlag folgt wieder, den Sie und die Teilnehmerinnen klatschen oder schlagen. Sie gehen in die Knie und beugen den Oberkörper nach vorne. Auf vier kurze Schläge gehen alle tief und neigen den Oberkörper nach vorne. Auf vier weitere Schläge richtet sich die Gruppe wieder auf. Danach kann der Bewegungsrhythmus auf zwei Schläge gekürzt werden. Diese Bewegung erinnert an einen Indianertanz am Lagerfeuer. Vielleicht hilft diese bildliche Vorstellung den Übenden in der Bewegungsausführung.

Aufwärmphase und Dehnen: »Schritt für Schritt«

Nach der Einstimmungsphase bauen Sie mit Hilfe der Gruppe die Steps im Raum auf. Achten Sie auf die Position der Steps. Sie sollten von allen Teilnehmerinnen in dieser Belastungsphase des Step-Aerobics gesehen werden.

Die Gruppe verteilt sich im Raum. Alle beginnen mit lockerem Gehen durch den Raum. Die Teilnehmerinnen sollen sich kreuz und quer durch ihr Umfeld bewegen, wobei Sie die Steps umgehen. Beim Gehen wird der Schulterbereich durchbewegt. Beginnen Sie mit dem Heben und Senken der Schultern einseitig und gleichzeitig. Anschließend kreisen die Schultern erst wechselseitig und dann gleichzeitig zurück. Danach führen Sie ein gegengleiches Ellenbogenkreisen rückwärts aus. Zum Abschluss kreisen die Arme einzeln oder zusammen zurück.

Die Gruppe geht jetzt etwas zügiger durch die Halle. Die Arme werden verstärkt eingesetzt. Die Arme sind angewinkelt. Sie können beim Gehen bis zu den Schultern hochgezogen werden. Die Schrittlänge wird größer. Führen Sie richtig große Schritte aus, damit die Gruppe ihre Schrittlänge ebenfalls vergrößert. Koppeln Sie diese Bewegung mit einer bildlichen Vorstellung. Beispielsweise können Sie folgende Situation umschreiben: Sie haben am Morgen verschlafen, weil der Wecker nicht klingelte. Nun sind Sie zu spät aus dem Haus gekommen. Wenn Sie sich nicht beeilen, werden Sie den Zug verpassen. Normalerweise legen Sie den Weg zum Bahnhof in zehn Minuten zurück, doch es bleiben Ihnen nur noch fünf Minuten. Also beeilen Sie sich.

Die Gruppe behält dieses schnelle Tempo bei, doch ändert sich die Beinbewegung. Die Knie werden etwas mehr gebeugt. In diesem tieferen Gang mit kräftigem Armeinsatz bleibt jedoch der Oberkörper aufrecht. Aus dieser Position heraus gehen alle rückwärts. Beachten Sie die Steps und vermeiden Sie das Zusammenstoßen mit anderen Teilnehmerinnen. Nach ein paar Runden geht es vorwärts im normalen Gehen wieder weiter.

Nun bewegt sich die Gruppe in ganz kleinen Schritten vorwärts weiter, wobei die Geschwindigkeit nicht abnimmt. Die Arme werden weiterhin mit eingesetzt. Hier können Sie mehrmals zwischen dem Vorwärts- und Rückwärtsgehen wechseln. Variieren Sie die Übung, indem sich die Teilnehmerinnen untereinander ein- bzw. überholen, während die Schritte immer noch ganz eng bleiben.

Im Anschluss an die kleinen Schritte gehen alle wieder normal weiter, um sich einen Step zu suchen. Die Teilnehmerinnen gehen alle auf ihrem Step weiter. Achten Sie darauf, dass auch alle ihren ganzen Fuß auf den Step setzen. Anschließend steigen die Übenden rückwärts vom Step ab, um vor dem Step weiterzugehen. Darauf folgend gehen sie wieder im Wechsel einige Schritte auf und vor dem Step. Mit dieser Übung gewöhnen Sie die Gruppe langsam an die »Stufe«, mit der alle in der nächsten Phase arbeiten werden. Es ist sehr wichtig, dass alle immer vorwärts auf den Step und rückwärts vom Step steigen.

Danach gehen Sie am Ort. Sie beugen die Knie, indem Sie den Oberkörper absenken, als ob Sie sich bücken wollen. Sie ziehen sehr schnell die Knie unter starkem Armeinsatz hoch.
Sie bleiben immer noch tief und strecken beim Hochziehen der Knie die Fußspitzen nach unten. Führen Sie die Übung so lange aus, bis alle die Bewegung nachvollziehen können. Jetzt ändern Sie die Aufgabe.
Anstatt die Fußspitzen nach unten zu strecken, ziehen Sie die Fußspitzen hoch. Wieder können Sie zwischen diesen beiden Übungen wechseln.

Die Gruppe geht weiter. Die Arme kreisen wechselseitig und gleichzeitig vorwärts. Nach ein paar Runden gehen die Teilnehmerinnen am Platz weiter. Hier sollen alle wieder die Knie richtig vor dem Körper hochziehen. Verdeutlichen Sie den Bewegungsablauf durch das Vorstrecken der Arme in Schulterhöhe. Die Knie sollen bis zu den ausgestreckten Armen hochgezogen werden. Wenn die Gruppe das Hochziehen der Knie intensiviert hat, werden die Arme wieder gegengleich wie beim Gehen eingesetzt.

Die Bewegungsausführung der vorherigen Aufgabe bleibt bestehen, doch ändert sich die Lautstärke der Bewegungsausführung. Alle sollen schnell, aber doch äußerst leise am Platz gehen. Um die Aufgabenstellung zu verdeutlichen, stellen Sie die Musik leiser. Nachfolgend soll sich die Gruppe mit kräftigen und lauten Schritten am Platz bewegen. Wechseln Sie mehrfach zwischen einem leisen und lauten Gehen. Beenden Sie die Aufwärmphase mit einem tiefen Ein- und Ausatmen. Zum Abschluss dehnen Sie vorwiegend die Bein- und Gesäßmuskulatur.

Das Tempo der Musik sollte zum schnellen und zügigen Gehen geeignet sein. Es sollte ein klarer Grundrhythmus hörbar sein. Sie können zur Abwechslung Märsche aus der Volksmusik oder der klassischen Musik einfließen lassen.

Übungen zum Erfahren, Erlernen und Verbessern der Rhythmusfähigkeit: »Treppauf, treppab«

Die Übungen zum Erfahren, Erlernen und Verbessern der Rhythmusfähigkeit sind aus dem Bereich des Step-Aerobics. In dieser Trainingsform findet ein ständiger Wechsel des aufsteigenden Beines, des Taktbeines, statt, um eine gleichmäßige Belastung der Beinmuskulatur zu erreichen. Im Gegensatz dazu ist das Taktbein in einem Low-High-Aerobic vorwiegend das rechte Bein. Den einzelnen Grundschritten wird eine englische und eine deutsche Bezeichnung zugeordnet.
Beachten Sie die folgenden Sicherheitsregeln im Unterricht, damit Sie und Ihre Teilnehmerinnen viel Spaß und Freude beim Training haben.

Mehr Sicherheit im Unterricht

- Höhe des Steps: Steps können in der Höhe durch Unterbauteile verändert werden. Einsteiger sollten auf der untersten Stufe beginnen. Erst wenn die Schritte sicher ausgeführt werden, kann der Step (oft als Bensch bezeichnet) höher gestellt werden.
- Die Knie dürfen nicht mehr als 90 Grad gebeugt werden. Der unter Belastung entstehende Druck könnte sich bei extremer Beugung auf das Knie negativ auswirken, wodurch die Bänder und Knorpel beschädigt werden könnten.
- Der ganze Fuß muss auf den Step gestellt werden. Die Ferse darf nicht überstehen.

- Gehen Sie nur vorwärts hinauf und rückwärts hinunter, um eine Überbelastung der Knie zu vermeiden. Gehen Sie nie vorwärts hinunter oder rückwärts hoch!
- Vermeiden Sie Drehungen auf dem belastenden Bein. Falls Sie doch Drehungen ausführen, dürfen sie nur gesprungen sein.
- Bleiben Sie beim Abgehen (rückwärts vom Step) dicht am Step, damit der Fuß vom Ballen bis zur Ferse abrollt. Beim Aufsteigen setzt die Ferse zuerst auf und rollt bis zur Fußspitze ab.
- Federn und Wippen sollten am Boden vermieden werden. Der Fuß wird immer bis zur Ferse abgerollt. Die unterschiedlichen »Repeaters« *(siehe Seite 64f.)* sind die Ausnahme. Hier wird nur der Ballen bei den Wiederholungen aufgesetzt.
- Landen Sie leise und sanft auf dem Step.
- Führen Sie die Schritte in einer aufrechten Körperhaltung mit natürlicher Vorbeugung aus. Bauen Sie eine Grundspannung auf. Die Schultern sind tief und an die Wirbelsäule herangezogen. Die Bauch- und Gesäßmuskeln sind leicht angespannt. Die Knie sind immer leicht gebeugt.
- Umgehen Sie Überstreckungen der Wirbelsäule, um Fehlbelastungen zu vermeiden.
- Die Belastung liegt auf dem aufsteigenden Bein.
- Halten Sie einen sicheren Abstand zum Step der Nachbarin.

Basic (Grundschritt)/Schritt A

Die Ausgangsposition ist der Schlussstand vor der Breitseite des quergestellten Steps. Die Füße sind leicht geöffnet und haben einen Abstand von einer Fußlänge zum Step.

Zum ersten Taktschlag steigt der rechte Fuß auf den Step. Der linke Fuß steigt gleichfalls beim zweiten Taktschlag auf den Step. Beim dritten Taktschlag wird der rechte Fuß nach hinten abgesetzt. Anschließend geht der linke Fuß zum vierten Taktschlag ab. Führen Sie den Basic-Schritt so lange aus, bis alle Teilnehmerinnen diesen Schritt fließend ausführen können.

Ändern Sie die Bewegung, indem das linke Bein den Schritt anführt. So steigt das linke Bein zuerst auf. Üben Sie wieder diesen Grundschritt.

Im Anschluss variieren Sie diesen Grundschritt. Führen Sie erst acht Basics mit dem rechten Bein und acht Basics mit dem linken Bein aus. Danach verkürzen Sie die Wiederholungen auf vier und zwei Schritte pro Bein. Zum Schluss führen Sie die Bewegung im Wechsel aus, also ein Basic rechts zu den Taktschlägen eins bis vier und ein Basic links zu den Taktschlägen fünf bis acht.

Sie können den Schritt durch unterschiedliche Armbewegungen variieren.

Schieben Sie die Arme in der Tiefhalte beim Aufsteigen auf den Step nach vorne. Beim Absteigen werden die Arme wieder an den Körper herangezogen.

Ziehen Sie gleichzeitig beide Arme im »Bizeps-Curl« an den Oberkörper heran. Die Ellenbogen sind dicht am Oberkörper und die Arme sind leicht gebeugt in Tiefhalte. Die geballte Faust wird beim Vorwärtsgehen in Richtung der Schultern geführt. Beim Rückwärtsgehen werden sie in die Ausgangsposition zurückgeführt. Die Fäuste können auch im Wechsel hoch- und

Basic (Grundschritt)

hinuntergeführt werden. Der rechte Arm wird angewinkelt, wenn der rechte Fuß aufsetzt. Der linke Arm geht beim Aufsetzen des linken Fußes hoch. In der gleichen Abfolge werden die Arme beim Abgehen vom Step hinuntergeführt.

V-Step (V-Schritt)/Schritt B

Der Schlussstand mit leicht gebeugten Knien und einem geringen Abstand zum Step ist die Ausgangsposition. Beim ersten Taktschlag steigt der rechte Fuß so weit wie möglich auf die rechte Seite des Steps. Der linke Fuß setzt auf der linken Stepseite zum zweiten Taktschlag auf. Der rechte Fuß steigt beim dritten Schlag ab. Beim vierten Schlag erfolgt das Gleiche mit dem linken Fuß. Die gleiche Bewegungsabfolge führen Sie mit dem linken Fuß an. Nun geht der linke Fuß beim ersten Taktschlag auf den Step.

V-Step

Führen Sie die Arme entsprechend der Beinbewegung mit. Wenn Sie den rechten Fuß vorsetzen, ziehen Sie den rechten Arm hoch. Den linken Arm führen Sie mit dem linken Fuß mit. Der rechte und linke Arm werden an den Oberkörper herangezogen, wenn das entsprechende Bein in die Ausgangsposition zurückgeführt wird.

Knee-Lift (Knie hochziehen)/Schritt C

Die Ausgangsposition ist wieder der Schlussstand mit einem geringen Abstand zum Step. Die Füße sind leicht geöffnet und die Knie sind etwas gebeugt. Auf den ersten Taktschlag führt der rechte Fuß die Bewegung an, indem er auf den Step steigt. Beim zweiten Schlag wird das linke Knie hoch und vor den Körper gezogen, während der rechte Fuß auf dem Step bleibt. Der linke Fuß geht zum dritten Schlag ab. Auf den vierten Taktschlag steigt der rechte Fuß ab.
Da dieser Schritt mit der Belastung auf dem rechten Bein endet, wird eigentlich der nächste Knee-Lift mit dem linken Fuß begonnen. Da dieser Bewegungsablauf durch den schnellen Wechsel vom rechten und linken Fuß die Teilnehmerinnen verwirren könnte, üben Sie den Knee-Lift erst nur mit dem rechten, aufsteigenden Fuß bis zur Harmonisierung des Bewegungsablaufes. Dann führen Sie den Schritt auf der linken Seite ein, so dass nur der linke Fuß zuerst und zuletzt auf- bzw. absteigt. Nachfolgend verkürzen Sie die Wiederholungen pro Bein.

Knee-Lift (Knie hochziehen)

Reduzieren Sie die Anzahl von acht auf vier, von vier auf zwei. Schließlich können Sie den Knee-Lift wechselseitig ausführen. Wenn Sie die Wiederholungen in der angegebenen Anzahl ausführen, bleiben Sie genau im Rhythmus der Musik *(siehe Bedeutung der Musik beim Step-Aerobic, Seite 65)*.
Versuchen Sie eine Armbewegung einfließen zu lassen. Die Arme können in der Butterfly-Bewegung mitgeführt werden. Die Ellenbogen sind vor dem Körper in Schulterhöhe geschlossen, wenn Sie ein Knie hochziehen. Die Arme sind wieder in der Ausgangsposition weit geöffnet.

Leg-Lift (Bein seitführen)

Leg-Lift (Bein seitführen)/Schritt D

Die Bewegungsausführung des Leg-Lifts ist mit der des Knee-Lifts fast identisch. Hier wird das Spielbein nicht nach vorne vor den Körper hochgezogen, sondern seitlich neben dem Körper weggestreckt. Das Aufsetzen der Füße bleibt in der gleichen Reihenfolge des Knee-Lifts mit dem jeweils anführenden Fuß. Das Spielbein bleibt im Knie leicht gebeugt und die Fußspitze ist hochgezogen. Die Gesäß- und Bauchmuskeln werden etwas angespannt, um eine Grundspannung zu erzeugen.
Probieren Sie zu diesem Schritt eine Armbewegung aus. Ziehen Sie die Arme angewinkelt in Schulterhöhe hoch, so dass die geballten Fäuste vor dem Oberkörper und die Ellenbogen in Schulterhöhe sind. Während das Spielbein weggestreckt wird, schieben Sie die Arme unter Spannung zum ersten Taktschlag seitlich weg. Führen Sie die Arme in die Ausgangsposition auf den zweiten Schlag zurück. Beim dritten und vierten Taktschlag wiederholen Sie die Armbewegung.

Curl (Anfersen)/ Schritt E

Das Anfersen können Sie über den Leg-Lift einführen, indem Sie den Leg-Lift ohne Armeinsatz ausführen. Nach einigen Wiederholungen ziehen Sie die Ferse des Spielbeins zum Gesäß.
Die Ausgangsposition ist wieder der Schlussstand vor dem Step mit leicht gebeugten Knie. Zum ersten Taktschlag setzt der rechte Fuß auf den Step. Beim zweiten Schlag wird die linke Ferse an das Gesäß herangezogen. Der linke Fuß setzt zurück auf den Boden beim dritten Taktschlag. Auf den vierten Schlag geht der rechte Fuß zum Boden.
Ist der linke Fuß der anführende Fuß, geht dieser zuerst auf und zuletzt vom Step.
Der Schritt kann gleich im ständigen Wechsel von rechts auf links eingeübt werden, da sich die Teilnehmerinnen schon an den schnellen Wechsel gewöhnt haben. Falls aber doch Schwierigkeiten auftauchen sollten, üben Sie die Bewegung langsamer als beim Knee-Lift *(s. oben)* ein.
Variieren Sie diese Bewegung wieder durch eine neue Armbewegung. Die angewinkelten Arme werden an den Oberkörper herangeführt, so dass die gespreizten Hände den unteren Bauch berühren und die Ellenbogen seitlich neben dem Körper sind. Beim Aufsetzen des anführenden Fußes werden die Hände noch am Oberkörper gehalten. Erst beim Anfersen des zweiten Taktschlages werden die Hände geöffnet. Die Ellenbogen sind nun am Körper und die Hände seitlich weggeführt. Auf den dritten Schlag werden die Hände herangezogen und beim vierten wieder geöffnet.

Curl (Anfersen)

Repeating-Lift (dreifache Wiederholung)/ Schritt F

Von den Schritten Knee-Lift bis Curl können Sie mehrere Wiederholungen hintereinander ausführen. Am besten eignet sich eine dreifache Wiederholung, da diese genau in der Zählzeit von 1-8 ausgeübt werden kann.
Beginnen Sie mit dem rechten Fuß. Auf den ersten Taktschlag wird der Fuß auf den Step gesetzt. Das linke Spielbein führt die entsprechende Bewegung des Schrittes beim zweiten Schlag aus, ohne dass der linke Fuß aufgesetzt wird. Zum dritten Schlag wird der linke Fuß dicht hinter dem Step abgesetzt, um beim vierten Taktschlag in die entsprechende Bewegung gezogen zu werden. Der linke Fuß wird wieder zurück zum fünften und hinauf in die richtige Bewegung zum sechsten Taktschlag geführt. Erst beim siebten Schlag steigt der linke Fuß ab. Der rechte Fuß setzt auf den achten Schlag zurück in die Ausgangsstellung am Boden.

Aufbau einer Step-Aerobic-Kombination

Zum Aufbau der Step-Aerobic-Kombination benutzen Sie die »Add-on-Methode«. Sie ist eine weitere Methode zum sinnvollen Aufbau von Aerobic-Choreographien. Die Schritte werden einzeln vorgestellt und miteinander verknüpft, wobei der Kombinationsaufbau immer mit dem ersten Schritt beginnt.
Sie beginnen mit dem Gehen am Platz (March). Das rechte Bein gibt die Bewegung an *(siehe Seite 37)*. Die Kombination beginnt mit dem Grundschritt A (Basic), wobei der rechte Fuß zuerst den Schritt bestimmt. Anschließend üben Sie den Grundschritt A mit dem linken Fuß ein. Üben Sie den Schritt mit dem rechten und linken Fuß so lange, bis sich der Bewegungsablauf harmonisiert hat. Damit die Übung nicht zu langweilig wird, wechseln Sie nach acht Wiederholungen auf der rechten Seite auf die linke Seite. Die Anzahl der Wiederholungen reduzieren Sie pro Seite auf vier Schritte und zum Schluss auf zwei Schritte pro Fuß. So führen Sie zwei Grundschritte mit dem rechten und zwei mit dem linken Fuß aus.
Im Anschluss daran führen Sie Schritt B (V-Step) aus. Verfahren Sie hier wie mit dem Grundschritt A. Üben Sie diesen V-Step sowohl auf der rechten als auch auf der linken Seite aus. Reduzieren Sie die Wiederholungen pro Bein auf zwei Schritte hintereinander. Jetzt setzen Sie die Schritte A (Basic) und B (V-Step) zusammen.
Dann unterrichten Sie den Schritt C (Knee-Lift). Diesen Schritt führen Sie nach längerem Üben *(s. oben)* wechselseitig aus, so dass gleichmäßig der rechte und linke Fuß belastet werden. Wenn alle den Bewegungsablauf beherrschen, üben Sie einen wechselseitigen »Repeater-Knee-Lift« mit dreifacher Wiederholung. Die Schrittvariation wiederholen Sie pro belastetem Bein zweimal.
Jetzt fügen Sie Schritt C an die Kombination an. Sie erhalten eine Dreier-Schrittfolge aus den Teilen Basic und V-Step und Knee-Lift. Das Einüben der Schrittabfolge beginnt wieder mit Schritt A.

Im Anschluss an die Dreier-Schrittfolge üben Sie die Schritte D (Leg-Lift) und F (Curl) wie Schritt C ein. Nach jeder neuen Bewegung beginnen Sie die Kombination mit dem ersten Schritt. Am Ende erhalten Sie die Fünfer-Schrittkombination aus den Teilen A (Basic) + B (V-Step) + C (Knee-Lift) + D (Leg-Lift) + E (Curl).
Üben Sie die einzelnen Schritte immer so lange, bis sich die Bewegungsausführung harmonisiert hat. Überfordern Sie Ihre Teilnehmerinnen nicht, sondern lassen Sie sie ruhig zwischendurch mal wieder am Ort gehen. Am Ende einer Bewegungsausführung reduzieren Sie die Wiederholungen auf die in der Tabelle angegebene Anzahl. Mit den anderen Schritten verfahren Sie genauso. Wiederholen Sie die gesamte Schrittkombination mehrmals.
Verzichten Sie zu Beginn auf den Einsatz der Arme beim Üben. Sie werden erst mitgeführt, wenn die Schrittabfolge bei allen sehr sicher und korrekt ausgeführt wird.
Sie können die Schrittkombination in zwei Variationen einüben:

- Sie stehen zur Gruppe, also müssen Sie alle Übungen spiegelverkehrt vormachen. Sie selbst beginnen dann nicht mehr mit dem rechten, sondern mit dem linken Bein.
- Um die Teilnehmerinnen nicht zu verwirren, arbeiten Sie mit der Gruppe. So stehen Sie mit dem Rücken zur Gruppe. Diese Variation hat den Nachteil, dass Sie die Bewegungsausführung Ihrer Teilnehmerinnen nicht wahrnehmen.

Mit dieser Methode werden die Teilnehmerinnen langsam an längere Schrittfolgen im Aerobic *(siehe Seite 39)* und Step-Aerobic herangeführt.
Falls Ihnen noch ausreichend Zeit zur Verfügung stehen sollte, können Sie die Schrittabfolge kürzen, indem Sie die Teile A und B um die Hälfte reduzieren. Die Teile 3-5 erschweren Sie, wenn Sie beispielsweise nur einmal das linke und das rechte Knie hochziehen (Schritt C) und eine dreifache Wiederholung des Kniehochziehens (Schritt F) einschieben. Die nächste Bewegung beginnt mit dem linken Fuß und das rechte Knie wird hochgezogen. Führen Sie noch einen Knee-Lift mit dem rechten Bein beginnend aus. Beenden Sie diesen Schritt mit dem dreifachen Hochziehen des rechten Knies, während das linke Bein belastet wird. Die Schritte D und E lassen sich genauso verändern. Sie können die Belastung intensivieren, wenn Sie den Step auf eine höhere Stufe stellen und die Schrittkombination mehrmals wiederholen.

Variationen
Wenn Sie merken, dass Sie mit der Vielzahl der neuen Schritte auch nur einzelne Kursteilnehmerinnen sichtlich überfordern, ändern Sie den vorgegebenen Ablauf.
Üben Sie nur einige der sechs aufgeführten Schritte. Einzelne Schritte können trainiert werden, ohne dass diese zusammengesetzt werden. Die einfachsten Schritte sind der Grundschritt und der V-Step, wenn hier nur der rechte Fuß den Takt angibt. Führt der Repeating-Lift vom Knee-Lift, Leg-Lift und Curl zu Schwierigkeiten bei der Bewegungsausführung, dann üben Sie diesen nicht weiter. Probieren Sie nur im wechselseitigen Aufsetzen der Füße die verschiedenen Beinbewegungen.
Sie nehmen als Ausgangsposition immer den Schlussstand vor der Breitseite des Steps ein.

Zählzeit	Schrittabfolge	Anzahl der Bewegungen
Teil 1:		
1-8	Schritt A	2 x Basic rechts
1-8	Schritt A	2 x Basic links
1-8	Schritt A	2 x Basic rechts
1-8	Schritt A	2 x Basic links
Teil 2:		
1-8	Schritt B	2 x V-Step rechts
1-8	Schritt B	2 x V-Step links
1-8	Schritt B	2 x V-Step rechts
1-8	Schritt B	2 x V-Step links
Teil 3:		
1-16	Schritt C	4 x Knie hochziehen (re/li)
1-8	Schritt F	1 x Repeating Knee-Lift rechts
1-8	Schritt F	1 x Repeating Knee-Lift links
Teil 4:		
1-16	Schritt D	4 x Leg-Lift (re/li)
1-8	Schritt F	1 x Repeating Leg-Lift rechts
1-8	Schritt F	1 x Repeating Leg-Lift links
Teil 5:		
1-16	Schritt E	4 x Curl (re/li)
1-8	Schritt F	1 x Repeating Curl rechts
1-8	Schritt F	1 x Repeating Curl links

Bevor Sie diese Trainingseinheit mit einem Dehnen der Beinmuskulatur beenden, sollten Sie noch ein paar lockere Schritte am Platz gehen. Versuchen Sie, den Step bei den Stretching-Übungen einzubeziehen. So können Sie das belastete Bein bei der Dehnung der Wadenmuskulatur auf den Step setzen, um anschließend die Dehnung zu halten. Sie können auch die Ferse des fast gestreckten Beins während des Dehnens der rückwärtigen Oberschenkel- und Wadenmuskulatur auf dem Step absetzen. Hiernach räumen alle die Steps an den Rand, damit Sie für die nächste Unterrichtsphase ausreichend Platz haben.

Bedeutung der Musik
Das Tempo der Musik unterstützt das rhythmische Training beim Step-Aerobic. Im Gegensatz zum Aerobic *(siehe Seite 39)* ist beim Step-Aerobic die Musik langsamer. Die Taktschläge pro Minute bzw. »beats per minute« (bpm) liegen zwischen 120-130 Schlägen.
Die Geschwindigkeit sollte bei ca. 120 Taktschlägen beginnen, die sich kontinuierlich im Verlauf des Trainings auf maximal 130 Schläge steigern. Die Musikgeschwindigkeit ist beim Step-Aerobic langsamer, damit ein sicheres Auf- und Absteigen gewährleistet ist.

Ob Ihre ausgewählte Musik für das Training geeignet ist, können Sie schnell selbst feststellen. Zählen Sie 15 Sekunden die Takte aus und multiplizieren Sie das Ergebnis mit vier. Das Ergebnis ist der Taktschlag pro Minute. Es passen nur Titel zusammen, die die gleichen Taktschläge haben. Sie sollten die Musik auch ohne Pausen aufnehmen, damit man fließend üben kann. Natürlich können Sie auch auf spezielle Step-Aerobic-Musik aus dem Fachhandel zurückgreifen.
Um die Schrittkombination richtig nachzuvollziehen, müssen Sie immer die Anzahl der Takte bzw. Taktschläge einhalten. Zählen Sie immer bis acht und orientieren Sie sich am Rhythmus der Musik. Versuchen Sie, den ersten Taktschlag in einem Takt zu erkennen. Die Zählzeit für die Bewegungen beginnt immer mit dem ersten Taktschlag. Mit etwas Übung wird es Ihnen gelingen, den ersten Schlag im Takt zu hören. Achten Sie auf den Einsatz von neuen Instrumenten, Strophen oder Refrains. Sie werden erkennen, dass sich die Musik mit der Zahl 4 oder 8 in Abschnitte einteilen lässt. Diese Einteilung der Musik können Sie später zu gestalterischen Zwecken einer Schrittkombination nutzen.

Dehnen

Dehnen Sie hier die wichtigsten Muskelgruppen. Lassen Sie die Gruppe einen Kreis zur Ausführung der Übungen bilden *(siehe Seite 123ff)*.

Übungen zum Erfahren, Erlernen und Verbessern des Bewegungsflusses: »Fließend Bewegen«

Diese Übungseinheit soll den Teilnehmerinnen ein Gefühl für fließende und abgerundete Bewegungen vermitteln. Sie sollen erkennen, dass bei einem Bewegungsstopp die Bewegung innerlich weiterfließt. Die Bewegung sollte nicht an Ausdrucksstärke verlieren.

Fordern Sie Ihre Teilnehmerinnen auf, einen Bewegungsablauf einer ihnen bekannten Sportart auszuführen. Es kann der Korbleger beim Basketball, der Aufschlag beim Tennis oder auch ein erfundener Bewegungsablauf sein. Die eigene Bewegung sollte mehrmals wiederholt werden, um einen harmonischen Ablauf zu erzielen. Auf Ihr akustisches Signal hin – beispielsweise ein Zuruf oder ein Pfeifen – erstarren die Teilnehmerinnen in ihrer Bewegung. Die Übenden sollen während des Bewegungsstopps nicht entspannen, sondern ihrer Bewegung Ausdruck verleihen. Die eingenommene haltende Position soll wie ein Schnappschuss bei einem Sportwettkampf wirken.

Wiederholen Sie mehrmals ein Anhalten in der Bewegung, damit alle ihre Ausdrucksstärke verbessern können.

Hiernach verändern Sie die Aufgabenstellung. Wieder führt jede einzelne Person einen Bewegungsablauf einer bekannten Sportart aus.
Es kann dieselbe Bewegung der obigen Aufgabe oder eine neuer Ablauf sein. Diesmal soll die Bewegungsfolge durch ständige Stopps (Staccatobewegung) – ohne akustische Signale – unterbrochen werden, als ob die Bewegung in Zeitlupe ausgeführt wird. Viele einzelne Positionen werden aneinandergereiht. Trotz der vielen Unterbrechungen bzw. Positionen verliert die Bewegung nicht an Kontinuität und Dynamik.
Vermitteln Sie Ihrer Gruppe ein Gefühl für die auszuführenden Bewegungen. Die Bewegung fließt auch bei einem Anhalten innerlich weiter und kann jederzeit fortgeführt werden. Ein Stopp bedeutet nicht, dass alle in ihrer Position entspannen sollen. Durch das ausdrucksstarke Halten wird eine ständige Bewegungsbereitschaft sichtbar.
Lassen Sie diese Staccatobewegung öfters hintereinander ausüben.
Danach motivieren Sie Ihre Gruppe zur Bewegungsfantasie. Eine Bewegung soll irgendwo im Körper beginnen, die dann frei durch ihn fließt. Die Bewegung soll erweitert werden, indem sich alle fortbewegen. Die Fortbewegung kann durch Sprünge oder Laufen erfolgen. Der ganze Raum mit seiner Beschaffenheit sollte in die Bewegung einbezogen werden. Hier sind der Bewegungsgestaltung bzw. -fantasie jeder einzelnen Teilnehmerin keine Grenzen gesetzt. Geben Sie der Gruppe ausreichend Zeit, um die Ideen auch umsetzen zu können. Machen Sie auf jeden Fall bei dieser Übung mit, damit sich die Teilnehmerinnen nicht beobachtet fühlen.

Entspannungsphase: »Aktiv entspannen«

Die Entspannungsphase dient dem Körper zur Erholung von der sportlichen Betätigung. Natürlich können die Teilnehmerinnen sie jederzeit anwenden, um sich von den alltäglichen Belastungen und vom Stress zu lösen.

»Aktiv entspannen« bedeutet, dass jede Teilnehmerin ihre eigenen inneren Fähigkeiten aktiviert, um den allgemeinen Spannungszustand des Körpers herabzusetzen. Die Selbstentspannung wird mit Hilfe von Befehlen erreicht, die entweder von Ihnen vorgelesen oder von einer besprochenen Kassette abgespielt werden. Die Teilnehmerinnen erfühlen und erfahren unterschiedliche Körperzustände durch abwechselndes An- und Entspannen einzelner Muskelgruppen. Diese Form der aktiven Tiefenentspannung ist eine verkürzte Form der »progressiven Muskelrelaxation« nach Jacobson.

Dieses Entspannungsverfahren erzielt auch bei relativ unerfahrenen Teilnehmerinnen gute Erfolge. Um aber die Wirkung sehr intensiv wahrzunehmen, bedarf es eines regelmäßigen Übens und Wiederholens dieser Methode.

Bevor Sie mit der Entspannung beginnen, dunkeln Sie den Raum etwas ab. Außerdem sollten der Raum und die Umgebung relativ ruhig sein, um den Erfolg der Methode nicht zu stören. Weisen Sie Ihre Teilnehmerinnen darauf hin, dass bei Unwohlsein die Übung abgebrochen werden sollte.

Ziehen Sie wärmere Kleidung an, die Sie aber nicht einengt, damit Sie während der zehnminütigen Entspannung nicht auskühlen. Nehmen Sie eine Decke oder Matte und legen Sie sich bequem auf den Rücken. Decken, Pullover, Kissen oder Ähnli-

ches unter den Knien, Armen und Kopf können die entspannte Rückenlage vereinfachen. Die Arme liegen locker neben dem Körper. Die Beine fallen leicht nach außen. Die Augen werden geschlossen. Spüren Sie Ihren Atem. Atmen Sie zwei- bis dreimal tief ein und aus. Mit jedem Ausatmen sinken Sie tiefer in den Boden.
Nun beginnt die Reise durch den Körper. Bei den Füßen beginnend spannen Sie nacheinander alle Körperteile ca. drei Sekunden lang an. Anschließend entspannen Sie die Muskulatur. Spüren und beobachten Sie das unterschiedliche Empfinden vor und nach der Anspannung.
Kommen Sie langsam aus der Entspannung zurück. Atmen Sie mehrmals tief ein und aus. Räkeln Sie sich und strecken Sie die Arme, die Beine und den Rumpf. Gähnen Sie kräftig und kommen Sie behutsam zum Sitzen.

- Lenken Sie die Aufmerksamkeit auf die Füße. Spannen Sie beide Füße an, indem Sie die Füße nach unten drücken, als ob Sie mit den Füßen eine Faust machen wollen. Spüren Sie die Anspannung und atmen Sie ruhig weiter. Jetzt lassen Sie die Anspannung los und beobachten die Veränderung.
- Gehen Sie nun den Körper weiter hinauf. Beugen Sie die Fersen, als wenn Sie mit den Fersen eine Wand wegdrücken wollen. Die Waden werden angespannt und die Knie durchgedrückt. Halten Sie die Anspannung ein paar Sekunden. Bei der Entspannung fühlen Sie die Wärme, die von den Kniekehlen über die Waden bis zu den Fersen strömt.
- Wandern Sie mit Ihrer Aufmerksamkeit zu den Oberschenkeln und zum Gesäß. Gleichzeitig spannen Sie Oberschenkel und Gesäß an. Halten Sie kurz die Spannung. Spüren Sie bei der Entspannung die lockeren und weichen Muskeln.
- Richten Sie jetzt Ihre Aufmerksamkeit auf den Bauch. Spannen Sie Ihre Bauchmuskeln so stark an, dass sich die Beine fast leicht vom Boden abheben. Lassen Sie los und beobachten Sie Ihren Bauchbereich.
- Jetzt wandern Sie weiter zu den Schultern und Armen. Ziehen Sie beide Schulterblätter nach unten, als ob Sie die Schultern auf den Boden drücken wollen. Die Arme sind neben dem Körper gestreckt. Die Finger sind gespreizt. Während Sie ruhig atmen, halten Sie die Anspannung. Beim Lösen spüren Sie die Entspannung, die den Rücken hinunterfließt.
- Ballen Sie Ihre Hände zur Faust, ohne zu verkrampfen. Spüren Sie die An- und Entspannung.
- Spannen Sie die Unterarme an. Beobachten Sie das angenehme Gefühl der Entspannung.
- Gehen Sie mit der Aufmerksamkeit zu den Oberarmen. Spannen Sie die Oberarme an, indem Sie die Unterarme anwinkeln und etwas vom Körper wegdrücken. Lösen Sie die Spannung und spüren Sie beim Ausatmen immer mehr die Entspannung.
- Drücken Sie den Hinterkopf fest auf den Boden, ohne zu verkrampfen. Halten Sie einen Moment die Anspannung. Lösen Sie und spüren Sie, wie Ihr Kopf gelöst in den Boden sinkt.
- Konzentrieren Sie sich nun auf Ihr Gesicht. Stellen Sie sich vor, dass Sie in eine saure Zitrone beißen. Kneifen Sie die Augen zusammen. Pressen Sie die Lippen aufeinander. Spannen Sie den Kiefer an. Atmen Sie normal weiter und halten Sie die Spannung. Beim Lösen spüren Sie das angenehme Gefühl von Entspannung.
- Überprüfen Sie zum Abschluss noch einmal alle Muskelgruppen. Spannen Sie alle Muskelgruppen so stark wie nur möglich für drei bis fünf Sekunden an. Nehmen Sie anschließend beim Entspannen die angenehme Wärme im ganzen Körper wahr.

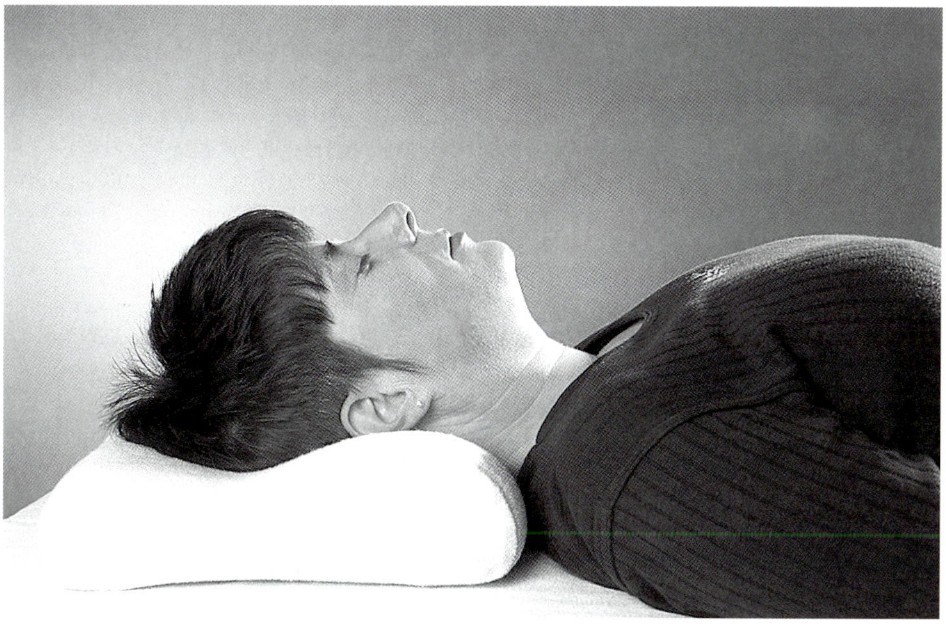

Hilfsmittel sind erlaubt

Abschluss und Motivation

Versuchen Sie, Ihre Gruppe an die aktive Tiefenentspannung heranzuführen, indem die Teilnehmerinnen sich den Text selbst auf eine Kassette sprechen sollen. Dann können die Teilnehmerinnen jederzeit zu Hause den angenehmen Zustand der Erholung genießen.
Fordern Sie alle auf, sobald Sie die Möglichkeit zum freien Bewegen oder Tanzen haben, auf ihren inneren Rhythmus zu achten und die Bewegungen fließen zu lassen. Natürlich können wieder Fragen an Sie gerichtet werden.

Wissenswertes

Rhythmisierungsfähigkeit

Rhythmisierungsfähigkeit *(siehe Seite 43)* ist die Fähigkeit, sich Bewegungen durch äußere und innere vorgegebene Rhythmen anzupassen.

Zu den äußerlichen Komponenten zählt der ständige Wechsel zwischen Anspannung und Entspannung. Der periodische Wechsel wird durch verschiedene Einflussgrößen deutlich. In der zeitlichen Folge äußert sich der Wechsel von Anspannung und Entspannung in der Verlangsamung oder Beschleunigung einer Bewegung. Weiterhin äußert sich der periodische Wechsel der Spannungszustände im Kraftaufwand. In der Form wird der Spannungszustand durch Beugung, Streckung oder Drehungen beeinflusst. Der ständige Wechsel der Spannungszustände wird durch das Bewegungsausmaß im Raum bestimmt. Die Bewegungsausdehnung – also ob eine Bewegung eng, tief oder hoch ausgeübt wird – ist entscheidend. Die Bewegungsrichtung ist ein weiterer Faktor der räumlichen Komponente. Hier bestimmt die Bewegung nach vorne, zur Seite, nach links oder rechts den Spannungszustand.

Diese äußeren Faktoren der Rhythmisierungsfähigkeit werden über die optische und akustische Wahrnehmung aufgenommen. Über die kinästhetische Wahrnehmung spürt die übende Person ihren eigenen Spannungswechsel durch den eigenen Kraftaufwand der zu beanspruchenden Muskelgruppen. Die Person kann somit den Rhythmus »erleben«. Der Rhythmus einer Bewegung kann aber auch nur durch Beobachten erlebt werden. Der Beobachter innerviert die gleichen Muskelgruppen durch Mikrokontraktionen, so wie die vorführende Person ihre Muskulatur beansprucht. Je größer die Bewegungserfahrung des Beobachters ist – sei er Trainer oder interessierter Zuschauer – desto höher sind die eigenen Empfindungen bzw. Mikrokontraktionen. Diese Erscheinungsform bezeichnet man als »Carpenter Effekt«. Dieser Effekt ist die Basis für das rhythmische Bewegen in der Gruppe. Beim Rudern oder Formationstanz wird der gemeinsame Gruppenrhythmus besonders sichtbar.

Zu den inneren Komponenten, die den Rhythmus einer Bewegung bestimmen, gehören die emotional-affektiven, kognitiven und physiologischen Einflussgrößen. Die emotional-affektive Einflussgröße gibt die momentane Stimmungslage wieder. Der eigene Stimmungszustand kann Freude, aber auch Trauer widerspiegeln.

Der Stimmungszustand kann durch Anpassung an rhythmische Bewegungsabläufe stimuliert werden. Es kommt durch die ansteckende Wirkung des gleichen Bewegungsrhythmus nicht nur zu einer Steigerung des Wohlbefindens, sondern auch zu einer Harmonisierung des Bewegungsflusses und zu einer Leistungssteigerung. Beim Rudern oder Marschieren in der Gruppe ist dieser Effekt spürbar. Durch die zusätzliche Unterstützung von Musik oder durch rhythmische Zurufe kann eine weitere Verstärkung der genannten Punkte erfolgen. Wahrscheinlich ist dies auch der Grund für die Faszination an den verschiedensten Variationen des Aerobics. Einfache Übungen werden rhythmisiert. Musik hebt zusätzlich die Stimmung, wodurch die körperliche Anstrengung als positiv empfunden wird. So wird eine Aerobicstunde als Erlebnis empfunden.

Vorgegebene Bewegungs- oder Musikrhythmen können aber auch negative Empfindungen, beispielsweise Unlust oder Unzufriedenheit, hervorrufen. Eine Ski-Langläuferin kann sich durch den unregelmäßigen und nicht harmonisierten Bewegungsfluss ihrer neben ihr laufenden Partnerin irritiert fühlen. Ruhige oder dramatische Musik kann unangenehme Gefühle oder Erinnerungen bewirken.

Durch die kognitive Einflussgröße kann der Bewegungsrhythmus bewusst geändert werden. In einem Fußballspiel wird der Spielfluss verlangsamt oder beschleunigt, um einen neuen Spielzug einzuleiten. Während einer Kür im Eiskunstlauf verändert sich ebenso bewusst der Bewegungsrhythmus zwischen schnelleren und langsameren Bewegungselementen.

Die physiologische Komponente beeinflusst den Bewegungsrhythmus durch den körperlichen Leistungszustand der trainierenden Person. Eine ausgeruhte Bodenturnerin wird harmonisierte und weiche Bewegungen in ihrer Kür zeigen, während eine von Wettkämpfen gezeichnete Turnerin eher harte und eckige Bewegungen ausführt.

Die Rhythmisierungsfähigkeit ist in besonderem Maße auch von anderen koordinativen Fähigkeiten abhängig. Die Orientierungsfähigkeit beeinflusst durch die optische Wahrnehmung den Bewegungsrhythmus des Übenden gegenüber dem Partner oder Gegner im Spiel und gegenüber dem direkten Umfeld, wie dem Raum, dem Spielfeld oder der Geländeform. Die Differenzierungsfähigkeit erreicht eine Feinabstimmung des eigenen Bewegungsrhythmus in Bezug auf die zeitlichen und räumlichen Einflussgrößen, den Kraftaufwand und die Bewegungsform.

Bewegungserfahrung

Die vorhandene Bewegungserfahrung beeinflusst das Erlernen eines neuen Bewegungsablaufes in der Qualität und Quantität. Neue Übungsabläufe sind für die meisten Teilnehmerinnen eben nicht absolut neu, da die neu zu erlernende Bewegung Anteile bereits erlernter Bewegungen beinhaltet. Schon relativ automatisierte Bewegungsabläufe werden aktiviert, um den neuen Übungsablauf schneller zu erlernen bzw. nachzuvollziehen. So sind es für die Teilnehmerinnen nur einige Bewegungsabläufe, wodurch sie sich besser auf die wesentliche Inhalte der neuen Übung konzentrieren können. In der Aufgabe »Bewegter Ton« sind das Gehen und Klatschen automatisierte Bewegungen, die die Gruppe nicht mehr erlernen muss. Aus diesem Grunde wird ihnen die Aufgabe des Zusammensetzens der beiden Bewegungen erleichtert. Die Konzentration ist auf eine Harmonisierung des Klatschens eines Rhythmus mit der entsprechenden Fortbewegung gerichtet.

Bewegungserfahrung erleichtert nicht nur den Prozess des Bewegungslernens, sondern kann ihn auch beschleunigen. Automatisierte oder früher erlernte Bewegungen werden im Gedächtnis aktiviert, wodurch sie schneller in die neuen Bewegungsabläufe eingebaut werden können. In der »fließenden Bewegung« wurden die Bewegungen aus einer bekannten Sportart wie Basketball oder Volleyball sicherlich schon einmal in der Schul- oder Freizeit von den Teilnehmerinnen gespielt. Durch diese vom Gedächtnis reaktivierte Bewegung benötigen die Übenden nur noch wenig Zeit, um den teilweise automatisierten Bewegungsablauf auszuführen. Sie können ihre Konzentration auf die Ausdrucksstärke der zu haltenden Position während eines Stopps lenken.

Ausreichende Bewegungserfahrung kann eine Bewegungsausführung ökonomisieren. Die ausübende Person kann einschätzen, welche bewegungsrelevanten Werte, wie der Krafteinsatz beim Korbleger oder die Geschwindigkeit beim Tennisaufschlag, von besonderer Bedeutung für diese Aufgabe sind. Diese Vorinformation kann der übenden Person helfen, um beispielsweise den Kraftaufwand gleichmäßig über die Übungsdauer zu verteilen.

Bewegungsfluss

Der Bewegungsfluss wird besonders deutlich, wenn die einzelnen Bewegungsphasen in einem Bewegungsablauf fließend und rund ineinander übergehen. Die Bewegung zeigt Ausdrucksstärke und Kontinuität.

Selbst wenn die Bewegung angehalten wird, bedeutet das kein Entspannen, sondern die Bewegung fließt innerlich weiter. Äußerlich drückt die zu haltende Position eine ständige Bewegungsbereitschaft aus. Erst wenn der Bewegungsablauf jederzeit ohne Verlust von Dynamik und Ausdruck angehalten werden kann, ist der Bewegungsfluss harmonisiert. Die gestoppte Bewegung sollte einem eindrucksvollen Sportbild gleichen. Denken Sie beispielsweise an ausdrucksstarke Fotoaufnahmen von einer Leichtathletin im Wettkampf, die während der Olympischen Spiele einen neuen Weltrekord aufgestellt hat. Dieser Ausdruck, diese Kraft und Energie sind wichtig für einen freien Bewegungsfluss.

Geschichte und Bedeutung des Step-Aerobics

»Step« bedeutet Schritt, Tritt oder Stufe. Diese spezielle Form des Aerobics ist ein Ausdauertraining, das ein effektives Herz-Kreislauftraining mit gezieltem Muskeltraining für Gesäß, Oberschenkel und Wade verbindet.

Dieses Ausdauertraining wurde von Gin Miller, eine Aerobic-Trainerin aus den USA, begründet. Step-Aerobic entstand, als Gin Miller wegen einer Knieverletzung ein Rehabilitationstraining absolvieren musste. Es beinhaltete das Auf- und Absteigen auf eine mittelhohe Kiste. Nach fundierten Forschungsergebnissen von amerikanischen Wissenschaftlern erarbeitete Gin Miller ein ausgewogenes Step-Aerobic-Programm.

Bewegungsfluss freier Bewegungen

Step-Aerobic ist ein gelenk- und muskulaturschonendes Ausdauertraining. Trotz der hohen Intensität werden die Wirbelsäule, das Knie- und das Sprunggelenk geschont. Das Training hat genauso positive Auswirkung auf die Herz-Kreislauftätigkeit wie z. B. Joggen oder Ski-Langlauf.

Progressive Muskelentspannung

Der Arzt Edmund Jacobson entwickelte die Methode der progressiven Muskelrelaxation aufgrund seiner Beobachtung, dass bei bewusster Entspannung von Muskeln auch die innere Erregung nachlässt. Muskelpartien werden zunächst wenige Sekunden lang angespannt und dann eine längere Zeit bewusst entspannt. Die Anspannung soll die bewusste Entspannung erleichtern, weil man zunächst wahrnimmt, wie dieser einzelne Muskel gespannt und entspannt werden kann. Für viele Menschen ist dies leichter als sich nur über mentales Training, d. h. über Vorstellungen und suggestive Formeln, zu entspannen – wie zum Beispiel beim autogenen Training.

Die Methode der progressiven Muskelentspannung ist recht mechanisch und sehr einfach zu erlernen, bewährt sich aber erst dann, wenn längere Zeit geübt wird. Anfangs werden viele Muskeln hintereinander einzeln entspannt, später werden mehrere Muskelgruppen zusammengefasst, die Übungsphase verkürzt. Ziel ist es, sich auch in Stresssituationen innerhalb kürzester Zeit zur Ruhe zu bringen.

Um die Methode selbst zu unterrichten, ist eine Ausbildung notwendig. Die hier beschriebene vereinfachte Form dient lediglich der Muskelentspannung zum Ausgleich nach dem Sport.

Auf beiden Füßen stehen

Auf einen Blick

Ziele:

- Optimieren der Orientierungsfähigkeit mit optischer und akustischer Wahrnehmung
- Verbessern der Gleichgewichtsfähigkeit durch propriozeptives Training
- Vergrößern der Körpererfahrung und -wahrnehmung der Füße durch Zehentraining

Phasen und Übungen	Methode	Medien/Material	Zeit
Einstieg	Kurzreferat	Sprache	3 Min.
Einstimmungsphase: Erspüren der Füße	Körperwahrnehmung	Sprache, Musik	10 Min.
Übungssammlung zum Verbessern der Orientierungsfähigkeit	Bewegung, Dehnen	Musik, Sprache, Bälle	20 Min.
Kleines Spiel: »Achtung! Gegenverkehr«	Bewegung	Musik, Sprache, Bälle	5 Min.
Aufgaben zur Verbesserung der Gleichgewichtsfähigkeit: »Auf einem Bein«	Propriozeptives Training	Sprache, Entspannungsmusik	15 Min.
Übungsprogramm zur Körperwahrnehmung: »Zehentraining«	Bewegung	Schlagermusik, Sprache, Nüsse, kleine Steine, verschiedene Tücher, Stifte, Papier, Bierdeckel, etc.	15 Min.
Ausklang und Entspannung: »Rollkur für die Füße«	Entspannungsmethode	Igelbälle, Musik	5 Min.
Abschluss und Motivation	Kurzreferat	Sprache, Kursbuch	2 Min.

Anleitungen zur Kurspraxis

Einstieg

Die Zielsetzung dieser Unterrichtseinheit liegt in der Verbesserung der Orientierungsfähigkeit und Gleichgewichtsfähigkeit. Die Orientierungsfähigkeit wird durch optische und akustische Wahrnehmungsübungen verbessert und optimiert. Das Gleichgewichtsvermögen wird durch Aufgaben des propriozeptiven Trainings geschult.

In den letzten zwei Unterrichtsphasen wird die Aufmerksamkeit auf oft vernachlässigte Körperteile, die Füße, gerichtet. Mit einem Zehentraining wird die Beweglichkeit und Geschicklichkeit der Füße trainiert. Eine Rollkur für die Füße rundet die Kurseinheit ab.

Einstimmungsphase: Erspüren der Füße

Einstimmung
Wann haben Sie das letzte Mal Ihre Füße bewusst gespürt? War es im Urlaub, als Sie am Strand barfuß liefen? Oder spürten Sie Gras unter Ihren Fußsohlen, als Sie im Sommer durch den Garten liefen? Blieb Ihnen ein schmerzhafter Gedanke an Ihre Füße nach einem langen Arbeitstag in Erinnerung? Freuen Sie sich auf diese Kurseinheit. In dieser Unterrichtseinheit können Sie nicht nur Ihre Füße bewusst wahrnehmen und verwöhnen, sondern auch Ihre Füße fühlen und unterschiedliche Materialien erspüren.

Stellen Sie sich bequem und mit hüftbreit geöffneten Beinen hin. Spüren Sie Ihren Fuß in den Schuhen, in Socken oder barfuß auf dem Boden. Auf drei Druckpunkten wird Ihr Fuß belastet: auf der Ferse, dem Außenrand und dem Grundgelenk der Großzehe. Mit den Zehen, die weder eingekrallt noch hochgezogen sind, fühlen Sie den Boden. Fühlen Sie nacheinander die drei Druckpunkte, indem Sie Ihr Gewicht leicht verlagern.

Danach sollen alle ein Bein anheben. Wieder wird die Aufmerksamkeit auf die Druckpunkte gerichtet. Die Teilnehmerinnen sollen erkennen, wie wichtig die Arbeit der Füße ist, um das Gleichgewicht zu halten. Wechseln Sie mehrmals den zu belastenden Fuß. Das Knie des Standbeins sollte ständig gebeugt sein. Die Bauch- und Gesäßmuskeln sind leicht angespannt, um eine Aufrichtung des Beckens und der Wirbelsäule zu erzielen.

Um die Druckpunkte des Fußes zu veranschaulichen, zeigen Sie eine mehrfach vergrößerte Fotokopie der nebenstehenden Abbildung – evtl. als Overheadfolie, wenn sie einen Projektor zur Verfügung haben.

Gerade durch die unterschiedlichen Möglichkeiten des Aufsetzens des Fußes wird deutlich, wie sehr der Gleichgewichtssinn unbewusst eingesetzt wird.

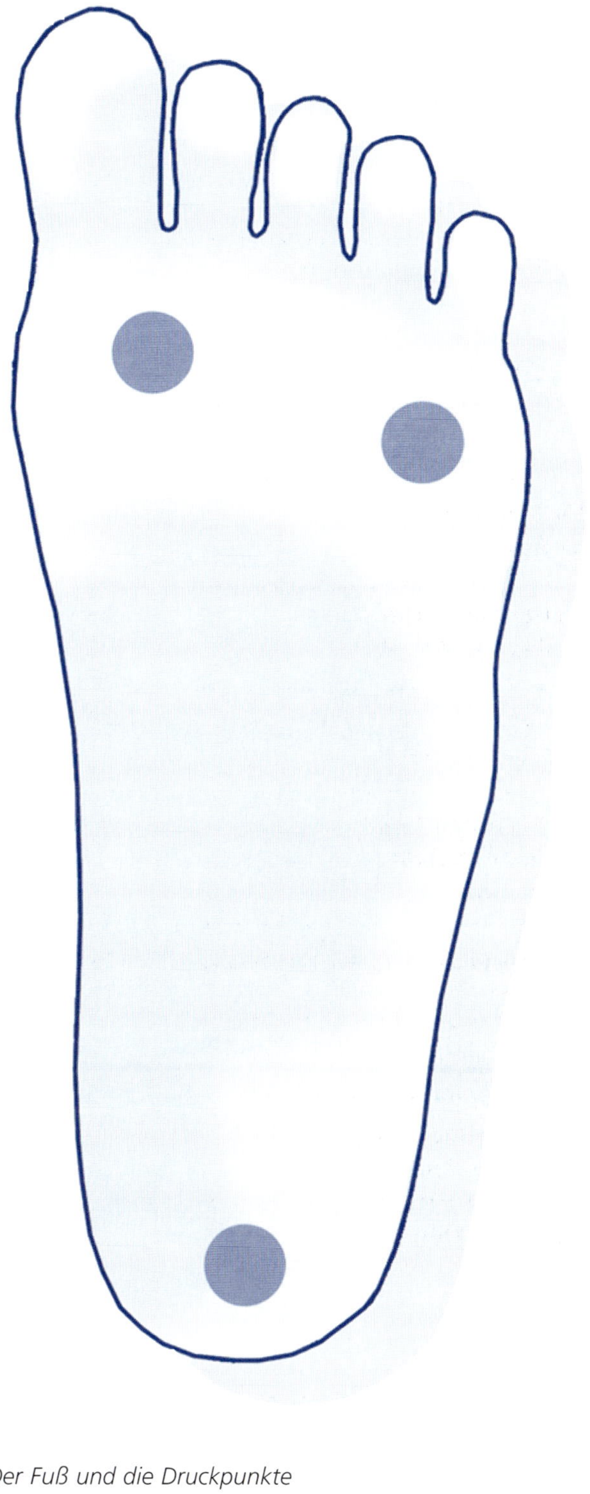

Der Fuß und die Druckpunkte

Die Gruppe setzt sich durch den in Raum in Bewegung. Zuerst gehen alle wie gewohnt umher. Doch dann ändern sich ständig die Gangmuster, die Sie während dieser Phase nicht nur ansagen, sondern auch zeigen.

Nachfolgend führen alle entsprechende Gangvariationen aus:

- Die Gruppe geht auf den Fersen. Große und kleine Schritte werden ausgeübt.
- Anschließend wechseln alle auf die Fußspitzen.
- Mehrere Runden werden auf den Innen- und Außenkanten der Füße gegangen.
- Darauf folgend setzen alle die Fußspitzen zueinander auf. Die Füße werden einwärts aufgesetzt.
- Die nächsten Schritte führen alle Teilnehmerinnen mit auswärts gedrehten Füßen aus. Hier kann wieder die Schrittlänge variiert werden. Gehen Sie doch mal wie Charly Chaplin.
- Anschließend wird die flache Sohle ohne Abrollen aufgesetzt. Wenn alle die Übung sehr intensiv ausführen, hört man das Aufsetzen deutlich.

Mehr Sicherheit im Unterricht

Das Gehen auf den Außen- und Innenkanten der Füße ist ob seiner Körperphysiologie umstritten. Die seitlichen Bänder der Fußes werden stark gedehnt. Für solche seitlichen Bewegungen ist der Fuß eigentlich nicht gebaut. Andererseits entsteht so eine veränderte Wahrnehmung des Gehens und eine Dehnung wenig benutzter Muskeln, die die Aufrichtung der Ferse stabilisieren.

- Personen mit intakten Bändern der Fußgelenke kann eine vorübergehende Dehnung der Bänder eigentlich nicht schaden, denn Bänder sind elastisch.
- Personen, deren Bänder bereits einmal durch Sportverletzungen überdehnt waren, sollten diese Übung nicht mitmachen. Überdehnte Bänder haben ihre Elastizität verloren. Es besteht die Gefahr einer weiteren Schädigung.

Verweisen Sie auf dieses Problem und überlassen Sie es auch Fußgesunden, ob sie diese witzige Übung mitmachen wollen. Eine Alternative zum Gehen auf Außen- und Innenkanten ist das seitliche und längsgerichtete Gehen über einen fixierten Besenstil oder eine liegende Sprossenleiter aus Holz. Diese fußgesunde Variante darf gerne wie die gesamte Übung auch mal in Socken oder barfuß gegangen werden. Das Fußgewölbe wird so besser trainiert – gerade auch, wenn es anfangs ein wenig schmerzhaft ist.
Vorübergehend auf Fersen, Fußspitzen oder Fußsohlen aufzutreten ist unproblematisch. Die letzte Gangart sollte aber eine fußgesunde Gangart sein, bei der der Fuß gerade abgerollt wird und Knie sowie Hüfte körperökonomisch ausgerichtet sind. Die Ferse setzt zuerst auf. Der Fuß rollt über die Sohle gerade ab. Vom Fußballen – den oberen Druckpunkten – kommt der Impuls zum nächsten Schritt.

Übungssammlung zur Verbesserung der Orientierungsfähigkeit

Das Übungsprogramm soll die Orientierungsfähigkeit verbessern und optimieren. Der Ball wurde zur Unterstützung der Aufgaben zur Orientierung ausgewählt. Hier muss sich die aktive Teilnehmerin nicht nur an den Räumlichkeiten, sondern auch an der Bewegungsrichtung des Balles orientieren. Durch Partner- und Gruppenarbeit werden die Konzentrationsübungen nochmals erschwert.

Bevor Sie mit diesem Übungsprogramm beginnen, erhält jede Teilnehmerin einen Ball, der gut springt oder geprellt werden kann. Die einzelnen Übungen sollten Sie ungefähr vier Minuten ausüben lassen, bevor Sie zur nächsten Übung wechseln.

Drehball

Die Gruppe verteilt sich mit einem ausreichenden Abstand zueinander an den Wänden. Jede Spielerin wirft ihren Ball gegen die Wand und fängt ihn wieder auf. Nach zwei oder drei Wiederholungen dreht sich jede Teilnehmerin um die eigene Achse, bevor Sie den Ball wieder auffängt.
Diese Übung fordert nicht nur die räumliche Orientierung nach der Drehung, sondern auch den Gleichgewichtssinn heraus. Nach der 360-Grad-Drehung muss sofort wieder das Gleichgewicht hergestellt werden, damit man den Ball umgehend wieder werfen kann.

Zahlen sagen

Die Spielerinnen schließen sich zu Paaren zusammen. Ein Ball wird vorübergehend zur Seite gelegt, da nur ein Ball zum Spiel benötigt wird. Die beiden Spielerinnen werfen sich den Ball zu. Sobald Spielerin A den Ball Spielerin B zugespielt hat, zeigt A eine Zahl in die Luft. Die Spielerin B muss die Zahl vor dem Auffangen des Balles laut aussprechen. Anschließend beginnt die Spielerin B mit dem Zeigen der Zahlen.
Da diese Übung eine hohe Konzentrationsanforderung an die Orientierungsfähigkeit stellt, sollten zuerst nur Zahlen mit einer Hand, also von eins bis fünf, angezeigt werden. Wenn sich beide Partnerinnen sicher sind, können auch alle zehn Finger benutzt werden.
Diese Übung lässt sich variieren, indem eine Partnerin den Ball prellt und die andere die Zahlen anzeigt. Die Schwierigkeit liegt beim blicklosen Prellen des Balles. Die aktive Partnerin sollte ohne Blickkontakt den Ball prellen. Die Zahlen anzeigende Partnerin kann mehrere Zahlen zeigen, die von der prellenden Partnerin addiert werden müssen.

Auf die Plätze, fertig, los!

Die Spielerinnen A und B stehen mit einem großen Abstand voneinander entfernt. A dreht B den Rücken zu. Spielerin B wirft den Ball zu A. Gleichzeitig ruft B »Auf die Plätze, fertig, Los!«. Jetzt muss sich Spielerin A schnell umdrehen, um den Ball zu fangen. Dann wechselt die Ausgangsposition bei den Spielerinnen.

Hier erfolgt die räumliche Orientierung durch die Drehung um 180 Grad, um die Position des Balles zu bestimmen. Die akustische Information erhält die aktive Spielerin durch den Zuruf der Mitspielerin.
Nach einigen Ballwechseln erschweren Sie nochmals die Aufgabenstellung. Beide Partnerinnen stehen mit dem Rücken zueinander. Partnerin A wirft den Ball über den Kopf zur Partnerin B. Beim Abwurf ruft die Partnerin A »Los«. Dieses akustische Signal bedeutet für die Spielerin B, dass sie sich um 180 Grad drehen muss, um den Ball fangen zu können.
Diese Aufgabenstellung kann nochmals durch den gleichzeitigen Einsatz von zwei Bällen variiert werden. Wieder stehen die Spielerinnen mit dem Rücken zueinander. Durch den fast gleichzeitigen Abwurf und Zuruf der Partnerinnen wird die Übung erschwert.

Zwei auf einen
Drei Teilnehmerinnen spielen mit zwei Bällen. Die drei Spielerinnen stellen sich mit einem ausreichenden Abstand in einem Dreieck zueinander auf. Zwei Teilnehmerinnen spielen mit ihren Bällen auf die dritte Partnerin. Diese muss die Bälle sofort zurückspielen. Anschließend wird das Zuspiel auf eine Person gewechselt.
Das Spiel erfährt eine Intensitätssteigerung, wenn drei Bälle im Spiel sind. Die drei Bälle müssen jetzt von allen drei Mitspielerinnen in Bewegung gehalten werden.

Werfen und rollen
Zwei Teilnehmerinnen spielen in dieser Übung mit zwei Bällen. Einen Ball werfen sie sich aus einem angemessenen Abstand zu. Der andere wird während des ständigen Zuwerfens am Boden hin und her gerollt.
Außer der Raumorientierung fließt in dieser Aufgabe noch die Differenzierungsfähigkeit *(siehe Seite 50)* mit ein. Durch die Bewegungsabläufe des Werfens und Fangens kommt es zu einer Feinabstimmung von Teilkörperbewegungen und Bewegungsphasen. Außerdem ist noch der unterschiedliche Krafteinsatz während der zwei Bewegungshandlungen von Bedeutung. Der Kraftaufwand des Werfens wird höher sein als der des Rollens.

Kleines Spiel: »Achtung! Gegenverkehr!«

Runden Sie diesen Unterrichtsabschnitt mit einem kleinen Spiel ab. Hier sollen sich die Teilnehmerinnen auf engstem Spielraum bewegen, ohne dass sie einander berühren.

Die Teilnehmerinnen prellen ihren Ball durch den ganzen Raum. Jede Berührung mit einer Mitspielerin steht symbolisch für einen Zusammenstoß im Straßenverkehr. Das sollte vermieden werden. Nach einigen Runden wird das Spielfeld verkleinert. Sie bestimmen den verkleinerten Raum, indem Sie bzw. die Gruppe sich an Hallenlinien orientieren. Weiterhin müssen sich alle ausweichen. Wieder wird der Bewegungsraum nach ein paar Prellrunden vermindert.
Die Teilnehmerinnen müssen immer mehr aufeinander Acht geben. Die Verkleinerung können Sie noch etwas fortsetzen, sofern es Raumgröße und Anzahl der Kursteilnehmerinnen zulassen.
Beenden Sie die Übungssammlung mit einem Stretching für die Beine, Schultern und Arme. Vorher lassen Sie die Bälle beiseite legen, damit sie während des Dehnens nicht durch den Raum rollen.

Aufgaben zur Verbesserung der Gleichgewichtsfähigkeit: »Auf einem Bein«

Die Fähigkeit, das Gleichgewicht zu halten, erlebt man viel seltener als eine Leistungsbegrenzung durch Kraft-, Schnelligkeits- und Ausdauertraining. Nur allein der aufrechte Gang beim Spazierengehen bedeutet für den Körper eine permanente Anpassung des automatischen Gleichgewichtsvermögens.

Durch die unbewusste Funktion des komplexen Mechanismus ist man in der Lage, möglichst schnell auf neue Bewegungsabläufe (wenn man z. B. angerempelt wird oder beim Laufen umknickt) zu reagieren. Ständig ist man den verschiedensten Störungen im Bewegungsablauf im Alltag, Berufsleben und auch immer mehr beim Sport ausgesetzt. Die schnellen Reaktionen schützen vor möglichen Verletzungen.
Auch das Gleichgewicht wird durch psychische Sicherheit und Emotionen stark beeinflusst.

Das folgende Bewegungsprogramm soll einen wesentlichen Beitrag zur Erhaltung der inneren und äußeren Balance leisten.

Doch bevor die Gruppe mit den Übungen beginnt, sollten die Teilnehmerinnen sich noch ein Handtuch als Hilfsmittel bereitlegen.

Das Übungsprogramm kann sowohl barfuß oder mit Socken als auch mit Schuhen ausgeübt werden. Die meisten Situationen des Gleichgewichthaltens erfährt man im Alltag, wenn man feste Schuhe trägt. So können einzelne Teilnehmerinnen, die die Übungen nicht barfuß oder in Socken ausüben möchten, in Sportschuhen trainieren.

Im Verlauf der nachfolgenden Übungen ist das belastete Bein Ihr Standbein und das angehobene, angewinkelte oder bewegende Bein das Spielbein.

Falls sich einzelne Teilnehmerinnen unsicher in der Bewegungsausführung sind, da sie vielleicht Angst haben, aus der Balance zu kommen, wandeln Sie die Übungen zu Partnerinnenübungen um.

Die Grundposition
Stellen Sie sich bequem hin. Die Beine sind hüftbreit auseinander geführt. Die Knie sind leicht gebeugt und nicht durchgedrückt. Richten Sie nun Ihre Aufmerksamkeit auf Ihr Becken. Spannen Sie leicht die Bauch- und Gesäßmuskulatur an, um das Becken aufzurichten. Die Wirbelsäule nimmt eine aufrechte Haltung ein. Heben Sie ein Bein und halten das Gleichgewicht.

Halten Sie diese Position nicht länger als 30 Sekunden, da sonst ungünstige Kräfte auf die Gelenke einwirken. Wechseln Sie dann das Standbein.
Wenn Sie alle Hinweise beachtet haben, werden Sie feststellen, dass das korrekte Stehen auf einem Bein viel Muskelarbeit für das Standbein bedeutet. Lassen Sie die Gruppe die unterschiedlichen Muskeln des Standbeins, die während der Übung arbeiten, spüren.
Wiederholen Sie diese Grundposition mehrmals. Schon nach einigen Wiederholungen führen alle diese Übung sicher aus. Jetzt können Sie die Unterlage für die Grundposition im einbeinigen Stand verändern. Die Teilnehmerinnen falten ihre Handtücher mehrfach zusammen. Anschließend nehmen Sie auf dem Handtuch wieder die korrekte Grundposition ein. Hier richtet sich die Aufmerksamkeit wieder auf die Druckpunkte des Fußes und die Muskulatur des Standbeins. Fordern Sie Ihre Teilnehmerinnen auf, folgende Aufgabenstellungen nachzuvollziehen: Wird eine Veränderung spürbar?
Wird die Übung anstrengender, um die richtige Haltung einzunehmen und zu halten? Spüren Sie den Unterschied auch auf dem anderen Standbein. Wechseln Sie das Standbein zwei- bis dreimal.
Andere Materialien, wie z. B. weiche Matten, runde Kieselsteine, weiche Matten auf Tennisbällen oder Stäben oder auch Strohsäcke, eignen sich genauso zur Schulung des einbeinigen Stehens.

Die Grundposition

Die Drehung

Führen Sie drei bis fünf schnelle Drehungen nach rechts aus. Unmittelbar danach sollen Sie im einbeinigen Stand stehen bleiben und nicht wackeln. Versuchen Sie den Einbeinstand ohne große Korrekturen einzunehmen und zu halten.
Damit Sie sich besser orientieren können und um zu überprüfen, ob Sie sich tatsächlich immer um 360 Grad gedreht haben, fixieren Sie vor und nach der Drehung einen Punkt an der Wand. Anschließend drehen Sie sich nach links und nehmen die Position mit geschlossenen Augen ein.
Die Aufgabe erinnert an einen tanzenden Derwisch, der sich ganz schnell um die eigene Achse dreht. Die Übung fordert den Gleichgewichtssinn stark heraus. Einzelne Teilnehmerinnen können die Drehungen pro Seite auf 20 und mehr Wiederholungen steigern, wenn ihnen die Aufgabenstellung sehr leicht fällt.

Vor- und Zurückrollen

Stellen Sie sich mit geschlossenen Augen und schulterbreit geöffneten Beinen hin. Verlagern Sie abwechselnd das Körpergewicht von den Fußspitzen auf die Fersen, ohne die Füße von der Stelle zu bewegen.
Wiederholen Sie die Übung dann auch auf einem Bein mit Standbeinwechsel 10-12-mal.
Wenn alle diese Aufgabe sicher ausführen können, ermutigen Sie die Teilnehmerinnen, die Augen zu schließen. Dann wird wieder auf der ganzen Fußsohle vor- und zurückgerollt. Die Übenden sollen den Unterschied zwischen dem Balancieren mit offenen und geschlossenen Augen feststellen.
Die Arme können nach vorne ausgestreckt werden. Das Ausstrecken der Arme erleichtert das Halten des Gleichgewichts.

Der schwungvolle Stand

Nehmen Sie die Grundposition des einbeinigen Stands ein. Ihre Arme sollten Sie locker und entspannt halten. Die Belastung ist auf Ihrem Standbein, so dass Sie das Spielbein bewegen können. Führen Sie Ihr Spielbein mehrmals nach vorne und nach hinten. Der Bewegungsablauf beginnt erst langsam, nach einigen Wiederholungen sollten Sie die Bewegung schneller ausführen.
Achten Sie auf die Bewegungsausführung; führen Sie die Übung immer kontrolliert aus und vermeiden Sie ruckhafte Bewegungen. Nach mehrfachen Wiederholungen wechseln Sie das Standbein.
Während der Übung soll die Gruppe die drei Druckpunkte ihrer Füße spüren und ihr Standbein beobachten.
Nachdem Sie die Übung sicher ausgeführt haben, können Sie den Übungsablauf variieren.
Nehmen Sie wieder die Grundposition ein und kreuzen Sie Ihr Spielbein mehrfach vor und hinter dem Standbein. Vergessen Sie nicht, Ihr Standbein zu wechseln. Nach dem Standbeinwechsel schütteln Sie Arme und Beine gut aus.

Zahlen und Namen schreiben
Schreiben Sie mit dem linken Spielbein die Zahlen von 0 bis 5 und mit dem rechten Spielbein die Zahlen von 6 bis 10 in die Luft. Achten Sie auf Ihre Balance und eine aufrechte Haltung. Mit dem linken Spielbein schreibt jede Teilnehmerin ihren Vornamen und mit dem rechten Spielbein den Nachnamen in die Luft. Die Übung soll ohne Bodenkontakt des Spielbeins ausgeführt werden.

Joggen am Platz
Ziehen Sie das Spielbein nach vorne und winkeln Sie das Bein an, so dass Sie das Knie ungefähr in Höhe des Beckens fixiert halten. Die Arme bewegen Sie, wie beim Joggen, recht zügig vor und zurück.
Probieren Sie das Gleichgewicht ohne Absetzen des Spielbeins zu halten. Nach circa 30-45 Sekunden wechseln Sie das Standbein und wiederholen die Übung.
Hier haben Sie auch die Möglichkeit, die Armbewegungen zu ändern, indem Sie die Arme in Schulterhöhe vor und zurück, auseinander und zusammen oder über Kreuz führen. Das angewinkelte Bein wird wieder in der Luft fixiert. Die Armbewegungen sollten schnell ausgeführt werden, doch achten Sie immer auf eine korrekte Haltung. Wiederholen Sie die Aufgabe beidseitig durch das Wechseln des Spielbeins.
Wenn sich der Bewegungsablauf harmonisiert hat, richtet sich die Konzentration jeweils wieder auf die Druckpunkte des belasteten Fußes und des Standbeins. Anschließend werden die Arme und Beine gut ausgeschüttelt.

Rhythmisch gehen
Die Bewegungen der Arme und des Spielbeins lassen sich auch in einer Aufgabe verbinden.
Nehmen Sie wieder die Grundposition ein *(siehe Seite 74)*.
Pendeln Sie mit dem Spielbein und dem gegenseitigen Arm, wie beim Gehen, vor bzw. zurück. Der andere Arm führt die gegengleiche Bewegung aus.
Die Konzentration sollte auf einen fließenden und harmonisierten Bewegungsablauf gerichtet sein, so dass sich die Arme und das Spielbein immer gegengleich bewegen.
Falls Sie das Gefühl haben, dass Sie die Übung noch nicht abgerundet ausführen, machen Sie eine kleine Pause mit lockerem Gehen durch den Raum. Nach einigen Schritten kann diese Übung wieder ausprobiert werden. Jetzt ist der Bewegungsfluss wesentlicher abgerundeter als vorher.

Der Hampelmann
Zeigen Sie zuerst die Aufgabenstellung. Dann führen sich die Teilnehmerinnen den Bewegungsablauf innerlich vor Augen. Erst dann probieren alle die Übung aus. Sie und die Übenden werden feststellen, dass die innerliche Bewegungsvorstellung zu einer schnelleren Harmonisierung der Bewegungsausführung führt.
Sie wählen das rechte Bein als Ihr Standbein. Das Spielbein, Ihr linkes Bein, bewegen Sie seitlich weg. Gleichzeitig ziehen Sie die Arme seitlich bis über den Kopf hoch. Beim Heranziehen des Spielbeins zum Standbein gehen die Arme in die Ausgangsposition zurück.
Das Standbein wechseln Sie, nachdem Sie die Arme 10-12-mal hoch und herunter geführt haben. Die Übung ähnelt einem gesprungenen Hampelmann.

»Auf beiden Füßen stehen«
Beenden Sie diese Unterrichtsphase mit einem Gleichgewichtsspiel.
Die Teilnehmerinnen schließen sich zu zweit zusammen. Sie stehen sich gegenüber und dürfen ihre Füße nicht vom Fleck bewegen. Während sie voreinander stehen, berühren sie sich gegenseitig nur mit den Handinnenflächen. Mit den Händen versuchen sie, sich aus dem Gleichgewicht zu bringen. Um möglichen Gefahren aus dem Wege zu gehen, schließen sich zwei Paare zusammen. Ein Paar übt die beschriebene Übung aus. Das andere Paar leistet Hilfestellung.

Übungsprogramm zur Körpererfahrung: »Zehentraining«

Die Aktivität der Füße ist in Bezug auf notwendige Ausgleichsbewegungen zur Erhaltung des Gleichgewichts nicht zu unterschätzen.
Die Zehen haben hauptsächlich die Aufgabe im Greifen, im Haltfinden beim Stehen, Klettern und Gehen. Durch wenige Bewegungen oder durch geringfügige Anspannung vieler kleiner Sehnen wird zur Aufrechterhaltung des Körpergleichgewichts beigetragen. Aus diesem Grunde ist es wichtig, die Beweglichkeit und Geschicklichkeit der Zehen zu trainieren.

Am Boden haben Sie die unterschiedlichsten Materialien verteilt, die mit den Zehen gegriffen werden. Diese werden anschließend an einen anderen Ort transportiert. Beispielsweise können Sie verschiedene Nüsse, Kieselsteine, Strohhalme, Korken, Bierdeckel, Handtücher, Taschentücher oder Stifte im Raum zum Üben ablegen. Dieses Zehentraining lässt sich am besten barfuß ausüben.

Die Teilnehmerinnen verteilen sich im Gymnastikraum. Sie verweilen stehend am Platz und richten ihre Aufmerksamkeit auf die Füße. Die Konzentration ist auf die Zehenzwischenräume gerichtet.
Anschließend greifen und heben die Teilnehmerinnen die verschiedensten Objekte auf und tragen diese zu einem anderen Platz. Nach einer kurzen Pause wählen Sie wieder einen Gegenstand aus und »verstecken« ihn an einer anderen Stelle. Setzen Sie das Spiel des Greifens beliebig fort. Muntern Sie die Gruppe auf, möglichst viele verschiedene Dinge zu greifen. Jede Person schenkt den Füßen die volle Aufmerksamkeit. Sie sollen erspüren, wie sich die Gegenstände, die sie sonst nur mit den Händen greifen, mit den Füßen anfühlen.

Im Anschluss daran verteilen Sie mehrere Gläser am Boden. Jetzt sollen sich alle einen Strohhalm bzw. Trinkhalm greifen, um diesen in ein Glas zu stellen. Nachfolgend gehen die Teilnehmerinnen zu einem anderen Glas. Hier greifen Sie wieder einen Halm. Ihn legen sie am Boden ab. Am Ende des Übungsstücks sammeln Sie die Gläser ein.

Diesmal legen Sie Papier und Buntstifte am Fußboden ab. Die Aktiven nehmen einen Stift mit einem Fuß auf. Mit dem anderen Fuß halten sie das Blatt fest. Hier sind der Fantasie keine Grenzen gesetzt, damit ein Bild mit dem Fuß gemalt werden kann.

Natürlich können sich auch alle im Schreiben üben. Wenn man große Buchstaben schreibt, kann es sogar gelingen, ein paar Wörter hintereinander zu schreiben. Am Ende des »Fußbriefes« soll das Schriftstück gefaltet werden.

Lassen Sie den Übenden gerade bei den letzten drei Aufgaben viel Zeit zum Ausprobieren. Das Malen und Schreiben kann auch im Sitzen auf einer Bank, einem Stuhl oder einem Kasten ausgeführt werden. Sie werden sehen, dass alle viel Spaß bei dieser kreativen Übung haben. Zum Schluss können die Künstler ihre Werke gegenseitig betrachten.

Als Abschluss applaudiert sich das Künstlerteam zu, indem es mit den Füßen klatscht oder mit den Zehen auf den Boden klopft.

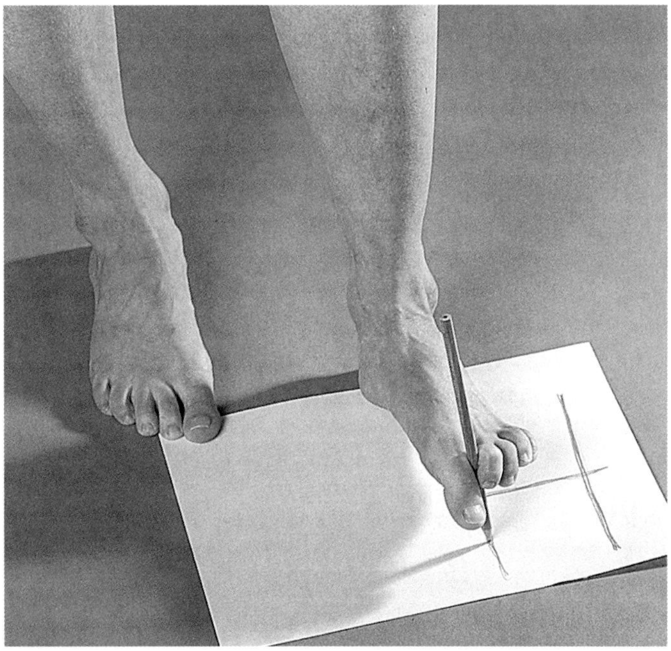

Zehenspiele

Benutzen Sie für diese Trainingsprogramm aufmunternde Musik, die zum Üben motiviert. Wählen Sie beispielsweise bekannte Schlager aus, die zum Mitsingen und Üben einladen.
Motivieren Sie immer wieder Ihre Teilnehmerinnen, neue Bewegungsabläufe auszuprobieren. Lassen Sie die schon eingesetzten Hilfsmittel am Boden liegen. Räumen Sie keine Gegenstände weg. So können Kursteilnehmerinnen auf einfachere Bewegungsaufgaben zurückgreifen, falls sie mit einer Aufgabenstellung überfordert sind.

Ausklang und Entspannung: »Rollkur für die Füße«

Lassen Sie die Unterrichtseinheit mit einer Rollmassage für die Füße ausklingen. Jede Teilnehmerin erhält einen Igelball. Der Ball wird mit der ganzen Fußsohle im Stehen gerollt. Diese Übung sollte barfuß oder mit Socken ausgeführt werden. Der Massageeffekt wird noch intensiviert, wenn der Igelball mit der Fußsohle leicht gedrückt wird. Das Drücken sollte nicht schmerzen oder als unangenehm empfunden werden, sondern als wohltuende Entspannung.

Dieses Ausrollen können die Teilnehmerinnen ebenso im Sitzen auf einer Bank oder einem Stuhl genießen. Zudem kann man die Augen schließen, um den erholsamen Effekt besser wahrzunehmen. Falls ausreichend Igelbälle vorhanden sind, verteilen Sie insgesamt zwei Bälle pro Teilnehmerin. So rollen gleichzeitig die Fußsohlen über beide Igelbälle.

Wählen Sie ruhige und entspannende Musikstücke für die Entspannungsübung aus, so dass sich alle entspannt zurücklehnen und die Augen schließen können.

Abschluss und Motivation

Versuchen Sie bei Ihren Teilnehmerinnen die Bedeutung der Füße durch die Entdeckungsreise des Zehentrainings aufzuzeigen. Die Lust, mit den Füßen wahrzunehmen, zu arbeiten und zu fühlen sollte geweckt werden, um Entdeckungstouren auch zu Hause durchzuführen. Fordern Sie die Gruppe auf, barfuß über verschiedene Bodenbeschaffenheiten zu gehen oder zu laufen, wann immer sich die Möglichkeit ergibt. Alle sollten bemüht sein, so oft wie möglich ihren Füßen eine erholsame Entspannung, nämlich Fußbäder oder Fußmassagen, zu gönnen.

Anregungen dazu enthält das VHS-Kursbuch »Hautnah – Massage und Körperpflege« von Renate Wrasse und Beate Blättner (Ernst Klett Verlag, ISBN 3-12-939844-9).

Wissenswertes

Physikalisches Gleichgewicht

Da das sensomotorische bzw. motorische Gleichgewicht seinen Ursprung im physikalischen Gleichgewicht hat, werden kurz die Formen des mechanischen Gleichgewichts betrachtet.

Die Erscheinungsformen des physikalischen Gleichgewichts lassen sich unterscheiden in

- **stabiles Gleichgewicht.** Es ist vorhanden, wenn der Körper nach einer geringen Abweichung der Gleichgewichtslage in die Ausgangsposition zurückkehrt.
- **labiles Gleichgewicht.** Man spricht von einem labilen Gleichgewicht, wenn die Unterstützungsfläche unter dem Objektschwerpunkt liegt und der Körper nicht mehr in die Ausgangsstellung zurückgelangen kann.
- **indifferentes Gleichgewicht.** Diese Form des Gleichgewichts herrscht auch bei Verschieben der Lage des Körpers vor, wenn die Drehachse durch den Objektschwerpunkt geht.

Die aufgeführten Formen des statischen Gleichgewichts in der Mechanik lassen sich nicht unverändert auf das sensomotorische Gleichgewicht übertragen. Deshalb spricht man von einem quasi-statischen Gleichgewicht des Menschen.

Gleichgewichtsfähigkeit

Die Gleichgewichtsfähigkeit ermöglicht dem Körper Formen des statischen und dynamischen Gleichgewichts *(siehe Seiten 33 und 110)* während und nach Bewegungshandlungen zu halten und wiederherzustellen.

Die Bedeutung des Gleichgewichts ist in allen Bereichen des menschlichen Lebens zu finden. Ohne diese Fähigkeit könnte man den alltäglichen Ablauf nicht bewältigen. Gerade bei Kindern lässt sich des Erlernen dieser Fähigkeit besonders gut beobachten. Aus der Hocke den Po nach oben strecken, aufrichten, hinplumpsen – immer erneut wiederholen sie diesen Ablauf, ohne die Lust am Üben zu verlieren. Kinder erlernen das Gleichgewichthalten im Stehen und Gehen ganz mühselig und geduldig.

Um das Gleichgewicht zu halten, kommt es zu einem wechselseitigen Zusammenwirken vom sensorischen und motorischen System des menschlichen Körpers. Das motorische System reagiert auf Effektoren, während beim sensorischen System die Reaktion auf Analysatoren erfolgt. Aufgrund dieser Wechselbeziehung kann man die Gleichgewichtsfähigkeit als sensomotorisches Gleichgewicht bezeichnen. So läge eine Störung des Gleichgewichts sowohl an einem mechanischen Einfluss (Effektor) als auch an einer Empfindungsänderung (Analysator). Allein der aufrechte Gang beim Spazierengehen bedeutet für den Körper eine permanente Anpassung des automatischen Gleichgewichtsvermögens. Die Erhaltung des Gleichgewichts erfolgt durch Reizverläufe von Rezeptoren des Nervensystems. Sehr empfindliche Sensoren, die sich in den Gelenkkapseln, Sehnen und Muskeln befinden, leiten Informationen an das zentrale Nervensystem über die Körperposition im Raum und deren Veränderung durch Bewegung weiter. Das zentrale Nervensystem verarbeitet diese Informationen und sendet notwendige Signale zum Erhalten des Gleichgewichts an den Stütz- und Bewegungsapparat weiter. Somit erfolgt die Erhaltung des Gleichgewichts als reaktiver Ablauf, der durch eine Situation verursacht wird. Diese ständig wiederkehrenden Vorgänge belasten die Aufmerksamkeit des Menschen nicht, weil sie auf unbewusster Ebene ablaufen.

Wenn Sie den Aspekt der Gleichgewichtsfähigkeit mit weiteren Übungen unter einem anderen Aspekt vertiefen wollen, finden Sie in dem Buch von Claudia Grove »Wie geht's? Wie steht's? – Körpererfahrung im Alltag«, VHS-Kursbuch, Ernst Klett Verlag, ISBN 3-12-939853-8, noch einige Anregungen *(siehe auch »Literaturtipps«, S. 128)*.

Orientierungsfähigkeit

Orientierungsfähigkeit ist die Fähigkeit zur Bestimmung und Veränderung der Lage des eigenen Körpers in Raum und Zeit *(siehe Seite 50)*, bezogen auf ein Aktionsfeld (z. B. ein Fußballfeld) und auf bewegte Objekte (z. B. einen Fußball). Die Orientierungsfähigkeit bezieht sich auf die Bewegungs- und Lageveränderung des ganzen Körpers im Raum. So ist die Steuerung der Bewegungshandlung auf die Raumorientierung bezogen. Vorwiegend geht es um die aktive Wahrnehmung der eigenen Bewegung bzw. Handlung unter den räumlichen Bedingungen.

Die Differenzierungsfähigkeit ist eng mit der räumlichen Orientierungsfähigkeit verbunden, da bei beiden Fähigkeiten die räumliche Körperstellung bzw. die Position einzelner Körperteile wahrgenommen wird. Doch ist bei der Orientierungsfähigkeit die Bewegung des Kopfes von besonderer Bedeutung. Der optische und vestibulare Analysator *(s. Vestibularapparat)* spielen hier eine wichtige Rolle. Der Vestibularapparat bestimmt unter anderem die Position nach einer Lageveränderung des Körpers, beispielsweise nach einer Überschlagwende beim Schwimmen. Somit steht die Gleichgewichtsfähigkeit ebenso in enger Beziehung zur Raumorientierung.

Die Steuerung der Bewegungen ist bei der räumlichen Orientierungsfähigkeit nicht nur von körpereigenen Informationen, sondern vor allem von äußeren Faktoren abhängig. Insbesondere wird die räumliche Orientierung von visuellen Informationen bestimmt. Sie geben Aufschluss über die eigene Position im Raum, zu anderen Mitspielern oder Gegnern oder auch über die Einteilung der Fläche bei einer Bodenturn-Kür. Der akustische Analysator informiert die aktive Person durch Zurufe über die Stellung von Mitspielern oder Gegnern im Spielfeld. Ein akustisches Signal eines Skiliftes kann einer Skiläuferin bei der Orientierung im Nebel helfen, wenn das räumliche Bild der Landschaft im Gedächtnis gespeichert ist.

Die Bedeutung der Orientierungsfähigkeit in Bezug auf den Umgang mit dem Ball

Jede aktive Person muss die Bewegung des Balles mit der Bewegungsrichtung und Geschwindigkeit einschätzen können, um die eigene Bewegungshandlung auf die des Balles abzustimmen. Außerdem muss die Spielerin die Position der Mit- und Gegenspieler im Spielfeld beobachten, um mit der richtigen Bewegungsausführung auf die Spielsituation zu reagieren.

Das Training mit dem Ball fördert nicht nur die koordinativen Fähigkeiten, sondern auch die Fertigkeiten im Umgang mit dem Ball. Der Ball ist ein idealer »Übungspartner«, mit dem sich die übende Person intensiv auseinander setzen kann. Es bedarf kaum noch Korrekturen von Seiten der Lehrenden. Allein die Bewegung des Balles zeigt der spielenden Partnerin, ob eine Aufgabenstellung richtig ausgeführt wurde oder nicht. Der Ball hopst, wenn er zu stark beim Rollen aufgesetzt wurde. Der Partnerin wird somit die Bewegungsausführung bzw. die Reaktion veranschaulicht. Aus diesem Grunde reizt der Ball zu weiteren Versuchen, bis die Bewegungsaufgabe korrekt ausgeführt wurde.

In dieser Kurseinheit liegt der Schwerpunkt bei den Übungen zur Förderung der räumlichen Orientierungsfähigkeit. Man kann die einzelnen Fähigkeiten nicht isoliert trainieren, da die Fähigkeiten in enger Beziehung zueinander stehen. Jedoch ist es möglich, sie durch ein abwechslungsreiches Übungsprogramm schwerpunktmäßig zu betonen.

»Werfen und rollen«

Die Bedeutung der Orientierungs- und Gleichgewichtsfähigkeit im Alltag

Eine gute Orientierungsfähigkeit ist besonders im Straßenverkehr wichtig. Nur das sichere Verhalten der Verkehrsteilnehmer führt zu einem geordneten Ablauf im Straßenverkehr. Beim Überqueren einer Straße ist es wichtig, die Position der herannahenden Fahrzeuge richtig einzuschätzen, um sicher auf die andere Straßenseite zu gelangen. Beim Autofahren muss man ständig alle sich bewegenden Objekte im Auge behalten, damit unter anderem keine Auffahrunfälle beim Überholen mit entgegenkommenden Autos passieren.

Die Gleichgewichtsfähigkeit ist in allen Bereichen unseres alltäglichen Lebens gefordert. Das normale Gehen wäre ohne den Gleichgewichtssinn unmöglich. In vielen Freizeitaktivitäten, wie z. B. beim Surfen oder Radfahren, ist die Gleichgewichtsfähigkeit wichtigste Voraussetzung. Den Alltag könnte man ohne diese Fähigkeit nicht bewältigen.

Im höheren Alter haben viele Personen aufgrund ihrer körperlichen Schwächen oder chronischen Erkrankungen oft Störungen des Gleichgewichtssinns. Die Folge ist, dass sie Angst vor Stürzen mit schweren Verletzungen haben. Eine vielseitig erworbene Gleichgewichtsfähigkeit in Verbindung mit einer schnellen Reaktionsfähigkeit kann als Sturzprophylaxe dienen.

Bedeutung und Ziel des propriozeptiven Trainings

Hochempfindliche Sensoren, die in den Gelenkkapseln, Sehnen und Muskeln liegen, melden dem zentralen Nervensystem sowohl jede Lageveränderung des Körpers durch Bewegungen als auch die Position im Raum. Die Informationen werden verarbeitet, um erforderliche Bewegungsanweisungen an den aktiven und passiven Bewegungsapparat zu erteilen. Dieser beschriebene Prozess erfolgt auf einer unbewussten Ebene, die den menschlichen Körper nicht belastet.

Ein propriozeptives Training führt zu einer verbesserten Sensibilisierung der Haltefunktionen in den Gelenken. Durch wiederholtes Training werden Bewegungsabläufe, die zur Stabilisierung der Haltearbeit beitragen, im Gehirn programmiert. Diese gespeicherten Bewegungsabläufe werden dann auf einer unbewussten Ebene automatisch ausgeführt.

Bildliche Vorstellungen

Bildliche Vorstellungen haben die auffällige Eigenschaft, dass sie unter bestimmten Umständen die Lernprozesse erheblich erleichtern und beschleunigen.

Im Lernprozess kommt der Vorstellung eines inneren Bewegungsmodells eine Schlüsselstellung zu. Die Funktionen der Bewegungsvorstellung sind für die Verbesserung der Bewegungsqualität und der verbesserten Steuerung des Bewegungsablaufes als leitend, programmierend, trainierend und regulierend zu bezeichnen.

Sich in neuen Bahnen bewegen

Auf einen Blick

Ziele:
- Verbesserung der Körper- und Bewegungserfahrung mit und ohne Hilfsmittel
- Kennenlernen der physikalischen Eigenschaften des Wassers
- Stärkung des Selbstbewusstseins und Selbstvertrauens durch Partnerinnenübungen
- Kräftigung, Lockerung und Dehnung des aktiven und passiven Bewegungsapparates

Hinweis: Die mit * gekennzeichneten Phasen können je nach Wassertiefe alternativ ausgewählt werden.

Phasen und Übungen	Methode	Medien/Material	Zeit
Einstieg	Kurzreferat	Sprache	3 Min.
Einstimmungsphase: Die Merkmale des Wassers	Bewegung, Kennenlernen der Eigenschaften des Wassers	Sprache, Tischtennisbälle, Luftballons	5 Min.
Aufwärmen: »Kleine Spiele«	Bewegung, »Kleine Spiele«	Musik, Luftballons, Wasserbälle	ca. 10 Min.
Übungen zum Verbessern der Orientierungsfähigkeit: »Führen und folgen im Wasser«	Bewegung	Sprache, Tücher, evtl. Klanginstrumente	ca. 10 Min.*
Übungen zum Verbessern der Geschicklichkeit: »Mit Pfiff und Kniff«	Bewegung	Sprache, Schwimmbretter, Wasserbälle, Luftballons, Gymnastikstäbe, Handtücher, Eimer	ca. 15-20 Min.*
Bewegungsprogramm zum Erspüren des Wasserwiderstandes: »Randerlebnis«	Bewegung am Beckenrand	Sprache, Schwimmbretter	ca. 10-15 Min.
Verbesserung der komplexen Fähigkeit des »Wassergefühls«	Schwimmtechniken	Sprache	ca. 10 Min.
Trainingsprogramm zur Erweiterung der Bewegungserfahrung: »Noodle-Party«	Bewegung, Gleichgewichtstraining	Sprache, Noodle	ca. 10 Min.*
Ausklang und Entspannung: »Leicht und locker«	verschiedene Entspannungsmöglichkeiten, Regenerationsmaßnahmen	Sprache, Schwimmbretter	ca. 10 Min.
Stations- und Bewegungsparcours im flachen und tiefen Schwimmbecken	Zirkeltraining	Sprache, verschiedene Hilfsmittel der entsprechenden ausgewählten Übungen	ca. 15-20 Min.*
Abschluss und Motivation	Kurzreferat	Sprache, Kursbuch	5 Min.

Anleitungen zur Kurspraxis

Einstieg

Das Sammeln von Körper- und Bewegungserfahrungen im Wasser steht im Vordergrund. Die Teilnehmerinnen sollen die physikalischen Eigenschaften des Wassers mit und ohne Hilfsmittel erfahren und erkennen. Mit Spaß und Sport werden hier spielerisch die koordinativen Fähigkeiten abwechslungsreich miteinander kombiniert und trainiert.
Außerdem führen die Übungsaufgaben zu einem stärkeren Selbstbewusstsein und Selbstvertrauen durch Partnerinnenübungen. Hemmungen gegenüber Ängsten im Wasser oder anderen Teilnehmerinnen werden durch Partnerinnenübungen und Spiele abgebaut bzw. gemindert.
Die verschiedensten Übungsaufgaben führen zu einer Kräftigung, Dehnung und Lockerung des aktiven und passiven Bewegungsapparates. Zudem werden Leistung und Aktivität jeder einzelnen Teilnehmerin gesteigert.

Medium Wasser
Das Medium Wasser bietet den Teilnehmerinnen neue Erfahrungs- und Bewegungsmöglichkeiten. Sie können aktiv mit ungewohnten Bewegungsabläufen im Wasser experimentieren. Im Wasser kann Anstrengung sowohl durch ein Herz-Kreislauf-Training als auch durch Krafttraining mit Entspannungsübungen abwechslungsreich kombiniert werden. Durch die physikalischen Eigenschaften des Wassers *(siehe Seite 90)* wird der aktive und passive Bewegungsapparat entlastet. Körperliche Anstrengungen werden als entspannende Ereignisse empfunden, wodurch das Wohlbefinden jeder einzelnen Person gesteigert wird.
Das Medium Wasser verbessert durch den Auftrieb die Ausdauer, Balance und Beweglichkeit. Mit Übungen gegen den Wasserwiderstand wird die Muskulatur gekräftigt. Durch unterschiedliche Bewegungsabläufe erfahren die Teilnehmerinnen Entspannung und Körperwahrnehmung.
Die klassische Wassergymnastik hat sich durch verschiedene Ziele, Inhalte und Methoden zu unterschiedlichen Bewegungsformen weiterentwickelt. Diese unterschiedlichen Arten der »Wassergymnastik«, die hauptsächlich aus den USA nach Deutschland gelangt sind, heißen Aquafitness, Aqua-aerobic, Aquajogging, Aquapower etc. All diese Trendsportarten haben ein Ziel gemeinsam: Sie arbeiten mit, im und gegen das Wasser.

Allgemeine Rahmenbedingungen
Um diese Unterrichtseinheit durchzuführen, bedarf es eines hohen organisatorischen Aufwandes. Oft gibt es Schwierigkeiten, die Kurseinheit für einen Vormittag, Nachmittag oder Abend in das Schwimmbad zu verlegen. Das Trainingsbecken ist meistens für feste Zeiten an Vereine oder andere Organisationen vergeben. Mit etwas Glück erhalten Sie doch eine freie Zeitschiene, um Ihren Kurs nach Rücksprache mit den Teilnehmerinnen auszuüben.
Die Wassertemperatur sollte zwischen 28-30° C liegen. Bei Entspannungsübungen darf die Temperatur höher und beim Herzkreislauf-Training etwas niedriger sein. Die Wassertiefe sollte mindestens 120 cm und höchstens 150 cm betragen. Nutzen Sie das Nichtschwimmerbecken.
Der Tiefwasserbereich sollte vom flachen Becken abgegrenzt sein. Der Boden des Schwimmbeckens sollte rutschfest sein, um ein sicheren Stand und kraftvolles Gehen zu ermöglichen. Eine Haltestange am Beckenrand wäre wünschenswert, um beim Festhalten am Rand Verkrampfungen in den Armen und Schultern zu vermeiden. Außerdem wäre der Einstieg in das Wasser über eine Treppe passend. Verwenden Sie aus hygienischen Gründen Ihre Hilfsmittel nur im Wasser.
Für das Training mit Musik *(siehe Seite 24)* sollten geeignete Musikstücke ausgewählt werden. Wählen Sie »Ohrwürmer« aus, die zum Mitmachen und Bewegen animieren. Beachten Sie, dass die Geschwindigkeit dem Tempo der Wasserübungen angepasst ist. Lassen Sie aber auch Bewegungssequenzen ohne die Begleitung von Musik durchführen.

Variante
Falls Sie aus organisatorischen Gründen diese Kurseinheit nicht im Schwimmbad durchführen können, gestalten Sie eine neue Unterrichtsstunde aus den abwechslungsreichen Stundenbildern der anderen Kurseinheiten. Wählen Sie beispielsweise folgende Unterrichtsphasen aus und setzen diese zu einer alternativen Stunde zusammen:

Phase:	**Kapitel:**	**Zeit:**
Einstieg		3 Minuten
Einstimmungsphase: »Sich auf den Körper besinnen«	Eine runde Sache *Seite 52*	5 Minuten
Aufwärmen: Übungssammlung zum Erfahren der Differenzierungsfähigkeit mit Ballprellen	Eine runde Sache *Seite 52f*	15 Minuten
Belastungsphase: Übungen zum Erfahren der Orientierungsfähigkeit ohne optische Wahrnehmung: »Neue Wege gehen«	Neue Wege gehen, *Seite 46f*	20 Minuten
Kleines Spiel: »Achtung Gegenverkehr!«	Auf beiden Füßen stehen, *Seite 73*	5 Minuten
Belastungsphase: Kompakttraining zur Verbesserung der Kopplungsfähigkeit: »Doppelt gut!«	Bewegte Rhythmen, *Seite 40ff*	15 Minuten
Entspannungsphase: »Energie aufladen«	Bewegte Rhythmen, *Seite 42*	10 Minuten
Abschluss und Motivation		2 Minuten

Ablauf und Aufbau der Unterrichtseinheit
Die Übungsdauer hängt vom Trainingszustand der Kursteilnehmerinnen ab. Doch sollte die Übungszeit 45 Minuten normalerweise nicht überschreiten. In diesem Fall kann die Unterrichtseinheit 75 Minuten dauern, da ruhige und entspannende Elemente das Programm einleiten bzw. ausklingen lassen.
Setzen Sie einzelne Unterrichtsphasen entsprechend der Begebenheiten zu einer Unterrichtseinheit von circa 75 Minuten zusammen.

Diese Unterrichtseinheit sollte folgende Unterrichtssequenzen enthalten. Die Aufgabenstellungen der unterschiedlichen Phasen bieten sowohl Übungen im flachen als auch im tiefen Becken:

- Einstieg
- Einstimmungsphase: Mindestens eine Aufgabe der Phase sollte entsprechend der Gegebenheiten ausgewählt werden.
- Aufwärmen
- Bewegungsprogramm zum Erspüren des Wasserwiderstandes »Randerlebnis«
- Verbesserung der komplexen Fähigkeit des »Wassergefühls«
- Ausklang und Entspannung: »Leicht und locker«
- Abschluss und Motivation

Die anderen aufgeführten Unterrichtsphasen wie

- zum Verbessern der Orientierungsfähigkeit: »Führen und folgen«,
- das Trainingsprogramm zur Erweiterung der Bewegungserfahrung: »Noodle-Party«,
- die Übungen zum Verbessern der Geschicklichkeit »Mit Pfiff und Kniff«: Hier sollten wieder entsprechend der Wassertiefe des Beckens die Übungen ausgewählt werden.
- die Übungen des Stations- und Bewegungsparcours im flachen und tiefen Wasser

wählen Sie entsprechend des Ihnen zur Verfügung gestellten Beckenabschnittes aus, um eine Unterrichtseinheit von ungefähr 75 Minuten Dauer durchzuführen.

Mehr Sicherheit im Unterricht

- Durch die erhöhte Rutschgefahr in Schwimmhallen kann es leicht zu Verletzungen und Stürzen kommen. Treppen, Einstiege in das Wasser und fehlende Haltevorrichtungen erweisen sich ebenfalls als Gefahrenquellen. Achten Sie darauf, dass sich die Teilnehmerinnen außerhalb des Bekkens nur mit Badeschuhen fortbewegen.
- Während der Übungsaufgaben kann es bei einzelnen Teilnehmerinnen zu Verkrampfungen der Muskulatur durch Überbeanspruchung oder ungewohnte Bewegungsabläufe kommen. Muskelkrämpfe sind schmerzhaft und können im Wasser zu Ängsten führen. Merken Sie, dass eine Teilnehmerin einen Krampf hat, bitten Sie sie, Ruhe zu bewahren.
- Ein Krampf löst sich durch passives Dehnen der entsprechenden Muskulatur. Die Dehnung wird von der Teilnehmerin selbst oder von Ihnen ausgeführt. Häufig verkrampfen die hintere Beinmuskulatur, die vordere Beinmuskulatur, die Finger- oder Fußmuskeln. Beachten Sie zum Lösen der Verkrampfungen die wichtigsten Dehnübungen *(siehe Seite 123ff.)*.
- Wassergymnastik ist für jede Alters- und Personengruppe geeignet. Doch behalten Sie Teilnehmerinnen mit Herz-Kreislauf-Problemen und Bluthochdruckpatientinnen im Auge. Eine Überbelastung kann durch regelmäßiges Messen der Pulsfrequenz *(siehe Seite 20)* vermieden werden. Beobachten Sie die Atmung der Teilnehmenden. Wird die Atmung einer Person zu schnell und zu hektisch, sollte sie für einen Moment die Belastung reduzieren.

Hinweise für die Gruppe

- Jede Teilnehmerin führt eine Aufgabenstellung oder ein Spiel so gut aus, wie sie kann.
- Kleine Erholungspausen sind jederzeit möglich. Will eine Teilnehmerin das Schwimmbecken verlassen, muss sie Sie darüber informieren.
- Übungen sollten nur schmerzfrei mitgemacht werden. Bei Partnerinnen- und Gruppenarbeit sollte sehr vorsichtig vorgegangen werden. Sollten Schmerzen oder unangenehme Empfindungen entstehen, ist eine Übung abzubrechen. Bei Unwohlsein bei der Kursleiterin melden.

Eine Frage des Standpunktes

Standort der Kursleitung

Die Entscheidung, ob Sie mit in das Wasser gehen oder die Gruppe vom Beckenrand aus anleiten, kann nicht grundsätzlich beantwortet werden. Beide Plätze haben ihre Vor- und Nachteile. Für welche Alternative Sie sich entscheiden, hängt hauptsächlich von der Größe der Gruppe und deren Leistungsstärke ab.

Eine Anleitung der Übungen vom Beckenrand aus hat den Vorteil, dass Sie eine gute Übersicht über die ganze Gruppe haben. Sie können die Aufgaben sichtbar vormachen und fehlerhafte Ausführungen gezielt korrigieren. Die akustische Verständigung zwischen Ihnen und der Gruppe ist günstiger. Doch hat dieser Standort den Nachteil, dass eine zu große Distanz zur Gruppe entsteht. Außerdem kann oft die Wirkung einzelner Aufgabenstellungen nicht richtig nachvollzogen werden, um eine angemessene Belastungsdosierung zu erzielen. Die Bewegungsgeschwindigkeit ist schwierig einzuschätzen.

Stehen Sie mit den Teilnehmerinnen im Wasser, können Sie Schwung und noch mehr Spaß in den Stundenablauf bringen.

Der Nachteil dieses Standortes ist die Unübersichtlichkeit. Sie haben die Teilnehmerinnen nicht gut im Überblick. Aber auch Sie werden schlecht von ihnen gesehen und verstanden. Bewegungsabläufe können nicht mehr anschaulich demonstriert, sondern müssen umfassend erklärt werden.
Sie sollten sich bewusst entscheiden, ob Sie die Gruppe vom Beckenrand aus oder im Wasser anleiten. Natürlich können Sie beide Möglichkeiten miteinander kombinieren.

Einsatz von Musik

Musik erhöht entschieden die Motivation der Teilnehmerinnen und die Attraktivität der Stunde. Die Musik sollte der jeweiligen Unterrichtsphase und der Altersstruktur der Gruppe angepasst sein *(siehe Seite 24)*.
Zu beachten ist die Akustik in den Schwimmhallen, die in den meisten Räumlichkeiten oft sehr schlecht ist. Hinzu kommt der hohe Geräuschpegel der Badegäste und des Wasserrauschens. Alle Faktoren erschweren die Verständigung zwischen Ihnen und der Gruppe. Kommt Musik zum Einsatz, wird die Verständigung noch schwieriger.
Strombetriebene Geräte, die in Beckennähe plaziert werden, stellen eine zusätzliche Gefahrenquelle dar.

Materialeinsatz

Die Verwendung von unterschiedlichen Hilfsmitteln bringt viel Abwechslung in die Stunde und Motivation für Teilnehmerinnen. Außerdem verstärken die verschiedenen Materialien die Wirkung des Wassers. Sie können im Schwimmbad alles verwenden, was Ihnen vom Bademeister erlaubt wird. Gewöhnlich zählen dazu Schwimmbretter, Bälle, Wasserbälle, Noodles, manchmal auch Handtücher, Eimer und Luftballons. Hier sind der Fantasie keine Grenzen gesetzt. Manchmal bringt die Veränderung des Einsatzbereiches eines gebräuchlichen Gegenstandes viel Spaß für die Gruppe.

Einstimmungsphase: »Merkmale des Wassers«

Ein Mensch verbraucht täglich etliche Liter Wasser zum Waschen, Kochen und Reinigen. Doch die physikalischen und positiven Eigenschaften des Wassers gehen verloren. Mit dieser Einstimmungsübung sollen den Teilnehmerinnen die typischen Eigenschaften des Druckes, Widerstandes und Auftriebes näher gebracht werden.

Die Gruppe verteilt sich frei im Schwimmbecken. Am Platz atmen alle mehrmals tief ein und aus. Die Teilnehmerinnen sollen erfühlen, dass der Wasserdruck *(siehe Seite 90)* das Einatmen erschwert. Der Brustkorb muss sich gegen den auf ihn einwirkenden Druck dehnen. Das Ausatmen wird durch den vorherrschenden Druck erleichtert. Sie wirken auftretendem Unbehagen während dieser Atemübung entgegen, wenn Sie die Gruppe über die Ursache dieser Empfindungen aufklären.

Die Atemübung kann intensiviert werden. Werfen Sie entsprechend der Anzahl der Teilnehmerinnen Luftballons oder Tischtennisbälle oder auch beides in das Wasser. Jede Teilnehmerin nimmt sich eines der Hilfsmittel und legt es vor sich ab.
Nun sollen alle das Objekt nur durch kräftiges Pusten weiterbewegen. Die Teilnehmerinnen folgen ihren Gegenständen durch das Schwimmbecken.

Die Kursteilnehmerinnen sollen erkennen, dass das Wasser Widerstand bietet. Während alle am Ort gehen, schneiden sie mit den Händen das Wasser senkrecht und waagerecht durch. Anschließend versuchen sie das Wasser mit ausgestreckten Armen und gespreizten Fingern seitlich wegzuschieben. Danach bewegen die Übenden die Arme, die seitlich ausgestreckt sind, unter Wasser auf und ab. Zum Abschluss werden verschiedene Fortbewegungsmöglichkeiten, wie schnelles und langsames Laufen, Vorwärts- und Rückwärtsgehen, ausprobiert.

Den Auftrieb des Wassers erfahren die Aktiven, wenn sie sich auf den Rücken legen und treiben lassen. Sie spielen den »toten Mann«, der gerne von Kindern nachgeahmt wird.

Aufwärmen: »Kleine Spiele« zum Aufwärmen

In der Erwärmungsphase eignen sich besonders Aufwärmspiele. Sie bieten eine freudvolle Abwechslung zum altbekannten Einschwimmen. Die vorgestellten Spiele haben einen einfachen Spielgedanken und erfordern nur wenige Hilfsmittel.

Ein Spiel bringt nicht nur den Kreislauf, sondern auch die Stimmung der Gruppe in Schwung. Außerdem gewöhnen sich die Teilnehmerinnen durch die vielen Aktivitäten schneller an die Wassertemperatur.

Es sind drei Spiele zum Aufwärmen im flachen oder tiefen Becken aufgeführt. Wählen Sie ein oder zwei Aufwärmspiele entsprechend der räumlichen Gegebenheiten aus.

»Der flinke Ballon«

Die einzelnen Teilnehmerinnen haben sich einen aufgeblasenen Luftballon genommen. Ihn versuchen sie in der Luft zu halten, indem er abwechselnd mit der rechten und linken Hand angetippt wird. Da sich der Ballon in der Luft fortbewegt, müssen alle ihm im Becken folgen. Hier wird die ganze Zeit mit kräftigem Beineinsatz gegangen. Die Knie werden stark hochgezogen. Die Belastung des Fußes liegt nur auf dem Vorderfuß. Es wird nicht bis zu den Fersen abgerollt. Der Bewegungsablauf ähnelt einem zügigen Joggen.
Nach circa drei Minuten fordern Sie die Gruppe auf, einen Innenstirnkreis zu bilden. Alle halten für kurze Zeit mit beiden Händen ihren Luftballon fest. Jetzt reichen alle durch Antippen in der Luft ihren Ballon an die rechte Partnerin weiter. Auf der linken Seite wird der ankommende Luftballon von der links stehenden Partnerin angenommen. Alle versuchen den von links kommenden Ballon mit der linken Hand zu greifen und kurz festzuhalten. Dann wirft die linke Hand den Ballon hoch und die rechte Hand tippt diesen an die rechte Nachbarin weiter.

Da sich die Bewegungsrichtung des Luftballons nicht immer bestimmen lässt und das erschwerte Zugreifen durch die Nässe hinzukommt, werden ziemlich schnell alle Teilnehmerinnen kreuz und quer durch das Schwimmbecken ihrem weiterzureichenden Ballon nacheilen. Der Kreis löst sich in alle Richtungen auf. Trotzdem wird die Gruppe viel Spaß haben, denn der Luftballon fordert immer wieder zum Zugreifen auf.
Während des ganzen Spiels gehen alle wieder mit kräftigem Beineinsatz am Platz oder durch das Becken. Die Dauer des Spiels sollte mindestens 5 Minuten betragen.

»Wasserhuhn«
Alle bis auf eine Teilnehmerin bilden einen Kreis. Die Außenstehenden werfen sich einen Wasserball zu. Die im Kreis stehende Teilnehmerin, »das Wasserhuhn«, versucht den Ball zu fangen. Hat sie ihn gefangen, reiht sie sich im Kreis wieder ein. Die Partnerin, die den Ball eben geworfen hat, ist jetzt das Wasserhuhn. Das Spiel kann so beliebig fortgesetzt werden. Damit ein Auskühlen der Teilnehmerinnen vermieden wird, halten sich alle durch zügiges Gehen am Platz in Bewegung. Nach einiger Zeit können Sie das Spiel variieren. Geben Sie einen zweiten oder mehrere Bälle in den Kreis. Dadurch, dass jetzt eine Anzahl von Wasserbällen geworfen wird, gibt es mehrere »Wasserhühner«. Die Spieldauer sollte mindestens 5 Minuten betragen.

»Tupfball«
Dieses Spiel eignet sich besonders zum Aufwärmen im tiefen Becken. Hier wird mit zwei Wasserbällen gespielt. Vor Beginn des Spiels definieren Sie einen Beckenrand als »Strafraum«. Mit den zwei Bällen versucht jeder jeden abzuwerfen. Wird eine Mitspielerin getroffen, schwimmt sie zum Strafraum und hält sich dort fest. Erst wenn eine dritte Teilnehmerin am Beckenrand hinzukommt, dürfen alle wieder mitspielen. Fünf Minuten sollte die Spieldauer mindestens betragen.

Übungen zum Verbessern der Orientierungsfähigkeit: »Führen und folgen im Wasser«

Dieses Übungsprogramm dient nicht nur zur Verbesserung der Orientierungsfähigkeit, sondern bekannte Aufgabenstellungen aus den anderen Kurseinheiten werden von den Teilnehmerinnen neu erlebt und wahrgenommen. Das Vertrauen zu sich selbst und zu den anderen der Gruppe wird gestärkt.

Die nachfolgende Übung, die als Partnerinnenaufgabe ausgeführt werden soll, trainiert die akustische und taktile Orientierungsfähigkeit *(siehe Seite 50)*. Hier wird der optische Analysator ausgeschlossen, indem die Augen mit einem Tuch verbunden werden.
Die Gruppe schließt sich zu Paaren zusammen. Die Tücher werden verteilt. Erklären Sie erst den Übungsablauf, bevor die Augen verbunden werden. Ein Wechsel der Partnerinnen sollte erst erfolgen, wenn die übende Partnerin die Situation intensiv nachvollzogen hat.

- Der übenden Partnerin werden die Augen verbunden. Die anleitende Partnerin nimmt deren Hand. Nun führt die sehende Partnerin ihre Partnerin durch das flache Schwimmbecken. Die Geschwindigkeit und die Richtung sollten immer wieder gewechselt werden.
- Nach einigen Minuten kann die Ausgangsposition der »blinden« Partnerin verändert werden. Die sehende Partnerin greift der blinden von hinten unter die Arme und zieht sie auf dem Rücken durch das Wasser. Die sehende Teilnehmerin geht während dieser Übungsvariation rückwärts durch das Wasser.
- Die Sehende führt ihre Partnerin nur durch Zurufe durch das Becken. So haben beide Partnerinnen einen größeren Abstand zu einander, doch die zurufende Partnerin sollte beispielsweise bei Kollisionen sofort eingreifen können. Zurufe können durch akustische Signale ersetzt werden. Die blinde Partnerin muss jetzt den Geräuschen einer Rassel, Pfeife oder eines Klingelbandes folgen. Die Klanginstrumente haben durch die Akustik der Schwimmhalle eine ganz andere Wirkung.
- Durch die Unterstützung der anleitenden Partnerin probiert die übende Partnerin unterschiedliche Schwimmstile mit verbundenen Augen aus. Die sehende Teilnehmerin greift bei Berührungen mit anderen sofort ein.

Übungen zum Verbessern des Geschicklichkeit: »Mit Pfiff und Kniff«

Mit einem einfachen Trainingsprogramm sollen die verschiedensten koordinativen Fertigkeiten, beispielsweise die Kopplungsfähigkeit, verbessert werden. Beweglichkeit und Körpererfahrung werden gefördert. Sie benötigen einfache Hilfsmittel. Stellen Sie sich entsprechend der Anzahl der Teilnehmerinnen Eimer, Handtücher, Luftballons oder Wasserbälle, Stäbe und Schwimmbretter am Beckenrand bereit. Neben der Schulung der koordinativen Fähigkeiten wird auch die gesamte Muskulatur gekräftigt.

»Wasserdrücken«
Jede Teilnehmerin nimmt sich ein Schwimmbrett. Es wird mit beiden Händen senkrecht unter Wasser gedrückt und wieder hochgezogen. Das Brett kann anschließend waagerecht hinuntergedrückt werden.
Wenn die Bewegungsabläufe mehrmals ausgeführt wurden, bleibt das Schwimmbrett unter Wasser gedrückt. Unter Wasser soll das Brett von der rechten in die linke Hand und wieder zurückgegeben werden.

»Bankdrücken«
Ein zweites Brett wird vom Beckenrand genommen. Die Hände werden in die Mitte der Bretter gelegt. Die Beine lösen sich vom Boden. Die Teilnehmerin liegt jetzt in Bauchlage im Wasser. Die Arme drücken beide Bretter gleichzeitig tiefer unter Wasser, ohne dass die Arme ganz durchgedrückt werden. Um die Bretter wieder zum Oberkörper zu ziehen, werden die Arme wieder mehr angewinkelt. Der Bewegungsablauf soll abgerundet mit beiden Brettern ausgeführt werden.

Wasserdrücken

»Schwebeball«
Jede Teilnehmerin nimmt sich einen Wasserball oder Luftballon. Schwimmend in Bauch- oder Rückenlage, ohne dass die Füße Bodenkontakt haben, wird der Ball mit den Händen in der Luft gehalten. Danach legen sich die Teilnehmerinnen auf den Rücken und halten den Ball mit den Füßen in der Luft.
Versuchen Sie, den Ball mit anderen Körperteilen, z. B. dem Knie, in der Luft schweben zu lassen. Nach Beendigung der Übung legen alle ihre Hilfsmittel auf den Beckenrand.

»Zirkel«
Der Stab kommt zum Einsatz. In einer Hand kreist der Stab zwischen den Fingern. Hier müssen die Finger kräftig arbeiten, da der Stab beim Kreisen durch das Wasser geführt wird. Falls Sie merken, dass einige Personen Schwierigkeiten in der Umsetzung des Bewegungsablaufes haben, zeigen Sie einen einfachen Übungsablauf. Die Teilnehmerinnen können vor dem Körper im Wasser große Achten zeichnen oder sie paddeln mit dem Stab.
Die Teilnehmerinnen gehen bei allen Bewegungsvariationen mit starkem Beineinsatz am Ort oder durch das Becken. Anschließend kann der Stab wieder weggelegt werden.

»Lagenwechsel«
Ein Brett wird jeweils waagerecht unter einen Arm gelegt. Die Arme sind ausgestreckt und werden zur Seite weggeführt. Die Füße lösen sich vom Boden und werden zur Hocke herangezogen. Nun sollen verschiedene Endpositionen eingenommen werden. Die Teilnehmerin dreht sich langsam in die Bauchlage, auf den Rücken und auf die Seite.
Anschließend werden die Schwimmbretter an Land abgelegt.

Zirkel

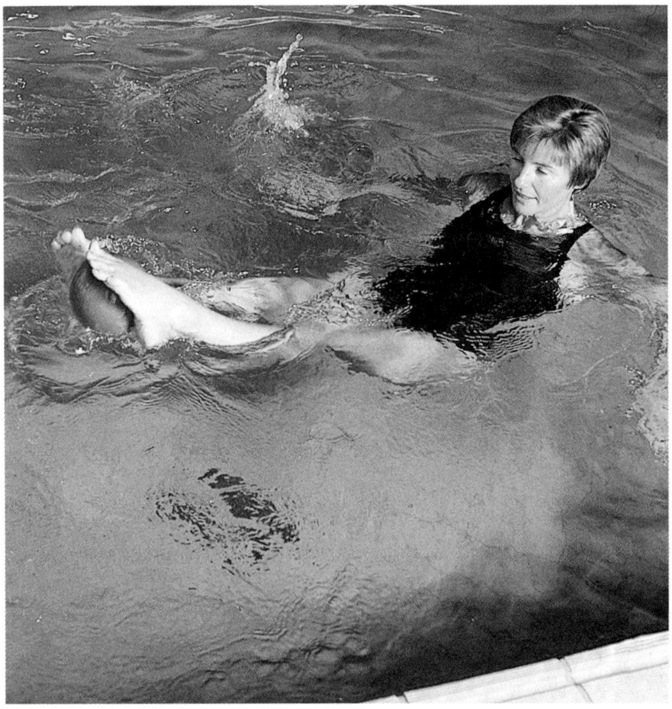

Schwebeball

»Tücherdrücken«
Jede Teilnehmerin nimmt sich ein Handtuch und breitet es im Wasser aus. Jetzt besteht die Aufgabe darin, das Handtuch mit den Händen tief unter die Wasseroberfläche zu drücken. Ist das Tuch weit unter der Oberfläche, muss abwechselnd ein Fuß das Handtuch zum Boden drücken und dort halten.
Im tiefen Wasser können Sie diese Übung ebenfalls ausführen lassen. Die Hockstellung ist die Ausgangsposition. Das Handtuch befindet sich unter den Füßen. Die Arme paddeln seitlich. Aus der Hocke wird das Handtuch tiefer gedrückt, indem die Beine ausgestreckt werden.
Anschließend werden die Beine an den Oberkörper herangezogen und der Ablauf beginnt von vorne.

»Schwebetuch«
Das Handtuch wird auf der Wasseroberfläche ausgebreitet. Die einzelnen Trainierenden legen sich auf den Rücken. Schwimmend oder paddelnd versuchen alle, ihr Handtuch mit den Füßen vor dem Untergehen zu bewahren. Die Handtücher werden nach dieser Übung nicht mehr benötigt.

»Eimer treten«
Alle nehmen sich einen Eimer und verteilen sich wieder frei im Schwimmbecken. Der Eimer wird umgedreht, so dass die Öffnung nach unten zeigt. Der nun mit Luft gefüllte Eimer soll nacheinander mit einer Hand, mit beiden Händen und abwechselnd mit einem Fuß unter Wasser gedrückt werden.
Mit dem Fuß kann der Eimer bis zum Boden gedrückt werden. Nachdem sich alle an das Hilfsmittel gewöhnt haben, ändern Sie die Aufgabenstellung. Doch bevor Sie beginnen können, erhält jede Teilnehmerin noch einen zweiten Eimer. Die Eimer sollten eine große Bodenfläche haben, damit wirklich jede Person in ihm stehen bzw. anschließend gehen kann.
Jede Person tritt mit den Füßen in je einen Eimer. Nun versuchen alle durch das Schwimmbecken zu gehen. Die Übung kostet nicht nur viel Kraft, sondern bereitet auch viel Spaß.

Bewegungsprogramm zum Erspüren des Wasserwiderstandes: »Randerlebnis«

Die drei wichtigsten Eigenschaften des Wassers haben die Teilnehmerinnen schon in der Einstimmungsphase kennen gelernt. Den Wasserwiderstand sollen die Trainierenden mit diesem Kräftigungsprogramm mit und ohne Hilfsmittel noch intensiver erleben.
Beginnen Sie das Programm ohne Hilfsmittel. Nacheinander können die verschiedensten Hilfsmittel hinzugezogen werden.

Das Trainingsprogramm findet am Beckenrand statt, wodurch ein Üben sowohl im flachen als auch im tiefen Schwimmbecken möglich ist.
Die erste Ausgangsposition ist für die folgenden drei Übungen. Die Teilnehmerinnen sind mit dem Rücken an der Wand. Die Arme sind seitlich weggestreckt. Die Hände halten sich an der Stange, der Überlaufrinne oder am Rand fest. Der Rücken wird dicht an die Wand geführt.

Die Grätsche
Die Beine treiben an der Wasseroberfläche. Die Beine sollen kraftvoll nach außen in die Grätsche und anschließend in die Ausgangsposition zurückgeführt werden. Der Rücken bleibt während der Übung an der Wand.
Die Übung variieren Sie, indem

- abwechselnd ein Bein zur Seite geführt wird,
- die Beine übereinander geschert werden,
- die geschlossenen Beine große Kreise unter Wasser zeichnen,
- im Wechsel ein Bein zur Brust gezogen wird, ohne dass sich der Rücken von der Wand löst,
- alle mit den Beinen strampeln, bis das Wasser spritzt.

Rad fahren
Der Rücken bleibt an der Wand, während die Beine in alle Richtungen radeln. Sie können vorwärts, rückwärts oder Kurven fahren.

Jetzt schaut die Gruppe bei den folgenden zwei Übungen »Strecken und Beugen« und »Tretbootfahren« zum Beckenrand. Entweder halten Sie sich an der Stange, an der Überlaufrinne oder am Rand fest. Die Teilnehmerinnen befinden sich in Bauchlage.

Ausgangsposition für »Tretbootfahren« und »Strecken und Beugen«

Strecken und Beugen
Die Teilnehmerinnen liegen in Bauchlage im Wasser. Die Arme ziehen beim Beugen den Körper an die Wand heran. Beim Strecken der Arme wird der ganze Körper zurückgeführt. Durch die Bewegungen des Körpers kommt das Wasser in Bewegung. Die Bewegung des Wassers wird noch stärker durch kräftige Kraulbeinschläge.
Verändern Sie den Ablauf der Übungen, indem die Arme ruhig und leicht gebeugt bleiben und nur die Beine arbeiten.

- Die Beine werden aus der Bauchlage heraus gestreckt an die Wand gezogen.
- Die nach hinten gestreckten Beine werden unter dem Körper an die Beckenwand herangezogen. Mit einem kräftigen Abstoßen der Füße von der Wand wird der Körper in die Ausgangsposition zurückgebracht.
- Aus der Bauchlage wird abwechselnd ein Knie an den Oberkörper herangezogen und in die Ausgangsposition zurückgeführt.

Tretbootfahren
Wieder ist die Bauchlage die Ausgangsposition. Die Füße sind angewinkelt, so dass sie zum Oberkörper zeigen. Jetzt wird mit kräftigem Beineinsatz wie beim Tretbootfahren in das Wasser getreten.
Ein Schwimmbrett unter dem Bauch unterstützt die Position in der Bauchlage. Mit dem Brett unter dem Bauch lassen sich die Beine an den Oberkörper anziehen und wieder wegstrecken.

Die Ausgangsposition der nächsten drei Aufgaben ist seitlich zum Beckenrand. Alle Aktiven halten sich nur mit einer Hand fest. Die andere Hand bzw. der Arm liegt auf einem Schwimmbrett, das als Unterstützungsfläche dient.

Ausgangsposition für Schwimmen, Armdrücken und Hockschwünge

Schwimmen
Die Arme sind seitlich weggestreckt. Die rechte Hand hält sich am Beckenrand fest. Der andere Arm liegt angewinkelt auf der Schwimmhilfe. Mit starkem Beineinsatz wird in Bauchlage am Platz geschwommen. Nach dem Seitenwechsel wird in Rückenlage mit den Füßen gepaddelt. Achten Sie auf einen ausreichenden Abstand zwischen den Teilnehmerinnen.

Armdrücken
Die rechte Hand sucht Halt an der Wand. Die linke Hand liegt in der Mitte des Schwimmbrettes. Sie versucht, das Brett tief unter Wasser zu drücken. Nach 10-12 Wiederholungen erfolgt ein Wechsel der Hand. Wiederholen Sie drei Sätze auf jeder Seite.

Hockschwünge
Die beschriebene Ausgangsposition wird wieder eingenommen. Nun werden die Knie in eine Hockposition vor dem Körper hochgezogen. Von der Hüfte ausgehend, pendeln die Beine nach rechts und links.
Nach einem Wechsel der Hand werden die Beine angewinkelt an den Oberkörper herangezogen und hinter dem Körper ausgestreckt.

Verbesserung der komplexen Fähigkeit des »Wassergefühls«

Nachdem sich die vorherigen Übungen hauptsächlich mit Aufgaben der Körper- und Bewegungserfahrung mit und ohne Hilfsmitteln auseinander gesetzt haben, konzentriert sich dieser Aufgabenbereich auf die bekannten und festgelegten Schwimmtechniken. Die Techniken werden verfremdet, um wieder ungewohnte Bewegungserfahrungen zu vermitteln.

Die Schwimmtechniken können Sie sowohl im flachen als auch im tiefen Wasserbecken durchführen. Eine Übung oder deren Variation sollte von einem zum anderen Beckenrand ausprobiert werden. Ist aber die Strecke zu kurz, sollten alle zwei Bahnen schwimmen. Die Gruppe verteilt sich mit ausreichendem Abstand zueinander.

Leiten Sie die Gruppe am besten vom Beckenrand aus an. Sie müssen ständig von einem zum anderen Beckenrand gehen, um der Gruppe die neue Bewegungsaufgabe anzusagen und zu erklären.

Brustschwimmen
Die Teilnehmerinnen beginnen mit Brustschwimmen. Hier befindet sich der Kopf unter Wasser und schaut nur zum Ausatmen hoch.

- Bei der nächsten Durchquerung des Beckens wechseln sich zwei energievolle und schnelle mit zwei ruhigen und langsamen Armzügen ab. Die zwei ruhigen Schwimmzüge sollten eine lange Gleitphase haben.
- Jetzt führen gegengleich die Arme und Beine eine Schwimmbewegung aus. Der rechte Arm und das linke Bein schwimmen wie beim Brustschwimmen. Der linke Arm und das rechte Bein bleiben ruhig. Nach einer Bahn werden die Seiten getauscht.

- Die Hände werden für mindestens eine Bahn beim Brustschwimmen zu Fäusten geballt.

Rückwärtsschwimmen
Die Ausgangsposition ist wieder die Bauchlage mit Blick zum Beckenrand für das Brustschwimmen. Aus dieser Position heraus sollen die Teilnehmerinnen rückwärts zum anderen Beckenrand schwimmen.
Das Rückwärtsschwimmen lässt sich auch auf andere Disziplinen übertragen. Wieder steht die Gruppe mit Blick zum Rand. Jetzt sollen alle die Delphintechnik rückwärts schwimmen. Die Arme werden also nicht vorwärts, sondern rückwärts geführt. Da dies eine sehr schwierige Technik ist, reicht es für ungeübte Teilnehmerinnen aus, wenn sie in Bauchlage rückwärts paddeln und die Arme nach hinten kreisen.

»Dampferfahrt«
Die Ausgangsposition ist die Rückenlage. Die Bewegung geht in Richtung Kopf. Die Beine paddeln sehr schnell und die Arme werden gleichzeitig in kreisenden Schwimmbewegungen nach hinten gezogen. Nach einer Bahn erfolgt ein Wechsel zur »Dampferfahrt«.
Während der »Dampferfahrt« liegen alle gestreckt auf dem Rücken und schwimmen nicht wie gewohnt in die Richtung des Kopfes, sondern in die Richtung der Füße. Die Beine arbeiten nicht. Nur die Arme führen kreisende Bewegungen aus, um sich fortzubewegen.

»Paddeltour«
Die Schwimmerinnen probieren sich im Kraulschwimmen. Die Arme werden gegengleich nach vorne über den Kopf in das Wasser gezogen und unter der Oberfläche wieder zurückgeführt. Der Kopf sollte nur zum Ausatmen aus dem Wasser gehoben werden. Die Füße paddeln schnell in kleinen Beinausschlägen.

- Jetzt sind die Arme dicht am Körper und nur die Beine paddeln.
- Die Beine bewegen sich nicht mit, wenn die Arme rudern. Sie sind seitlich weggestreckt. In dieser Endposition bewegen Sie sich mit ganz kleinen Armausschlägen hin und her.
- Die zwei aufgeführten Bewegungsabläufe lassen sich ebenfalls in Rückenlage ausüben.

Trainingsprogramm zur Erweiterung der Bewegungserfahrung: »Noodle-Party«

Die »Noodle«, ein modernes Spielgerät aus Plastik, ist aus dem Materialangebot im Wasser nicht mehr wegzudenken. Mit Hilfe der Noodle erfahren die Teilnehmerinnen das Wasser spielend und können in ihm neue Bewegungsabläufe erfahren.

Die Grätsche
Jede Teilnehmerin nimmt sich eine Noodle. Diese führt sie um den Oberkörper herum. Am Rücken liegt die Noodle an und wird unter den Armen nach vorne geführt, so dass sich in jeder Hand ein Ende befindet.
Nun werden die Füße vom Boden gelöst. Alle probieren die Schwerelosigkeit im Wasser aus, ohne das Gleichgewicht zu verlieren.
Jetzt wird die Übung erschwert. Vor dem Körper werden die Beine ausgestreckt und in eine weite Grätsche und anschließend wieder zurück geführt. Hierbei sollte die Balance gehalten werden.

Der bewegte Sitz

Der bewegte Sitz
Die Teilnehmerinnen setzen sich auf die Noodle. Die Enden werden mit den Händen dicht am Oberkörper, ungefähr in Schulterhöhe, gehalten. Aus dieser Sitzposition heraus versuchen sich die einzelnen Übenden vorwärts zu bewegen. Sie schlagen kräftig mit den Unterschenkeln nach hinten. Das Gleichgewicht haltend bewegen sie sich langsam fort.

Der rückwärtige Tritt
Wieder wird die Noodle um den Oberkörper geführt. Doch diesmal sind die Enden hinter dem Rücken. Die Teilnehmerinnen können sich an der Noodle vor dem Körper festhalten. Sie treten rückwärts, als ob sie sich von einem Gegenstand abstoßen wollen. Mit diesen schnellen und kurzen Beinausschlägen bewegen sich alle durch das Becken.

Ausklang und Entspannung: »Leicht und locker«

Wasser kann durch seine Ruhe und Aufmerksamkeit auf sich selbst zu einer wohltuenden Entspannung beitragen. Das Gefühl einer angenehmen Entspannung tritt nicht sofort ein, sondern muss langsam aufgebaut werden. Setzen Sie ruhige und entspannende Musik ein, falls sich die Möglichkeit dazu bietet. Durch ein entspannendes Musikstück wird die Bereitwilligkeit zur körperlichen und seelischen Erholung erhöht.

Wählen Sie entsprechend der Ihnen vorgegebenen Nutzungsmöglichkeiten der Schwimmhalle zwei Entspannungsvariationen aus.

- Die Kursteilnehmerinnen halten sich mit Blick auf den Beckenrand fest und radeln vorwärts und rückwärts.
- Jede Teilnehmerin hält sich wieder am Rand fest. Der Rücken ist flach am Beckenrand. Die Arme sind seitlich weggestreckt, so dass sich die Hände am Beckenrand festhalten. Die Ellenbogen sollten nicht auf dem Beckenrand aufliegen.
- Dies ist eine Entspannungsübung, die zu dritt ausgeführt wird. Zwei Helferinnen stehen sich gegenüber und greifen ihre Hände zu einer Schaukel. Die dritte Partnerin setzt oder legt sich auf die Schaukel. Sie wird sanft im Wasser hin und her geschaukelt.
- Die Gruppe schließt sich zu Paaren zusammen. Eine Partnerin wird durch das Wasser gezogen oder getragen. Beim Tragen werden die Hände der aktiven Partnerin unter das Becken und die Schultern der passiven Teilnehmerin gelegt. Während des Ziehens werden die Arme unter die Achseln der passiven Partnerin gelegt. In Schlangenlinien oder langsamen Kreisen zieht die aktive Person ihre Partnerin durch das Becken.
- Jede Teilnehmerin erhält vier Schwimmbretter. Die Hände und Füße werden in die Mitte der Bretter gesetzt. Das Gleichgewicht lässt sich am besten in der Hockschwebestellung halten *(siehe Seite 91)*. Die Knie sind ganz dicht an den Oberkörper herangezogen, so dass der Oberkörper fast auf den Oberschenkeln liegt. Die Arme sind seitlich ausgestreckt.
- Nachdem alle die Balance in dieser Ausgangsposition halten können, schließen sie die Augen und horchen in sich hinein. Die Übung wird von einer intensiven und tiefen Atmung begleitet. Die Position sollte so lange gehalten werden, bis eine entspannende Wirkung eintritt.
- Die Hockschwebestellung *(siehe Seite 91)* ist die Ausgangsposition für weitere Entspannungsvariationen. Langsam werden die Arme vor und die Beine hinter den Körper ausgestreckt, ohne dass das Gleichgewicht verloren geht. Die Endposition der Übung ähnelt einer Bauchlage auf der Matte.
- Ausgehend von der Hockschwebestellung *(siehe Seite 91)* werden die Beine nach vorne und die Arme nach hinten geführt. Die ausgeführte Übung ist vergleichbar mit einem Festhalten am Beckenrand.
- Die Hockschwebestellung *(siehe Seite 91)* ist wieder die Ausgangsposition. Jetzt werden die Arme seitlich weit auseinander geführt. Die Beine werden gegrätscht. Würde man von oben auf das Wasser schauen, sähe die Endposition wie ein Frosch aus.
- Die einzelnen Teilnehmerinnen legen sich auf den Rücken. Sie lassen sich wie der »tote Mann« treiben. Variieren Sie diese Übung, indem sich die Übenden rücklings auf ein Schwimmbrett legen und entspannen.

Stations- und Bewegungsparcours im flachen und tiefen Schwimmbecken

Möchten Sie den Unterrichtsablauf verändern, die Übungsdauer verlängern oder eine weitere Unterrichtseinheit im Wasser anbieten, eignen sich zur spielerischen Abwechslung besonders Stations- und Bewegungsparcours.

Einzelne Übungen aus dem gesamten vorgestellten Übungsprogramm lassen sich zu einem Zirkeltraining zusammenstellen. Wählen Sie bekannte Übungen aus und fügen Sie diese zu einem neuen Trainingsprogramm zusammen.
Ein Stationsparcours besteht aus 6-8 verschiedenen Aufgaben. Die Gruppe teilt sich auf diese Stationen auf. An diesen Stationen findet eine Belastung von ungefähr 40-60 Sekunden statt. In der Pause wechseln die Teilnehmerinnen die Übungsstationen in der von Ihnen vorgegebenen Richtung und Reihenfolge wie beim Zirkeltraining. Hier kann die Musik als akustisches Signal für Übungsbeginn und -ende eingesetzt werden. Außerdem dient die Musik zur Steigerung der Motivation.

Beim Bewegungsparcours sollen die Übenden nacheinander und ohne Pause verschiedene Bewegungsabläufe ausführen. So bewegen sich die Trainierenden über den gesamten Bewegungsparcours, ohne dass sie zwischen den Aufgabenstellungen eine Erholungsphase haben. Sie wechseln fließend die Bewegungsaufgaben.

Stationstraining im flachen Wasser

Über die Ihnen zur Verfügung stehende Schwimmfläche, die mindestens zwei Schwimmbahnen breit sein sollte, verteilen Sie sechs Stationen. Sie benötigen als Hilfsmittel die sich im Wasser befindenden Handtücher, Eimer, Noodles, Wasserbälle und Schwimmbretter.
Wählen Sie beispielsweise folgende Übungen aus den vorherigen Bewegungsphasen *(siehe Seite 83ff.)* aus:

- ① »Eimer treten«
- ② Grätsche am Beckenrand
- ③ »Der bewegte Sitz«
- ④ »Schwebehandtuch«
- ⑤ »Schwebeball«
- ⑥ »Bankdrücken«

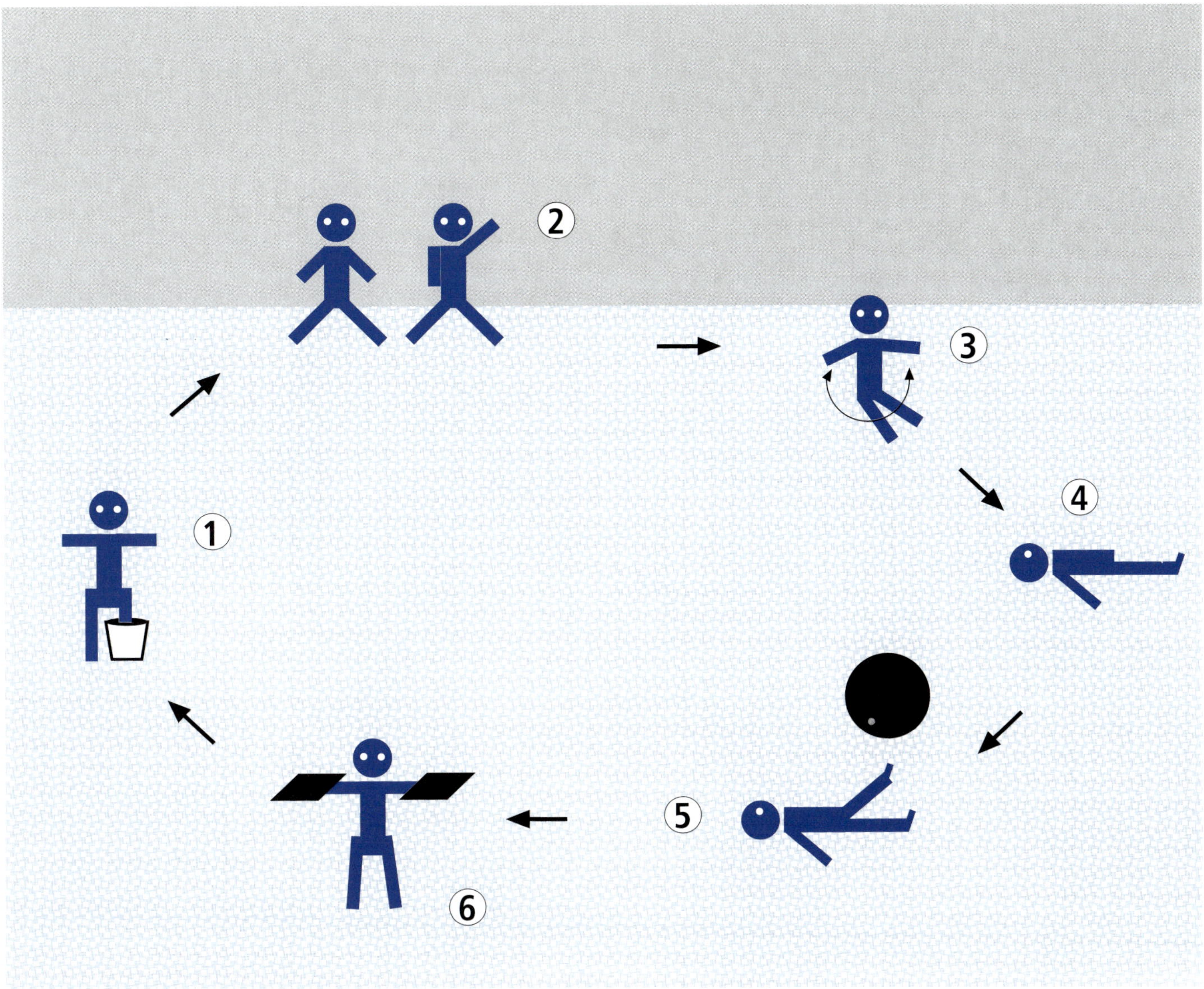

Möglicher Ablauf im flachen Wasser

Bewegungsparcours im tiefen Wasser
Wählen Sie aus dem Übungsprogramm zur Verbesserung der komplexen Fähigkeit des »Wassergefühls« sechs Übungen aus, die nacheinander geübt werden sollen.

- Brustschwimmen: Gegengleich führen die Arme und Beine eine Bewegung aus.
- Rückwärtsschwimmen: Immer mit Blick zum Beckenrand schwimmen die Teilnehmerinnen in Bauchlage rückwärts.
- Dampferfahrt: In Rückenlage werden beide Arme in Richtung der Füße kreisend gezogen. Die Füße bewegen sich kaum.
- Delfin: Die Teilnehmerinnen schwimmen in Bauchlage einen Delfin rückwärts.
- Paddeltour: Die Arme werden dicht und unbewegt am Körper gehalten. Die Beine paddeln ganz schnell.
- Brustschwimmen: Die Hände werden während des Schwimmens zu Fäusten geballt.

Abschluss und Motivation

Um die Kurseinheit entspannend im Wasser zu beenden, stellt sich die Gruppe im Kreis auf. Sie reihen sich ebenfalls in den Kreis ein. Zwischen die einzelnen Teilnehmerinnen wird immer ein Schwimmbrett gelegt. Es dient als Unterstützungsfläche und als Verbindungsglied für die Unterarme. Auf jedem Brett legen zwei Teilnehmerinnen ihre Unterarme ab. Gemeinsam lässt sich die Gruppe treiben, während Sie einige Informationen an die Teilnehmerinnen weitergeben.

Fordern Sie Ihre Gruppe auf, öfters alleine, mit der Familie oder mit Freunden in ein Schwimmbad zu gehen. Mit Spaß und Spiel können alle eine Vielzahl der Übungen oder Techniken dieser Kurseinheit ausprobieren.

Wissenswertes

Die physikalischen Eigenschaften des Wassers

Der statische Auftrieb

Auftrieb ist eine aufwärts wirkende Kraft auf einen Körper. Der statische Auftrieb eines sich im Wasser befindlichen Körpers entspricht nach dem Archimedischen Prinzip (Archimedes, griechischer Gelehrter, 287-212 v. Chr.) dem Gewicht der vom Körper verdrängten Flüssigkeit. Taucht ein Körper in das Wasser ein, verliert er an Körpergewicht. Ist der Körper ganz in das Wasser eingetaucht, schwebt der Körper im Wasser. Eine Person von 70 kg wiegt im Wasser nur noch ca. 7 kg.
Die Schwerelosigkeit erlebt man bewusst, wenn man den »toten Mann« im Wasser spielt.
Der statische Auftrieb entlastet den Stütz-, Gelenk- und Bewegungsapparat. Er lockert und entspannt die Muskulatur. Abwärtsbewegungen werden durch den statischen Auftrieb gedämpft und Aufwärtsbewegungen unterstützt.
Wassergymnastik und Wassersportarten gelten deshalb als besonders gelenkschonend. Allerdings müssen auch im Wasser die Bewegungen funktionell bleiben. So ist inzwischen bekannt, dass Schwimmen bei unphysiologischer Technik zu Kniebelastungen führen kann.
Ebenso wird im Wasser ein angenehmes Gefühl der Schwerelosigkeit vermittelt. Das Wasser wirkt wohltuend und entspannend auf den Menschen, wodurch das Wohlbefinden, Bewegungsausmaß und das Selbstvertrauen gesteigert werden.

Der Wasserwiderstand

Die Dichte des Wassers ist hundertfach größer als die der Luft. Somit ist Wasser ein Bremswiderstand, der alle Bewegungen verlangsamt. Die Intensität des Wasserwiderstandes hängt von der Größe und Geschwindigkeit der zu bewegenden Fläche ab. Bei zunehmender Bewegungsgeschwindigkeit erhöht sich der Widerstand, wodurch der Kraftaufwand zum Überwinden des Widerstandes ebenfalls ansteigt. Je weiter sich der Widerstand vom Drehpunkt entfernt, umso größer wird der Widerstand. Bewegt eine Frau die Arme horizontal im Wasser, ist die Bewegungsgeschwindigkeit im Bereich der Unterarme größer als im Bereich der Oberarme. Dadurch, dass die Unterarme sich schneller bewegen und am weitesten entfernt sind, ist hier der Widerstand größer.
Die Wirkungsweisen des Wasserwiderstandes schützen vor Überbelastungen von Sehnen und Bändern.
Bewegungserlebnisse können bewusster wahrgenommen werden. Der Reibungswiderstand des Wassers kann gezielt zum Kräftigen der Muskulatur, z. B. nach einer langen Ruhigstellung durch eine Operation, eingesetzt werden.

Der hydrostatische Druck

Der hydrostatische Druck bzw. Wasserdruck übt neben der Atmosphäre zusätzlichen Druck auf den Körper aus. Der Druck wird umso höher, je tiefer der Körper in das Wasser eintaucht. Der Druck ist über der Brust am geringsten, aber an den Füßen am größten. Der hydrostatische Druck führt zu einer Verringerung des Brustkorb- und Bauchumfanges bis zu 3-5 Zentimetern. Durch die Einengung wird das Einatmen erschwert und die Ausatmung erleichtert.
Die Atemmuskulatur wird nicht überbeansprucht, sondern gekräftigt.
Das Wasser erhöht den Druck auf das Gefäßsystem. Es kommt zu einem erhöhten venösen Blutrückfluss zum Herzen, wodurch die rechte Herzhälfte mehr belastet wird. Die Erhöhung des Herzschlagvolumens ist ein vorübergehender Zustand, den jeder gesunde Körper verkraftet. Die Herzschlagfrequenz ist verringert, so dass mit einem niedrigen Trainingspuls geübt werden kann. Die Herz-Kreislauf-Belastung ist allerdings höher als man dies vor wenigen Jahren noch geglaubt hat. Für gesunde Menschen ein willkommenes Training, müssen sich weniger gesunde im Wasser langsamer bewegen. Bestehen Erkrankungen des Herz-Kreislauf-Systems, sollte die Teilnahme an dieser Kurseinheit mit dem behandelnden Arzt besprochen werden.
Der hydrostatische Druck unterstützt den Stoffaustausch im Gewebe.

Die Wassertemperatur

Bewegungen im Wasser sollten entspannende und lockernde Wirkungen auf die Gelenke und Muskeln haben. Aus diesem Grunde ist die Wassertemperatur von entscheidender Bedeutung. Niedrige Temperaturen führen zu einer schnelleren Auskühlung des Körpers. Muskelverkrampfungen können ausgelöst werden. Höhere Temperaturen setzen den Muskeltonus, die Grundspannung der Muskulatur, herab. Warmes Wasser wirkt sich positiv auf das Wohlbefinden aus. Doch durch zu hohe Wassertemperaturen wird das Herz-Kreislauf-System überlastet, wenn gleichzeitig ein intensives Training, beispielsweise Aquajogging im tiefen Wasser, absolviert wird. Somit sollte die Belastungsintensität, -art und -dauer auf die Wassertemperatur abgestimmt sein. Die nachfolgende Aufstellung dient zur Orientierung:

- Eine Temperatur von 21-24° C eignet sich zum Leistungsschwimmen.
- Ein Training im Wasser mit einer Temperatur von 24-26° C muss eine hohe Belastungsintensität haben, um eine Auskühlung des Körpers zu verhindern. Hier eignet sich besonders ein Ganzkörpertraining in einem Bewegungstempo. Es sollte mit dieser Trainingsform nicht länger als 20 Minuten trainiert werden.
- Beträgt die Wassertemperatur 27-29° C, kann ein Kombinationstraining mit Teil- und Ganzkörperübungen durchgeführt werden. Hier ist eine Aufenthaltsdauer im Wasser von 45 Minuten denkbar.
- Übungen zur Körperwahrnehmung und Entspannung lassen sich am besten bei einer Temperatur von 30-32° C wahrnehmen. Der Schwerpunkt sollte nicht auf einem intensiven Herz-Kreislauf-Training, sondern bei Teilkörperbewegungen liegen.
- Thermal-, Therapie- und Bewegungsbecken mit einer Wassertemperatur von über 32° C eignen sich ausschließlich für therapeutische und krankengymnastische Übungen. In Thermalbädern wird sich im Allgemeinen nur sehr wenig bewegt, kaum mehr als zu Hause in der Badewanne. Die Heilwirkung beruht hier auf der Aufnahme von Mineralien durch die Haut, dem Salz- oder Schwefelgehalt und der Wärme. Der Aufenthalt im Wasser sollte 20 Minuten nicht überschreiten.
- Für den Freizeitsportler eignen sich am besten 28° C.

Positive gesundheitliche Auswirkungen durch Wassergymnastik

Die Atmung wird durch regelmäßiges Schwimmen oder regelmäßige Wassergymnastik positiv beeinflusst. Die Atmung verändert sich während des Aufenthaltes im Wasser. Sie wird tiefer und intensiver. Der Brustkorb muss sich beim Einatmen gegen den von außen einwirkenden Wasserdruck dehnen. Dieser Vorgang kräftigt die Atemmuskulatur.

Der aktive und der passive Bewegungsapparat werden durch den Wasserwiderstand und -auftrieb entlastet. Die Muskeln bilden den aktiven und die Gelenke und Knochen bilden den passiven Bewegungsapparat. Die Muskeln können ohne große Belastung der Gelenke gekräftigt werden. Beim passiven Bewegungsapparat werden vorwiegend die Wirbelsäule und die Knie entlastet.

Wegen der Schwerelosigkeit können im Wasser die Übungen in fast allen Ausgangspositionen und Richtungen ausgeführt werden, die im Gymnastikraum nicht denkbar wären. Durch die bremsende Wirkung des Wassers werden Stürze, Verletzungen oder ruckartige Bewegungen gemindert.

Hilfreiche Hygiene

Gründliches Duschen und Abschuppen der Haut vor dem Schwimmbadbesuch dient nicht nur der allgemeinen Hygiene, sondern auch dem Schutz vor unangenehmen Folgen der Chlorierung des Wassers. Chlor dient als Desinfektionsmittel, weil es gerne chemische Verbindungen eingeht. Die Verbindung von Eiweiß aus Hautschuppen, Talg, Schweiß, Schmutzresten oder anderen organischen Substanzen mit Chlor führt zu dem typischen Chlorgeruch, einer in höheren Dosen nicht ungefährlichen Verbindung. Je weniger organische Substanzen im Wasser sind, umso niedriger kann außerdem das Chlor dosiert werden.

Nach dem Schwimmbadbesuch muss die Haut vom Chlor gereinigt und gefettet werden, da das Chlor auch tieferen Hautschichten das für die Hautstruktur wichtige Fett entzieht. Der Immunschutz der Haut kann sich nur schwer regenerieren.

Weitere Hinweise zum Thema Wasser und Anregungen für sanfte Bewegungsmöglichkeiten im nassen Element finden Sie auch im VHS-Kursbuch »Hautnah – Massage und Körperpflege« von Renate Wrasse und Beate Blättner, Ernst Klett Verlag, ISBN 3-12-939844-9 *(siehe auch »Literaturtipps«, Seite 128).*

Hockschwebestellung

Ausgangsposition der Hockschwebestellung

Vier Schwimmbretter stehen jeder Teilnehmerin zur Verfügung. Die Hände und Füße werden in die Mitte der Bretter gesetzt. Die Knie sind dicht zum Oberkörper herangezogen, als ob man in der Hocke sitzt. Die Arme sind seitlich weggeführt. In dieser Hockschwebestellung lässt sich das Gleichgewicht am besten halten. Diese Position ist die Ausgangsposition für weitere Entspannungsvariationen *(siehe Seite 88)*. Während der Übung soll gleichmäßig tief und intensiv geatmet werden.

Fühlen und erleben

Auf einen Blick

Ziele:

- Fühlen, Erleben und Empfinden unterschiedlicher Rhythmen
- Verbessern und Erweitern der Körpererfahrung durch Isolations- und Improvisationsübungen
- Erspüren und Verbessern der kinästhetischen Differenzierungsfähigkeit durch Entspannungs- und Lockerungsaufgaben
- Anregen der Fantasie durch Körperreisen

Phasen und Übungen	Methode	Medien/Material	Zeit
Einstieg	Kurzreferat	Sprache	3 Min.
Einstimmungsphase: »Spaß und Kummer«	Bewegung	Musik, Sprache	6 Min.
Aufwärmen und Dehnen: »In allen vier Ecken wird Bewegung stecken«	Bewegungsspiel, Stretching	Musik, Sprache, vergrößerte Kopien eines Kartenspiels, Trillerpfeife	13-15 Min.
Übungen zum Verbessern der Körpererfahrung, des Bewegungsflusses und des Rhythmusempfindens durch Improvisations- und Isolationsübungen: »Das doppelte i«	Bewegung, Improvisations- und Isolationsübungen	Unterschiedliche Musikstücke, Sprache, Gymnastikstäbe, Hüte und Tücher	15-18 Min.
Übungen zum Verbessern der Rhythmisierungsfähigkeit durch Rope Skipping und anschließendes Dehnen: »Spring mit!«	Seilspringen, Stretching	Musik, Ropes oder Seile	10 Min.
Übungen zum Verbessern der kinästheischen Differenzierungsfähigkeit: »Wahrnehmen und lösen«	Körperwahrnehmungsübungen	Sprache	10 Min.
Entspannungsphase: »Fantastisch reisen«	Fantasiereise	Sprache	10-15 Min.
Abschluss und Motivation	Kurzreferat, Gespräch	Sprache, Kursbuch	2 Min.

Anleitungen zur Kurspraxis

Einstieg

Fühlen, Erleben und Empfinden unterschiedlicher Rhythmen stehen im Vordergrund dieser Kurseinheit. Die Übungen zum Verbessern des Rhythmusempfindens werden mit Isolations- und Improvisationsaufgaben verbunden, um die eigene Körpererfahrung zu erweitern. Abgeschlossen wird dieses Übungsprogramm durch Rope Skipping.
In der zweiten Hälfte der Kurseinheit wird der Schwerpunkt auf das Erspüren und Verbessern der kinästhetischen Differenzierungsfähigkeit durch Körperwahrnehmungsübungen und Entspannungs- und Lockerungsaufgaben gesetzt. Zum Abschluss soll die Fantasie der einzelnen Kursteilnehmerinnen durch Märchen- und Fantasiereisen angeregt werden.

Einstimmungsphase: »Spaß und Kummer«

Da diese Kurseinheit den Schwerpunkt in der zweiten Unterrichtshälfte bei den Aufgaben der Improvisation von Bewegungsabläufen setzt, stimmen Sie Ihre Teilnehmerinnen mit dieser kleinen Improvisationsübung auf den Stundenverlauf ein. Zudem nehmen Sie einzelnen Teilnehmerinnen aufkommende Ängste, sich frei vor anderen Personen der Gruppe zu bewegen.

Einstimmung
Wann waren Sie das letzte Mal so richtig fröhlich und gut gelaunt, so dass Ihnen jeder Ihre Freude ansehen konnte? War es vielleicht Ihr letzter Geburtstag, an dem alle Ihre Freundinnen und Freunde Sie mit einem Besuch überraschten?
Bei welcher Gelegenheit konnten Sie sich so frei bewegen, dass Sie sich gar nicht beobachtet fühlten?
War es vielleicht das fantastische Faschingskostüm, in dem Sie niemand erkannte? Es gab Ihnen die Chance, sich völlig frei und ungehemmt auf der Tanzfläche zu bewegen. Vielleicht spielte zu Hause im Radio gerade Ihr Lieblingslied, zu dem Sie im Takt der Musik durch Ihre Räume tanzten?
Nutzen Sie in dieser Kurseinheit die Gelegenheit, sich total gelöst und beschwingt zu bewegen. Probieren Sie neue Bewegungen aus, die Sie schon immer ausprobieren wollten.

Freude, Spaß und Heiterkeit
Zum Einstieg legen Sie beschwingte Musik, beispielsweise ein Schlagerlied, ein. Zu dieser Musik sollen sich die einzelnen Teilnehmerinnen kreuz und quer durch den Raum bewegen. Sie sollen die Stimmung von Freude, Spaß und Heiterkeit betont wiedergeben. Alle sollen sich so freudig und glücklich wie nur möglich fortbewegen, als ob alle gerade mehrere Millionen durch Glücksspiele gewonnen hätten.
Nach circa zwei bis drei Minuten wechseln Sie sofort die Musik und gehen zur nächsten Aufgabenstellung über.

Traurigkeit, Kummer und Schmerz
Die Musikauswahl ist jetzt ganz dramatisch und melancholisch. Die Gruppe soll sich ganz schwermütig zu der Musik durch den Gymnastikraum bewegen. Die Stimmung wirkt bedrückt, niedergeschlagen und betrübt. Wecken Sie Erinnerungen aus der Schulzeit, als die Teilnehmerinnen das erste Mal eine schlechte Note zu Hause beichten mussten. Oder man hat bei einem Wettrennen nicht den ersten, sondern nur den zweiten Platz belegt. Niedergeschlagen muss man nach Hause gehen. Beenden Sie die Übungen nach circa drei Minuten.

Begleiten Sie die beiden Aufgabenstellungen mit vielen »bunten« Bildern. Die Bilder helfen den Teilnehmerinnen, sich freier und gelöster zu bewegen. Je mehr Assoziationen oder Erinnerungen der Teilnehmerinnen geweckt werden, desto besser ist die Umsetzung der Übung in unterschiedliche Bewegungsmuster.

Aufwärmen und Dehnen: »In allen vier Ecken wird Bewegung stecken«

Die Gruppe bildet einen Kreis, in dem Sie sich auch einordnen. Alle haben für die folgenden Bewegungen ausreichend Abstand zueinander. Während alle locker mit mäßigem Armeinsatz auf der Stelle gehen, erklären Sie dieses Aufwärmspiel.

Sie stellen vier Bewegungsabläufe vor, denen jeweils ein Symbol eines Skatspiels zugeteilt wird. Diese Symbole befinden sich in den vier Ecken des Gymnastikraumes. Vor Beginn der Unterrichtsstunde haben Sie diese in den Ecken aufgehängt.

Die Gruppe geht zu Beginn der Aufwärmphase im Kreis durch den Raum. Auf ein akustisches Signal hin – eventuell eine Trillerpfeife – verteilen sich alle in die Raumecken, die sie am schnellsten erreichen. In diesen Ecken führen sie die Bewegung, die dem Kartensymbol zugeordnet wurde, aus. Alle bewegen sich so lange in einer Ecke, bis ein weiteres Signal ertönt. Dann gehen bzw. laufen alle im Kreis weiter. Es erklingt wieder ein Signal. Eine andere Raumecke wird aufgesucht. Dort wird die Bewegung für das entsprechende Symbol ausgeführt. Setzen Sie diesen Wechsel zwischen dem Laufen oder Gehen im Kreis und den Bewegungsabläufen in den Ecken beliebig oft fort.

Sie beginnen mit der ersten Bewegung und zeigen dazu das vergrößerte Kartensymbol. Üben Sie den Bewegungsablauf mit der Gruppe etwas ein. Nachfolgend verfahren Sie genauso mit den drei anderen Übungsabläufen. Zum Schluss zeigen Sie die Kartensymbole nochmals der Gruppe. Sie muss entsprechend dem Symbol die Bewegung ausführen. Jetzt beginnt die Aufwärmphase. Die Gruppe geht im Kreis. Je nach Ermessen der einzelnen Kursteilnehmerin kann nach einiger Zeit ein Wechsel zum Laufen stattfinden.

Herz
Die Teilnehmerinnen setzen im Wechsel die Ferse vor dem Körper auf. Zu jedem Aufsetzen der Ferse werden die angewinkelten Arme vor dem Körper geschlossen, so dass sich die Hände, Unterarme und Ellenbogen berühren. Wenn der vorgesetzte Fuß zurückgeführt wird, öffnen sich die angewinkelten Arme weit nach außen. Sie befinden sich in einer U-Haltung. Beim nächsten Aufsetzen der Ferse schließen sich die Arme wieder vor dem Körper.

Kreuz
Die Teilnehmerinnen gehen ganz schnell mit kleinen Bewegungen und mit kräftigem Armeinsatz auf der Stelle. Es sieht so aus, als ob alle sprinten. Wichtig ist aber, dass wirklich nur äußerst schnell gegangen wird. Die Knie werden während des Sprintens etwas mehr angehoben. Die Bewegung sollte nicht in ein Laufen übergehen.

Karo
Jede Teilnehmerin geht am Ort. Sie versucht während des Gehens nur das rechte Knie hochzuziehen. Der Rhythmus des Gehens wird durch das betonte Heben des Knies nicht verändert. Zwischenschritte sollten vermieden werden. Die Arme werden kräftig mitgeführt. Der Oberkörper ist aufrecht.

Pik
Der Bewegungsablauf in dieser Ecke ist identisch mit der Bewegung des Karos. Nur wird hier das linke Knie hochgezogen.

Nach der zehnminütigen Aufwärmphase schließen Sie die Übung mit einem Dehnprogramm der wichtigsten zu dehnenden Muskelgruppen ab. Der Zeitumfang beträgt circa drei Minuten.

Übungen zum Verbessern der Körpererfahrung, des Bewegungsflusses und des Rhythmusempfindens durch Improvisations- und Isolationsübungen: »Das doppelte i«

Die Teilnehmerinnen haben im Verlauf des Kurses zwei Unterrichtsabschnitte zum Verbessern der Rhythmusfähigkeit *(siehe Seiten 43 und 68)* kennen gelernt. In dieser Phase soll die Gruppe den Rhythmus erleben. Die Strenge der Rhythmusvorgabe der beiden Einheiten wird durch Lebendigkeit und Fantasie abgelöst. Die Teilnehmerinnen sollen den Rhythmus erfahren, erleben und empfinden. Mit ihren Bewegungen interpretieren sie den unterschiedlichen Rhythmus der Musikstücke.

»Das doppelte i« steht für die beiden Begriffe Improvisation und Isolation. Einerseits müssen die Teilnehmerinnen durch die verschiedenen Aufgabenstellungen Bewegungsabläufe zur Musik improvisieren. Andererseits beinhalten die Übungen isolierte Bewegungen einzelner Körperteile, die getrennt vom übrigen Körper bewegt werden.

Es kann sein, dass einige Teilnehmerinnen zu Beginn dieser Unterrichtsphase Schwierigkeiten mit der Ausführung der Aufgaben haben. Oft sind sie ängstlich oder befangen, da sie nicht viele Erfahrungen mit improvisierten Bewegungen haben. Die Scheu oder Schüchternheit kann ein weiterer Faktor sein, dass sich die Teilnehmerinnen zurückhaltend bewegen. Fordern Sie Ihre Teilnehmerinnen auf, aus sich herauszugehen. Versichern Sie Ihren Kursteilnehmerinnen, dass sie sich während der Ausführung der Improvisations- und Isolationsaufgaben nicht beobachtet fühlen müssen.
Führen Sie der Gruppe vergleichende Bilder vor das innerliche Auge, die zur Nachahmung animieren oder Erinnerungen wecken. Zu den einzelnen Aufgabenstellungen sind einige Beispiele genannt.

Nachdem Sie wieder aufmunternde und fröhliche Musik mit einem deutlich hörbaren Rhythmus eingelegt haben, beginnt die »isolierte Körperreise« vom Kopf bis zur Hüfte. Sie können rhythmisierte Klänge aus Popmusik, Schlagerliedern, Dixieland-Musik oder auch afrikanische Rhythmen auswählen.
Besonders eignen sich für Isolationsübungen der Kopf, die Schulter, der Brustkorb und die Hüfte. Mit diesen Körperteilen kann die Gruppe sowohl runde und weiche Bewegungen, wie das Zeichnen eines Kreises, als auch eckige bzw. akzentuierte und richtungsangebende Bewegungsabläufe, beispielsweise das betonte Vorschieben der Schulter, ausführen. Außerdem kann jedes Körperteil nicht nur vom übrigen Körper isolierte Bewegungen ausführen, sondern auch ein Bewegungsimpuls für den übrigen Körper sein, der in größere Bewegungen übergeht. So kann der Kopf mit kreisenden Bewegungen beginnen, die sich bis zum Oberkörper fortsetzen. Am Ende kreist der gesamte Oberkörper mit.

Die nachfolgenden Aufgabenstellungen sind Übungsanregungen, die variiert und miteinander kombiniert werden können. Die Übungen beginnen immer mit der isolierten Bewegung des einzelnen Körperteils. Anschließend gibt dieser Körperteil den Impuls für eine große und ausholende Bewegung. Die isolierten Bewegungen sollten im Rhythmus der Musik ausgeführt werden. Falls aber einige Teilnehmerinnen Probleme mit der Umsetzung der Aufgabenstellung haben, können das Rhythmusempfinden in den Hintergrund und die isolierten Bewegungen in den Vordergrund treten.

Kopf
Die Teilnehmerinnen gehen wieder durch den Raum, um den Rhythmus der Musik durch Gehen, Laufen oder Mitklatschen oder -zählen aufzunehmen. Die von Ihnen ausgewählte Musik sollte keinen gleich bleibenden, sondern einen unregelmäßigen Rhythmus aufweisen.
Auf Ihr Signal hin bleiben alle in einem sicheren Stand stehen. Nun sollen alle den Kopf isoliert zum Rhythmus des Liedes bewegen. Der Kopf kann vor- und zurückgeführt sowie zur Seite geneigt werden. Ebenso können Kreise gezeichnet werden.

Fällt den Teilnehmerinnen die isolierte Bewegungsausführung schwer, sollte der Rhythmus vernachlässigt und die Konzentration auf den Bewegungsablauf gerichtet werden. Danach wird der Kopf zum Bewegungsimpuls des Oberkörpers.
Nacheinander werden die Schultern, Arme und das Becken einbezogen, so dass der Körper große Kreise beschreibt. Die Kreise können noch größer beschrieben werden, indem man in eine Grätschstellung geht. Hier kann der Oberkörper während des Kreisens weit nach vorne geführt werden. Nach circa zwei Minuten gehen alle weiter.

Schultern

Wieder bleibt die Gruppe auf ein Signal hin stehen. Jetzt wird die Schulterbewegung eliminiert. Die Schultern werden nacheinander und anschließend gleichzeitig bis zu den Ohren hochgezogen und heruntergedrückt. Dann sollen beide Schultern nach vorne und hinten gestoßen werden. Dieses Vor- und Zurückstoßen soll in einer rhythmischen Fortbewegung durch den Raum fortgesetzt werden. Das Stoßen geht in ein Schulter- und Ellenbogenkreisen weiter. Hierzu werden die Hände auf die Schultern gelegt. Ellenbogen und Schultern bewegen sich nacheinander, gleichzeitig oder auch gegengleich. Danach werden die Hände von den Schultern gelöst.
In großen Schritten bewegen sich die Kursteilnehmerinnen weiter. Die Arme werden seitlich ausgestreckt und in Schulterhöhe hochgezogen. Bei jedem betonten großen Schritt wird die Schulter bewusst nach vorne geführt, wobei die Arme in der waagerechten Haltung bleiben. Die Schultern geben die Bewegungsrichtung an. Der übrige Körper passt sich dieser Bewegung an, so dass die weiten Schritte zu akzentuierten Ausfallschritten werden. Natürlich sind auch Fortbewegungen seitwärts oder rückwärts erlaubt.

Bewegung der Schultern

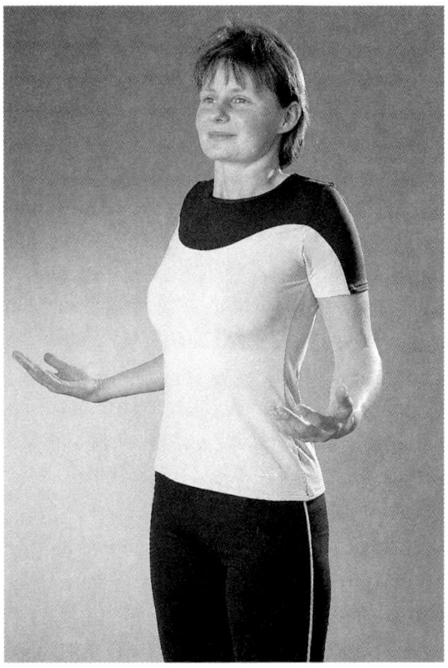

Bewegungen des Brustkorbes

Brustkorb

Die Gruppe bleibt in Fortbewegung durch den Raum. Die Bewegung der Schultern wird durch das Heben und Senken des Brustkorbes abgelöst. Die Teilnehmerinnen atmen bewusst ein, wobei sich der Brustkorb hebt. Die Schulterblätter werden während des Einatmens an die Wirbelsäule herangezogen. Die Bewegung kann, wenn es das Bewegungsausmaß der Übenden zulässt, bis zum angedeuteten Hohlkreuz durchgeführt werden. Beim Ausatmen senkt sich der Brustkorb betont, so dass der Oberkörper einen Rundrücken formt. Hier sollen die übenden Teilnehmerinnen ihren eigenen Atemrhythmus finden.
Der Rhythmus der Klänge tritt in den Hintergrund. Zu Anfang des bewussten Atmens sind die Hände in die Hüfte gestützt. Im Verlauf der Übung werden die Arme immer stärker eingesetzt, bis sie beim Einatmen ausgestreckt nach vorne vor und beim Ausatmen weit hinter den Körper geführt werden.

Hüfte

Lassen Sie die Gruppe weiter durch den Raum gehen. Jetzt wird die Hüfte in der Bewegung isoliert. Alle probieren jegliche Bewegungsmöglichkeiten aus. Die Hüfte kann nach rechts und links, vor- und zurückgeschoben werden. Ebenso kann die Hüfte Kreise zeichnen. Fordern Sie Ihre Gruppe auf, auch die Arme in die akzentuierten Hüftbewegungen einzubeziehen. Der Klangrhythmus soll von den Hüftschwüngen aufgenommen werden. Die Bewegungen der Hüfte können sowohl weich und rund als auch eckig und zackig ausgeführt werden. Hier sind der Fantasie der Fortbewegungsmöglichkeiten der Teilnehmerinnen keine Grenzen gesetzt.

Rhythmus – Gegenrhythmus

Suchen Sie für diese Bewegungsaufgabe ein Musikstück heraus, das einen deutlich hörbaren Grundrhythmus aufweist. Das Tempo sollte nicht zu rasch sein, da die »Zwischenräume« durch Bewegung ausgefüllt werden sollen.
In dieser Aufgabenstellung sollen die Kursteilnehmerinnen den Rhythmus und den Komplimentär-Rhythmus, den Gegenrhythmus, erfassen und realisieren.
Beginnen Sie wieder mit dem Erfassen des Rhythmus durch alle nur denkbaren Fortbewegungen wie Laufen, Springen und Hüpfen.

Wenn alle ihre motorischen Bewegungsabläufe synchron zur Musik ausführen, verändern Sie die Aufgabenstellung. Nun soll die Bewegung nicht auf den akustischen Rhythmus, sondern in den »Zwischenräumen« zwischen den bestehenden Klängen ausgeübt werden.
Diese Aufgabe kann zuerst nur akustisch geübt werden, indem die Teilnehmerinnen in den rhythmusfreien Räumen ein akustisches Signal, beispielsweise ein Klatschen, setzen. Anschließend üben sie den Gegenrhythmus mit einem Bewegungsablauf.
Falls Sie nicht über ausreichende musikalische Grundkenntnisse verfügen, sollten Sie auf diese Aufgabenstellung verzichten. Die Teilnehmerinnen merken sofort Ihre Unsicherheit, da Sie keine richtige Korrektur an die Gruppe weitergeben können. Außerdem können Sie die Ergebnisse der Bewegungen im Gegenrhythmus nicht umfangreich beurteilen.

Broadway-Musical
Runden Sie diesen Unterrichtsabschnitt mit einem Spaziergang durch die Musicalwelt ab. Denken Sie an Welterfolge wie »A Chorus Line«, »Hair«, »Cats«, »Star Light Express«, »Phantom der Oper«, »Grease« und viele andere mehr. Zu den einzelnen Musicalausschnitten sollen die Teilnehmerinnen kleine Szenen erfinden oder darstellen, die ihnen spontan einfallen oder die sie sogar in Erinnerung haben.
Schneiden Sie auf einer Kassette mehrere dieser Musikstücke zusammen, so dass die Gruppe circa 5 Minuten zum Üben hat. Verteilen Sie zusätzlich Gymnastikstäbe, Tücher oder Hüte, um den Effekt dieser Abschlussübung zu unterstreichen. Diese Materialien sollen bewusst während der Bewegungsabläufe oder pantomimischen Interpretationen in den Szenen eingesetzt werden.

Übungen zum Verbessern der Rhythmisierungsfähigkeit durch Rope Skipping: »Spring mit!«

»Rope Skipping« ist eine neue Variation des altbekannten Seilspringens, das schon vielen Kindern viel Freude bereitet hat. Speziell entwickelte Seile motivieren zum intensiveren Training und führen schneller zum Erfolg. Sie haben einen Hohlgriff, in dem sich das Seil dreht. Doch zu Anfang genügen die typischen Springseile oder Kletterseile.

Mit Rope Skipping wird nicht nur die Rhythmusanpassung an die Musik, die Trainerin oder die Partnerin, sondern auch die Bewegungsänderung der Arme und Beine trainiert. Zudem fließt die Orientierungsfähigkeit *(siehe Seite 50)* durch die Änderung der Raumrichtung mit ein. Außerdem wird die Kombinationsfähigkeit *(siehe Seite 44)* durch das Verbinden verschiedener Bewegungsabläufe verbessert.

Das Seilspringen bildet zu den vorherigen Übungen den Gegensatz des Rhythmusempfindens. Hier wird der Rhythmus von der Musik, der Kursleiterin oder der Partnerin vorgegeben. Bei der Erarbeitung der Sprünge reicht es aus, wenn Sie den Takt vorgeben. Es ist wichtiger, dass die Springerinnen Ihre technischen Anweisungen klar hören.
So könnte die Musik anfänglich als störend empfunden werden. Erst wenn sich alle sicher sind, gibt die Musik die gewünschte Dynamik vor. Wählen Sie eine Musikgeschwindigkeit von 130-140 bpm *(siehe Seite 24)* aus. Auch hier muss der Grundrhythmus wieder deutlich hörbar sein.

Mehr Sicherheit im Unterricht
- Das Seil muss für jede Person richtig eingestellt werden. Dazu greift man die Enden des Seils. Beide Fußspitzen treten auf das Seil. Jetzt werden die Arme waagerecht seitlich ausgestreckt. Dieses längere Seil eignet sich besonders zum anfänglichen Erarbeiten der unterschiedlichen Sprünge.
- Lassen Sie nie eine Teilnehmerin ohne feste Turnschuhe springen, denn während des Springens müssen die Füße das vier- bis achtfache des Körpergewichts abfangen.
- Wichtig ist, dass auf den Ballen gesprungen und bis zu den Fersen abgefedert wird. Es wird in den Knien und der Hüfte mitgefedert. Die Knie sind immer leicht gebeugt. Der Oberkörper ist aufrecht. Bei sehr schnellen Sprüngen schafft man das Abrollen bis zur Ferse nicht mehr.
- Die Haltung ist ebenfalls entscheidend für das Gelingen der Sprünge. Ziehen Sie die Oberarme an den Oberkörper heran. Die Unterarme sind leicht nach schräg außen gestellt. Außerdem zeigen Sie in dieser Position leicht abwärts. Das Schwingen des Seiles erfolgt fast nur aus dem Handgelenk heraus. Das Seil wird leicht in den Händen gehalten.
- Die Sprunghöhe ist recht niedrig. Es wird leise gesprungen. Man springt hoch vom Boden und landet leise.
- Das Seil sollte den Untergrund nur leicht berühren. Heftiges Schlagen sollte vermieden werden.
- Trainieren Sie alle Sprünge zuerst ohne Seil. Das doppelt gefasste Seil wird seitlich mit einer Hand geschwungen, damit die Armbewegung mit der Beinarbeit verbunden werden kann. Ein Handwechsel erfolgt nach einigen Sprüngen. Nach der Harmonisierung der Arm- und Beinbewegung wird das Seil in beide Hände genommen. Jetzt wird über das Seil gesprungen.
- Beginnen Sie jede Sprungvariation mit dieser Übungsmethode. Nachfolgend wird nur der endgültige Sprung beschrieben.

Während des Verteilens der Seile wecken Sie die Erinnerungen Ihrer Teilnehmerinnen an die eigene Kindheit. Lassen Sie sie an die Freude und Begeisterung denken, mit der sie oder auch die eigenen Kinder unermüdlich mit dem Seil gesprungen sind. Zum Teil sind sie alleine gesprungen. Manchmal versuchten sie sich zu zweit oder mehreren Kindern. Manchmal fanden sogar kleine Wettkämpfe statt.

Grundsprung
Mit beiden Füßen wird gleichzeitig gesprungen. Bei jedem Seilschlag wird einmal gesprungen. Als Variation kann der Grundsprung mit einem Zwischenhüpfer gesprungen werden. So springt die aktive Person zweimal zu einem Seilschlag.

Auf einem Bein
Die Belastung liegt während dieses Sprunges auf einem Fuß. Nach einigen Sprüngen sollte das Sprungbein gewechselt werden. Es besteht wieder die Möglichkeit, mit Zwischenhüpfern oder mit einem Sprung zu einem Seilschlag zu hüpfen.

Laufen
Während das Seil geschlagen wird, läuft die übende Teilnehmerin. Ein Fuß wird vorwärts über das Seil aufgesetzt. Der andere Fuß setzt dahinter auf dem Untergrund auf. Pro Seilschlag werden somit zwei Laufschritte ausgeführt. Nach einiger Zeit wird das vordere Bein gewechselt.
Zur Abwechslung können alle diesen Laufschritt rückwärts ausprobieren, indem das Seil rückwärts geschlagen wird.

Hampelmann
Natürlich lassen sich zu dieser Bewegung die Arme nicht wie beim bekannten Hampelmann mitführen, da die Hände das Seil führen. Doch der Bewegungsablauf der Füße bleibt identisch. Die Füße springen im Wechsel zusammen oder auseinander. Achten Sie darauf, dass die Teilnehmerinnen mit den Füßen nicht in zu großen Abständen springen.

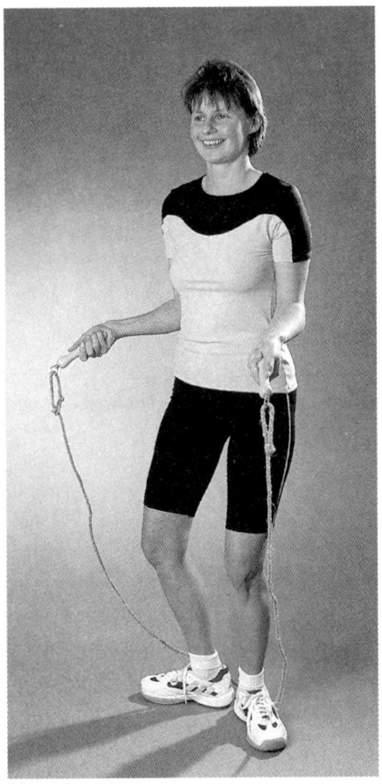
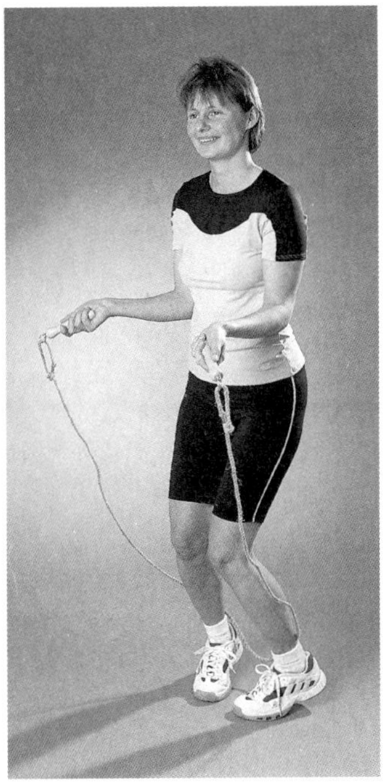

»Charly Chaplin«

Charly Chaplin
Der Sprung »Charly Chaplin« ist der Gruppe schon aus den Aufwärmphasen bekannt. Wieder wird die Armbewegung weggelassen. Es wird mit gebeugten Knien gesprungen. Die Knie werden beim Zusammenspringen der Füße nach innen geführt, wodurch sich nicht nur die Knie, sondern auch die Zehenspitzen berühren. Beim Auseinanderspringen der Füße zeigen die Knie nach außen und die Fersen berühren sich.

Kicken
Das rechte Sprungbein wird belastet. Das linke Kickbein wird hinter dem rechten Bein beim ersten Sprung gebeugt. Während noch die Belastung auf dem rechten Sprungbein liegt, wird das linke Bein zu Seite gekickt. Nach zwei Sprüngen auf dem rechten Fuß werden die Seiten getauscht. Jetzt wird zweimal auf dem linken Bein gesprungen, wenn das rechte Bein zur Seite kickt. Dieser ständige Wechsel kann beliebig fortgesetzt werden.
Dieser Sprung ändert sich, wenn anstatt des Kickens das Knie vor dem Körper hochgezogen wird. Die zwei aufeinanderfolgenden Sprünge auf einem Fuß bleiben erhalten.

Grundsprung mit Kreuzschlag
Der Bewegungsablauf des Grundsprunges wird ausgeführt. Die ersten Sprünge werden normal gesprungen. Dann verändert sich die Armhaltung. Die Arme werden über Kreuz vor dem Körper geführt, bevor man mit den Füßen wieder auf dem Untergrund landet. Danach sollte das Seil wechselnd einmal normal, über Kreuz geschlagen und übersprungen werden.

Doppelschlag
Zum Abschluss springen die Teilnehmerinnen nochmals den Grundsprung. Nach einigen sicheren Sprüngen sollen alle den Doppelschlag ausprobieren. Während des Hochspringens soll das Seil zweimal unter den Füßen durch geschlagen werden. Üben Sie so lange, bis mehrere Doppelschläge gelingen.

Zum Schluss kombinieren Sie die Sprünge oder eine Sprungvariation von »Grundsprung«, »Hampelmann«, »Charly Chaplin« und »Kicken«. Sie erhalten eine Sprungkombination. Anfangs wiederholen Sie jeden Sprung 16-mal. Danach reduzieren Sie die Anzahl auf 8, 4 und 2 Sprünge. Ähnliche Schrittkombinationen haben Sie mit Ihrer Gruppe schon in der zweiten und fünften Unterrichtseinheit geübt.

Zur Motivationssteigerung tritt die Musik in den Vordergrund. Im Rhythmus der Musik wird die Sprungkombination mehrfach wiederholt.

Wie immer sind der Fantasie keine Grenzen gesetzt, neue Sprungvariationen zu erfinden. Versuchen Sie, die aufgeführten Sprünge mal rückwärts zu springen.

Dehnen
Schließen Sie die intensive Phase des Seilspringens mit der Dehnung der hauptsächlich beanspruchten Muskulatur ab. Die Wade, die Oberschenkelrück und -vorderseite und der Hüftbeuger werden gedehnt. Des Weiteren müssen die Oberschenkelinnen und -außenseite gedehnt werden. Vergessen Sie nicht, die Unterarmmuskulatur *(siehe Seite 49)* zu dehnen.

Übungen zum Verbessern der kinästhetischen Differenzierungsfähigkeit: »Wahrnehmen und lösen«

Viele Menschen haben durch muskuläre, skelettale oder neurologische Störungen Wahrnehmungs- und Bewegungseinschränkungen. Es müssen aber nicht nur die genannten Faktoren sein, die zu solch einer Einschränkung führen. Oft ist es die vernachlässigte Aufmerksamkeit, auf die Signale des Körpers, wie z. B. Muskelverspannungen, zu achten.

Mit diesen Übungen wird versucht, den Beeinträchtigungen entgegenzuwirken, sie zu mildern oder diese erst gar nicht entstehen zu lassen. Außerdem sollen die Teilnehmerinnen mehr über ihren Körper erfahren. Sie sollen erkennen, dass man ganz bewusst einzelne Körperteile oder Muskelgruppen lösen kann.

Alle nehmen sich eine Matte und verteilen sich frei im Raum. Die einzelnen Teilnehmerinnen sollten ausreichend Abstand zueinander haben. Es wäre ratsam, wenn sich alle etwas wärmer anziehen würden, um ein Auskühlen der Muskulatur zu verhindern.

Bevor Sie beginnen, geben Sie noch folgende Hinweise an die Gruppe weiter:

- Die Übungen gehen ineinander über. Die Endposition einer Aufgabe ist gleichzeitig die Ausgangsstellung für die nächste Übung. Doch man kann sich bei Bedarf am Boden ausstrecken und entspannen, bevor eine weitere Aufgabenstellung folgt.
- Die einzelnen Übenden sollen sich nicht unter Druck setzen. Sie sollen sich Zeit lassen, damit die Übungsanforderungen bewusst nachvollzogen werden können. Bei der Durchführung der Aufgaben ist zu beachten, dass der Bewegungsablauf nicht mechanisch wiederholt wird. Die Teilnehmenden sollen nicht gegen ihren Körper kämpfen, sondern sie sollen auf dessen Signale und Grenzen achten. Besonders wichtig sind die Zufriedenheit und das Wohlbefinden während der Übungsphase. Niemand muss ein bestimmtes Ziel erreichen. Alle sollen sich ihres Körpers bewusst werden.
- Die Übungen sollen ohne Kraftaufwand ausgeführt werden, damit die Muskeln locker bleiben. Nur so können die Teilnehmerinnen »loslassen«. Alle Personen sollen beobachten, welche Bewegung sie ausführen und welche Muskelgruppen angesprochen werden. Die rechte und linke Körperhälfte sollen immer wieder miteinander verglichen werden, damit die einzelne Übende spürbare Unterschiede feststellen kann.
- Sollten Schmerzen, unangenehme Gefühle oder Unwohlsein im Körper aufsteigen, sollen die Übungen sofort abgebrochen werden. Bei Bedarf sollte dies der Kursleitung signalisiert werden.

Während der ersten zwei Bewegungsausführungen müssen Sie die Gruppe genau beobachten. Um jeder einzelnen Person wirklich ausreichend Zeit zu lassen, ist es wichtig, dass die Gruppe nicht von Ihnen unter zeitlichen Druck gesetzt wird. Lassen Sie lieber die Gruppe eine Übung weniger ausführen, damit die Übungen intensiv nachvollzogen werden können. Zudem sollten Sie die Grundregeln für ein intensives Entspannen *(siehe Seite 58)* beachten.

Mehr Sicherheit im Unterricht

Wahrnehmungsübungen, die den Kopf einbeziehen, können wunderbar entspannen, können aber auch Kopfschmerzen auslösen, weil Aufmerksamkeit und Entspannung eines Körperteils dort den Blutfluss anregen. Die Liegeposition nach der vorausgegangenen Bewegung erhöht das Risiko. Sind in Ihrer Gruppe Teilnehmerinnen, die zu Migräne oder chronischen Kopfschmerzen neigen, dann lassen Sie vorsichtshalber alle Kopfübungen weg und lenken stattdessen die Aufmerksamkeit gezielt auf die Füße. Der verstärkte Blutfluss in den Füßen entlastet den Kopf und entspannt dennoch.

Die Kursteilnehmerinnen legen sich entspannt in Rückenlage auf die Matten. Lesen Sie den Übungstext langsam und mit ruhiger Stimme vor:

Den Körper wahrnehmen und spüren

Sie liegen ganz entspannt auf der Matte. Sie schließen die Augen. Konzentrieren Sie sich auf die Atmung. Sie spüren, wie Ihr Körper mit jedem Ausatmen tiefer in die Matte sinkt. Mit jedem Atemzug wird Ihr Körper entspannter und schwerer. Die Arme liegen neben Ihrem Körper. Die Beine sind ausgestreckt und fallen leicht nach außen.

Nun beginnen Sie mit einer Wanderung durch Ihren Körper. Nehmen Sie bewusst wahr, wo Sie in Ihrem Körper Anspannungen und Verspannungen fühlen. Beobachten Sie ihre linke und rechte Körperseite.

Lenken Sie Ihre Aufmerksamkeit auf Ihren Kopf. Spüren Sie den Hinterkopf, der auf der Matte liegt. Betrachten Sie Ihr Gesicht. Sind wirklich alle Gesichtszüge entspannt? Ist das ganze Gesicht entspannt, die Stirn, Augen, Nase, Wangen, Mund und Kiefer?

Wandern Sie nun weiter zum Nacken. Ist der Nacken gelöst oder verspannt? Nehmen Sie die unterschiedlichen Spannungszustände wahr!

Von dort gehen Sie weiter zu den Schulterblättern. Wie liegt das rechte Schulterblatt auf der Unterlage? Spüren Sie eine Anspannung? Vergleichen Sie das rechte Schulterblatt mit dem linken! Stellen Sie einen Unterschied fest?

Wandern Sie mit Ihrer Aufmerksamkeit von den Oberarmen zu den Ellenbogen und den Unterarmen. Spüren Sie ein Gefühl der Entspannung in den Armen? Ist dieses Gefühl auf beiden Seiten gleich? Liegen die Hände locker und entspannt auf? Sind die Finger ganz entspannt? Oder fühlen Sie in einer Hand eine größere Anspannung?

Betrachten Sie von den Schulterblättern ausgehend den übrigen Rücken. Richten Sie Ihre Aufmerksamkeit auf den unteren Rückenbereich. Fühlen Sie, wie Ihr Rücken auf der Matte liegt? Gibt es Unterschiede auf der rechten und linken Seite?

Führen Sie Ihr Augenmerk zum Becken. Liegen beide Beckenseiten gleich auf? Oder sind Unterschiede spürbar? Spüren Sie Ihre Gesäßmuskeln? Sind sie locker und entspannt?

Fahren Sie mit Ihrem inneren Blick zu den Beinen. Wie liegen Sie auf der Unterlage? Fallen die Beine leicht nach außen? Fühlen Sie einen Unterschied im rechten und linken Bein? Spüren Sie nacheinander Ihre Oberschenkel, Knie, Waden und Fersen. Ist ein Bein stärker angespannt als das andere?

Atmen Sie noch mehrmals tief ein und aus. Fallen Sie mit jedem Ausatmen tiefer in den Boden. Fühlen Sie sich gelassen und ausgeglichen.

Nachdem die Gruppe mehrmals tief ein- und ausgeatmet hat, erläutern Sie den Ablauf der folgenden Übung. Die Teilnehmerinnen bleiben weiterhin am Boden liegen, während Sie die Aufgabenstellung erklären.

Die Übungsabläufe werden nacheinander vom Kopf, über die Schultern und das Becken bis hin zur Wirbelsäule beschrieben. Den Teilnehmerinnen bleibt ausreichend Zeit, um jede Übung intensiv zu erspüren. Hat jedoch eine Teilnehmerin eine Aufgabe eher als die anderen durchgeführt, soll sie ruhig und entspannt am Boden liegen und auf den Beginn der nächsten Übung warten. Somit stört sie die anderen nicht.

Starten Sie jetzt mit dem langsamen Vorlesen der Übungsbeschreibungen.

Entspannung des Kopf- und Nackenbereiches
Nehmen Sie den Hinterkopf wahr, wie er auf der Matte liegt. Spüren Sie, wie Ihr Kopf mit jedem Ausatmen tiefer in den Boden sinkt. Versuchen Sie den Kopf immer gelöster in den Boden sinken zu lassen. Genießen Sie das Gefühl völliger Gelöstheit. Jetzt führen Sie Ihren Kopf ganz langsam auf die rechte Seite, aber nur so weit es geht und es angenehm bleibt. Dann wandern Sie behutsam in die Mitte zurück. Von dort bewegen Sie den Kopf so weit wie möglich auf die linke Seite. Anschließend rollen Sie ihn in die Ausgangsposition zurück. Wiederholen Sie diesen Vorgang mehrmals auf beiden Seiten. Achten Sie während der Ausführung darauf, dass die Bewegungen fließend und gleichmäßig ausgeführt werden sollten. Vermeiden Sie ruckartige Bewegungen und Schmerzen.
Nach einigen Wiederholungen nehmen Sie Ihren Kopf bewusst wahr. Stellen Sie Unterschiede fest? Fühlt sich jetzt der Kopf- und Nackenbereich entspannter und gelöster an? Gibt es Unterschiede auf der rechten und linken Seite?

Die Dehnung des Schulterbereiches
Immer noch liegen Sie auf dem Rücken. Nacheinander stellen Sie die Beine auf. Die Arme werden seitlich am Boden ausgestreckt, so dass der rechte und linke Arm mit der Schulter eine Linie bilden. Vorsichtig führen Sie Ihren linken Arm auf den rechten Arm, ohne dass Sie eine unangenehme Haltung einnehmen müssen. Auch die Blickrichtung geht zur rechten Hand. Atmen Sie tief ein. Spüren Sie, wie sich Ihr Brustkorb und Ihr Schultergürtel mit Luft füllen. Beim Ausatmen senkt sich Ihr Brustkorb, wodurch sich Ihre linke Hand, auch wenn es nur winzige Bewegungen sind, der rechten Hand nähert. Atmen Sie noch öfter ganz intensiv ein und aus. Bei jedem Ein- und Ausatmen schiebt sich die linke Hand immer näher an die rechte Hand heran und bleibt dort liegen. Beobachten Sie während des bewussten Atmens genau Ihren Rücken. Spüren Sie, wie er immer tiefer in den Boden sinkt. Mit jedem Ausatmen wird der Rücken entspannter.
Nun ziehen Sie den linken Arm behutsam in die Ausgangsposition zurück. Genießen Sie einen Moment der Entspanntheit im Schultergürtel und im Rücken. Spüren Sie Unterschiede zwischen der rechten und linken Seite?
Anschließend führen Sie die Übung auf der anderen Seite fort. Ziehen Sie behutsam den linken Arm auf die linke Seite ...

Wiederholen Sie hier den Text für die Übungsanleitung der linken Körperhälfte.

Das Becken bewegen
Sie liegen mit aufgestellten Beinen auf der Matte. Ihr Kopf und Ihr Oberkörper liegen ganz entspannt. Ziehen Sie nacheinander die Beine ohne Einsatz der Bauchmuskulatur zum Oberkörper. Die Hände umfassen die Knie. Sie kommen langsam in Bewegung, indem Sie nacheinander die Beine an den Oberkörper heranziehen. Sie ziehen mit der rechten Hand das rechte Knie so weit wie möglich an den Oberkörper heran. Anschließend bewegen Sie das linke Bein zum Oberkörper. Versuchen Sie, die Beine locker zu halten. Nur die Arme bzw. die Hände führen die Bewegung an. Danach ziehen Sie beide Knie an den Oberkörper heran. Dann probieren Sie diese und andere Bewegungen aus. Sie können mit den Knien Kreise zeichnen oder auch große und sehr kleine Bewegungen ausführen. Verweilen Sie einen Moment mit auseinandergefallenen Knien. Nehmen Sie Ihr Becken wahr. Die Hände liegen noch immer auf den Knien.
Jetzt führen Sie mit den Händen die Knie vor dem Körper während des Einatmens zusammen. Beim Ausatmen schieben Sie die geschlossenen Beine nach unten, wo sie dann weit nach außen fallen. Während des nächsten Atemzuges beginnen Sie von vorne. Es entsteht eine langsame Kreisbewegung, die Sie öfters wiederholen sollten. Achten Sie wieder auf Ihre Beine und Hände. Nur die Hände geben die Bewegung an.
Diese kreisförmige Bewegung können Sie auch umdrehen, indem beim Ausatmen die Knie dicht am Oberkörper auseinanderfallen. Die geöffneten Knie werden seitlich nach unten zurückgeführt und schließen sich dort beim Einatmen zusammen. Wiederholen Sie auch diese Übung.

Achten Sie darauf, dass die Teilnehmerinnen die Übung nicht mit Kraft ausführen, als ob sie gegen einen Widerstand ankämpfen. Die Beine und das Becken sind ganz entspannt und locker. Die Hände führen die Bewegung mit den Knien aus.

Das Becken bewegen

Die Mobilisation der Wirbelsäule

Die Mobilisation der Wirbelsäule

Die Beine sind wieder aufgestellt. Strecken Sie die Arme waagerecht seitlich weg. Die Handinnenflächen zeigen nach oben zur Decke. Ohne die Kraft der Bauchmuskeln ziehen Sie die Beine dicht an den Oberkörper heran. Versuchen Sie das rechte Knie auf der rechten Seite abzulegen. Automatisch folgen das linke Knie und das Becken der Bewegung. So liegen Sie jetzt auf der rechten Körperhälfte. Der linke Arm kann sich eventuell bei dieser Bewegung vom Boden abheben. Strecken Sie diesen Arm in der Verlängerung zu den Knien diagonal weg. Die Handinnenfläche ist geöffnet und die Finger liegen locker am Boden. Ihr Blick folgt dieser Bewegung, ohne dass sich die Nackenmuskulatur anspannt. Mit jedem Ausatmen sinkt Ihre linke Schulter und Ihr linker Arm immer mehr in den Boden. Mit jedem tiefen Ausatmen lassen Sie immer mehr »los«. Ihre rechte Körperseite sinkt mit jedem Ausatmen tiefer in die Matte.

Spüren Sie in die Wirbelsäule hinein. Die Position, in der Sie liegen, sollte angenehm sein. Falls Sie sich jedoch unwohl fühlen sollten, ändern Sie so lange die Haltung, bis Sie sich wohl fühlen. Achten Sie auf die Signale Ihres Körpers.

Behutsam ziehen Sie nacheinander die Beine in die Mitte zurück. Sie liegen wieder auf dem Rücken. Halten Sie hier einen Augenblick inne, wobei Sie die Knie bzw. Oberschenkel nach außen fallen lassen. Genießen Sie einen Moment diesen Zustand, bevor Sie die Beine am Boden nacheinander ausstrecken.

Jetzt vergleichen Sie die rechte und die linke Körperhälfte. Spüren Sie einen Unterschied?

Stellen Sie langsam und nacheinander die Beine wieder auf ...

Hier beginnt die Übung von vorne, jedoch auf der linken Seite. Formulieren Sie den gleichen Text, nur für die linke Körperhälfte. Wenn es der Zeitplan zulässt, lassen Sie die Übung auf beiden Seiten wiederholen.

Beachten Sie, dass die Kursteilnehmerinnen die Übung ohne die Kraft der Bauchmuskeln ausüben. Die Beine sollen nur so weit auf einer Seite abgelegt werden, wie es die einzelnen Übenden schaffen. Die Beine müssen nicht den Boden berühren. Die Bewegungen sollen behutsam und ohne Gewalt ausgeübt werden.

Entspannungsphase: »Fantastisch reisen«

Leiten Sie, während Ihre Gruppe noch am Boden liegt, zu dieser Entspannungsphase über. Die Unterrichtseinheit endet mit einer Fantasiereise. Auch die Fantasie muss regelmäßig trainiert werden, da sie sonst verkümmern würde. Fantasiereisen eignen sich besonders, um die eigene Fantasie anzuregen. Die Reisen verbinden Sinneseindrücke, Bilder und Erlebnisse, die zu neuen »inneren« Bildern zusammengesetzt werden. Durch das Erleben dieser Bilder erreichen die Teilnehmerinnen einen tiefen Ruhe- und Erholungszustand. Die Muskeln entspannen sich, wodurch es zu einer körperlichen und seelischen Entspannung kommt. Die Reisende schöpft wieder Kraft und Energie, die lange über die Ruhephase hinausreicht.

Weisen Sie Ihre Teilnehmerinnen darauf hin, dass sich der Anredemodus während der Geschichte ändert. Die Teilnehmerinnen werden per »du« angesprochen.

Oft ist es hilfreich, wenn sich die Teilnehmerinnen ein kleines Kissen, ein Handtuch oder sogar einen zusammengelegten Pullover unter den Hinterkopf legen. So vermeidet man ein Überstrecken des Kopfes. Legt man eines dieser Hilfsmittel unter die Knie, kann das Liegen auf dem Rücken umso angenehmer für einige Teilnehmerinnen sein.

Machen Sie es sich bequem. Dann beginnen Sie mit dem langsamen, ruhigen Vorlesen des Textes. Nach jedem Punkt machen Sie eine kurze Pause. Eine längere Pause erfolgt nach einem Absatz. Falls es Ihnen schwer fällt, das richtige Maß für die Pausen zu finden, orientieren Sie sich an Ihrem eigenen Atemrhythmus. Machen Sie einen ruhigen Atemzug nach einem Satz, bevor Sie den nächsten vorlesen. Drei ruhige Atemzüge dauert die Pause nach einem Absatz. Bitten Sie die Teilnehmerinnen um Rückmeldungen, ob der Rhythmus zu kurz oder lang war. So bekommen Sie selbst ein Gefühl für die Pausen beim Vorlesen.

Natürlich können Sie den Ansagetext variieren. Achten Sie darauf, dass nicht zu viele Bilder entstehen. Geben Sie keine genauen Bildbeschreibungen vor. Was für manche Menschen sehr schön ist, löst für andere unangenehme Erinnerungen aus. Besonders wichtig für die Teilnehmerinnen ist, dass Sie ihnen nach einer kleinen Reise der Fantasie Raum geben, wieder körperlich anzukommen. Die Teilnehmerinnen können sich strecken und räkeln. Sie sollten etwas umhergehen und dabei mit den Füßen trampeln. Selbstverständlich kann jede Teilnehmerin das tun, was ihr gut tut.

Ein Ort zum Wohlfühlen
Suche dir eine bequeme Haltung im Liegen oder Sitzen, in der du dich wohl fühlst. Überprüfe noch einmal, ob du gut und bequem liegst oder sitzt. Wie geht es deinen Beinen? Wie geht es deinem Rücken? Wie fühlen sich der Kopf und die Schultern an? Liegen bzw. hängen deine Arme und Hände locker neben dem Körper? Mache es dir einfach bequem. Schließe die Augen, wenn du es als angenehm empfindest.

Suche dir in deiner Fantasie einen Ort, an dem du dich wohl fühlen kannst. Vielleicht ist es ein Platz, den du kennst. Vielleicht ist aber auch ein Ort, von dem du träumst? Ein warmer Sandstrand, ein lichter Park, ein schützender Schatten, ein gemütliches Sofa? Suche dir ein Bild, das dir im Augenblick gefällt. Wenn dich etwas daran stört, verändere das Bild. Deine Fantasie ermöglicht dir, jedes Bild nach deinen Wünschen zu verändern.

Schau dir genau an, was dir an diesem Platz gefällt. Ist es das Licht, die Farben oder der Ausblick? Hörst du angenehme Geräusche? Spürst du ein gutes Gefühl in den Händen oder unter den Füßen? Falls dir irgendetwas nicht behagt, verändere das Bild so lange, bis es dir gefällt.
Gibt es etwas, wozu du Lust hast, es an diesem Ort zu tun? Lass dir Zeit, um es auszuprobieren.
Du kannst tun, was immer du möchtest. Wenn dir irgendetwas unangenehm erscheint, dann verändere dein Bild, bis du dich wieder richtig wohl fühlst.

Nun verabschiede dich langsam von dem Ort deiner Fantasie. Nimm nichts mit, was du nicht brauchst. Lass nichts zurück, was dir gehört. Du kannst irgendwann erneut dorthin reisen, wenn du es möchtest.

Komm in diesen Raum zurück. Räkle und strecke dich. Gähne ruhig und herzhaft. Spanne deine Muskeln einmal kurz an, um sie anschließend wieder loszulassen. Nun öffne die Augen. Setze dich langsam hin oder stehe behutsam auf. Vielleicht hast du das Bedürfnis, deine Füße auszuschütteln oder kräftig aufzustampfen.

Abschluss und Motivation

Am Ende der Stunde können die Teilnehmerinnen über die erlebten Eindrücke und Bilder sprechen, wenn sie möchten. Niemand ist gezwungen, etwas zu sagen. Die Bilder sollten weder von Ihnen noch von anderen Personen der Gruppe kommentiert werden. Vielleicht hat die eine oder andere Teilnehmerin Lust, ihr Bild zu Hause zu malen.

Fordern Sie die Gruppe auf, die Übung »Wahrnehmen und Lösen« zu Hause auszuprobieren. Weisen Sie Ihre Teilnehmerinnen darauf hin, dass es sehr viel Übung bedarf, wirklich mit dem Boden zu verschmelzen und sich richtig fallen zu lassen. Alle sollen die Anleitungen für diese Übung im Kursbuch nachlesen, damit keine Fehler in der Ausführung entstehen. Motivieren Sie die Teilnehmerinnen, sich öfters Zeit für eine Fantasiereise zu nehmen. Diese kurze Ruhepause füllt sehr schnell die verbrauchten Reserven auf.

Wissenswertes

Kinästhetische Differenzierungsfähigkeit

Die kinästhetische Differenzierungsfähigkeit ermöglicht genaue und fein abgestimmte Bewegungsabläufe von Teilkörperbewegungen oder in Bewegungsphasen in Bezug auf die Kraft-, Zeit- und Raumwahrnehmung *(siehe Seite 19)*. Der kinästhetische Analysator erhält seine Informationen vorwiegend über die Sinnesmeldungen aus den Muskeln, Sehnen und Bändern. Weitere Sinnesmeldungen erhält er vom Zentralnervensystem. Diese koordinative Fertigkeit verbessert man nicht nur durch wiederholte Würfe, Zielsprünge oder Läufe im unterschiedlichen Tempo, sondern auch durch An- und Entspannungsübungen, sowie durch Ausdrucks- und Improvisationstanz. Durch den ständigen Wechsel zwischen Beanspruchung und Entspanntheit entwickelt sich ein besseres Körperbewusstsein. Diese Sensibilisierung führt zu einer ökonomisierten und präzisen Bewegungsausführung und -steuerung. Feinere Unterschiede können im Bewegungsvollzug besser gesteuert und empfunden werden.

Rope Skipping

Rope Skipping, einfaches Seilspringen, kommt ursprünglich aus den USA. Das Seil bzw. »rope« ist ein ideales Instrument, mit dem man alleine, mit Partnerin oder in der Gruppe trainieren kann. Rope Skipping hat sich als ein hervorragendes Trainingsmittel zum Vorbereiten und Verbessern der konditionellen Fähigkeiten in den verschiedensten Sportarten, wie beim Boxen und Fußball, etabliert. Charakteristisch ist, dass das Sprungtraining in Einklang mit dem deutlich hörbaren »beat« bzw. Rhythmus zu bringen ist. Die Geschwindigkeit der Musikstücke sollte zwischen 120-160 bpm liegen, wodurch ein sehr schnelles und dynamisches Springen gefordert wird. Durch die unterschiedlichsten Sprungvariationen, die mit und ohne Armarbeit begleitet werden und die akrobatische Elemente enthalten können, grenzt sich Rope Skipping vom einfachen Seilspringen ab. Der soziale Aspekt wird durch Rope Skipping gleichfalls gefördert. Bei Sprungkombinationen mit Partnerin oder in der Gruppe müssen Absprachen untereinander getroffen werden, um als Team zu arbeiten und um einander zu vertrauen. Mit Rope Skipping wird die Kreativität und Fantasie sowohl von Kindern als auch von Erwachsenen gezielt weiterentwickelt. Neue Sprünge können erfunden oder neue Sprungkombinationen gestaltet werden.

Wirkung von Fantasiereisen

Die Fantasie muss genauso trainiert werden wie die Muskeln. Ohne ein regelmäßiges Training würde sie verkümmern. Die bildreichen und anschaulichen Darstellungen der Fantasiereisen regen die Fantasie an. Die zuhörende Person kann bildhaften Vorstellungen folgen, Erinnerungen damit verbinden oder auch neue Fantasiebilder gestalten. Mit diesen inneren Bildern werden die kreativen Fähigkeiten geweckt. In der Kindheit wurde die Fantasie oft durch Märchen gefördert. Als erwachsene Person hat man die Kreativität und das Erinnerungsvermögen an die Kindheit nicht ganz verloren.
Deshalb ist es wichtig, diese beiden Fähigkeiten durch Fantasiereisen wieder anzuregen. Fantasie und Träume erweitern das Bewusstsein und helfen, Konflikte besser zu bewältigen. Sinneseindrücke, Bewusstseins- und Erlebnisinhalte werden anders zusammengefügt oder verarbeitet. Personen, die sehr fantasievoll denken, erhalten immer wieder neue Anreize und Anstöße in den verschiedensten Situationen und Erlebnissen. Die fantastischen Reisen eignen sich besonders zum Entspannen, Erholen und Träumen. In diesem Zustand entspannen nicht nur die Muskeln, sondern auch die Seele. Die Energie- und Kraftreserven der Zuhörenden werden wieder aufgefüllt. Auch die vorlesende Person fühlt sich ruhig und im Verlauf des Lesens immer entspannter.
Allerdings können auch unangenehme Empfindungen intensiv erlebt werden. Vielleicht gab es in Ihrer Kindheit auch Märchen, die Ihnen Angst gemacht haben? Die Fantasie kann »mit einem durchgehen« und als unangenehm empfundene Bilder wecken: verdorrte Landschaften, faulig stinkende Baumstämme, beängstigende Tiere. Therapeutisch kann von Experten natürlich auch mit diesen Bildern gearbeitet werden, im Kurs nicht. Wichtig ist, dass Sie die Teilnehmerinnen immer wieder auffordern, ihre Fantasie bewusst einzusetzen und unangenehme Bilder durch angenehme zu ersetzen.

Körpererfahrung

Die Erfahrung des Körpers in seiner Umwelt ist eine wichtige Voraussetzung zur Gesunderhaltung. Bei der Körpererfahrung und Körperwahrnehmung spielt das subjektive Empfinden der einzelnen Personen eine wichtige Rolle. Zufriedenheit, Wohlbefinden, Genießen-Können und Lebenstüchtigkeit stehen im Vordergrund. Um positive Körpererfahrungen zu erleben, sollten Bewegungsabläufe nicht mechanisch wiederholt werden, sondern die übende Person sollte auf die Signale des eigenen Körpers achten. Der Körper und bei Partnerinnenübungen die Partnerin dürfen nicht als ein Widerstand angesehen werden, den es zu überwinden gilt. Die aktiven Personen sollen sich in den verschiedensten Situationen von ihren subjektiven Empfindungen leiten lassen, um sich bewusst den Bewegungen beim Sport und im Spiel anzupassen.
Durch Sensibilisierungs- und Differenzierungsaufgaben *(siehe Seite 58)* und durch Entspannungstechniken *(siehe Seite 58)* kann die Körperwahrnehmung verbessert werden. Diese Aufgabenstellungen führen zu einer intensiven Auseinandersetzung mit dem eigenen Körper und zu positiven Erfahrungen. Sich selbst zu entdecken, einen eigenen Rhythmus zu finden und ein eigenes Körpergefühl zu erleben, ist das Ziel der Körperwahrnehmung. Wohltuende Empfindungen und Gefühle sollten die Bewegungen und deren Bewegungsausmaße bestimmen. Unangenehme Empfindungen sollten sofort verändert und korrigiert werden. Körpererfahrung beinhaltet Bewegungserfahrung *(siehe Seite 68)* und Selbsterfahrung. Erfahrung bedeutet für jede einzelne Person, die erlebten, gesammelten und zugestoßenen Wahrnehmungen innerlich zu verarbeiten und neu zu strukturieren. Das Ergebnis ist ein andauernder Prozess, um aus dem Vergangenen für die Zukunft zu lernen.

Sich ins Lot bringen

Auf einen Blick

Ziele:

- Verbessern der Reaktionsfähigkeit durch »Kleine Spiele«
- Schulung und Verbesserung der Gleichgewichtsfähigkeit durch Balanciergeräte

Phasen und Übungen	Methode	Medien/Material	Zeit
Einstieg	Kurzreferat	Sprache	3 Min.
Einstimmungsphase: »Schneckentempo und Spiegelbild«	Bewegung	Sprache, langsame Musik	5-10 Min.
Aufwärmen und Dehnen: Aufwärmen mit Bohnensäckchen	Bewegung, Stretching	Bohnensäckchen	10 Min.
Übungen zum Verbessern der Reaktionsfähigkeit: »Kleine Spiele« als Reaktionsspiele	»Kleine Spiele«	Verschiedene Bälle	15 Min.
Übungsparcours zum Verbessern des Gleichgewichts: »Die Leichtigkeit des Seins«	Bewegung	Pedalo, Minitrampolin, Laufrolle,Bohnensäckchen, Kissen, Matten, Rollbrett, Kreisel	30-35 Min.
Dehnen und Entspannung: »Im Gleichgewicht sein«	Atemübung	Sprache, Bänke, andere Sitzgelegenheiten	5 Min.
Abschluss und Motivation	Kurzreferat	Kursbuch	2 Min.

Anleitungen zur Kurspraxis

Einstieg

Ein Ziel dieses Kursbausteines ist das Verbessern der Reaktionsfähigkeit durch ausgewählte Spiele. Die »Kleinen Spiele« dienen hier als methodisches Hilfsmittel.
In der zweiten Unterrichtshälfte wird ein Übungsparcours mit verschiedenen Balanciergeräten aufgebaut, der die Gleichgewichtsfähigkeit verbessern und schulen soll.
Das Unterrichtsprogramm wird durch eine Atemübung abgerundet, um innerlich wieder ins Gleichgewicht zu kommen.

Einstimmungsphase: »Schneckentempo« und »Spiegelbild«

Einstimmung
Erinnern Sie sich noch an die Spiele, die Sie in der Schule, in der Freizeit oder auf Geburtstagsfeiern gespielt haben? Vielleicht haben Sie aber auch ein Kinderfest oder eine Geburtstagsfeier für Ihre Kinder, Enkelkinder oder Patenkinder veranstaltet und mit Vergnügen beobachtet. Denken Sie an die Freude und den Spaß, mit denen die Kinder die Spiele erlebt haben. Genießen Sie die nachfolgenden Spiele. Zeigen Sie ruhig Freude, Spaß oder sogar Enttäuschung durch Gesten, Mimik oder Ausrufe. Fühlen Sie sich wieder wie ein Kind.

Da in dieser Unterrichtseinheit die Schwerpunkte auf die Reaktions- und Gleichgewichtsfähigkeit gerichtet sind, beginnen Sie in der Einstimmungsphase mit zwei Gleichgewichtsübungen. Es sind zwei Aufgaben, die äußerst langsam ausgeführt werden sollten. Die Übungen bilden somit einen Kontrast zu den nachfolgenden schnellen Reaktionsspielen.

Schneckentempo
Durch diese Einstimmungsübung sollen die Teilnehmerinnen erfahren, dass der Gleichgewichtssinn auch bei sehr langsam ausgeführten Bewegungen von hoher Bedeutung ist. Die Gruppe verteilt sich frei im Raum. Auf Ihr akustisches Signal – beispielsweise »Auf geht's !« – setzen sich alle kreuz und quer durch den Raum in Bewegung. Das Besondere an dieser Übung ist, dass sich alle Übenden ganz langsam fortbewegen. Der Bewegungsablauf sollte so aussehen, als ob die Gruppe durch eine klebrige und zähe Masse geht. Der Übungsablauf ist dann richtig ausgeführt, wenn der Bewegungsablauf harmonisiert aussieht und das Gleichgewicht in jeder Position gehalten wird. Die Übenden sind aufgefordert, sich eigene Gangarten zu überlegen und auszuführen.
Nach drei Minuten beenden Sie die Übung und wechseln zur nächsten Aufgabe.

Spiegelbild
Die Teilnehmerinnen schließen sich zu Paaren zusammen. Sie stehen sich gegenüber. Die Partnerin A macht eine Bewegung vor, die vom »Spiegel«, also der Partnerin B, nachgemacht werden soll. Die Bewegungen sollen spiegelbildlich und wortlos wiedergegeben werden.
Hier ist es wichtig, dass Körper-Lageveränderungen ausgeführt werden: Das rechte Bein z. B. wird nach hinten gestreckt und der Oberkörper beugt sich nach vorn. Es sollten also große Bewegungen mit Lageveränderung geübt werden. Kleine Bewegungen, wie beispielsweise alltägliche Bewegungsabläufe, sind nur dann eine gute Alternative, wenn eine Teilnehmerin große Probleme mit dem Halten des Gleichgewichts hat. Nach zwei Minuten wechseln die Partnerinnen ihre Aufgaben.

Aufwärmen und Dehnen: Aufwärmen mit Bohnensäckchen

Für die Aufwärmphase werden Bohnensäckchen zur Hilfe genommen. Bohnensäckchen ermöglichen ein abwechslungsreiches Trainingsprogramm. Sie eignen sich nicht nur zum Aufwärmen, sondern auch für Übungen zur Verbesserung der Gleichgewichtsfähigkeit, auf die in der zweiten Unterrichtshälfte eingegangen wird. In dieser Aufwärmphase können sich die Teilnehmerinnen an dieses Medium bzw. Hilfsmittel gewöhnen, damit sie sich bei den Gleichgewichtsübungen nicht erst noch mit dem Material vertraut machen müssen.

Hinweis
Falls keine Bohnensäckchen vorhanden sein sollten, können Sie diese in der Vorbereitung schnell selbst herstellen. Aus buntem Baumwollstoff nähen Sie ca.12 x 12 cm große Beutel. Anschließend werden etwa 200g Bohnen, getrocknete Kirschkerne, Erbsen oder Kastanien eingenäht, so dass die Beutel locker aufgefüllt sind. Gefüllte Waschlappen lassen sich ebenfalls verwenden.

- Die Gruppe bewegt sich im Raum. Eine Teilnehmerin bekommt ein Säckchen von Ihnen. Mit diesem Beutel versucht sie eine andere Mitspielerin abzuwerfen. Wurde eine Spielerin getroffen, erhält sie ein Säckchen, mit dem auch sie weitere Mitspielerinnen abwirft. Gewonnen hat die Teilnehmerin, die bis zum Schluss kein Säckchen erhalten hat. Während der Übung kann ruhig ein Wechsel zwischen Gehen und Laufen stattfinden, um den geworfenen Beuteln auszuweichen.
- Anschließend behalten bzw. bekommen alle ein Säckchen. Die Teilnehmerinnen können je nach ihrem eigenen Konditionsstand durcheinander durch den Gymnastikraum laufen oder gehen. Wenn sich zwei Spielerinnen begegnen, tauschen sie die Säckchen durch Zuwerfen oder Übergeben aus.
- Haben Sie die Säckchen in unterschiedlichen Farben genäht, sollten nur die Übenden mit gleicher Farbe die Beutel tauschen.
- Im Anschluss daran laufen oder gehen alle kreuz und quer, wobei sie die Säckchen erst nur mit der rechten Hand hochwerfen und fangen. Anschließend üben sie mit der linken Hand.
- Die Beutel werden zwischen die Knie geklemmt. Nun versuchen die Übenden, sich mit schnellen und kleinen Schritten vorwärts und rückwärts zu bewegen.

Sie sagen deutlich den Richtungswechsel an, damit Zusammenstöße vermieden werden.

- Zum Abschluss legen sich alle das Bohnensäckchen auf den Kopf. Mit zügigen Schritten gehen alle weiter. Sie versuchen, das Säckchen auf dem Kopf zu balancieren, um es nicht zu verlieren. Sie können die Übung noch erschweren, indem jede Teilnehmerin die Knie etwas mehr beugt. Achten Sie darauf, dass in diesem tiefen Gang das Gesäß nach hinten geschoben wird, damit eine Überbelastung der Knie vermieden wird.

Das Programm beenden Sie mit einem Dehnen der wichtigsten Muskelgruppen. Durch das gezielte Stretching wird intensiv auf die bevorstehende Belastung der nächsten Unterrichtsphase vorbereitet.

Übungen zum Verbessern der Reaktionsfähigkeit: »Kleine Spiele« als Reaktionsspiele

Die »Kleinen Spiele« eignen sich besonders zur Schulung und Entwicklung der koordinativen Fähigkeiten. Durch spielerisches Handeln erfahren und entwickeln die Teilnehmerinnen vielseitige Bewegungshandlungen, um auf unvorhersehbare Spielsituationen zu reagieren. Sie müssen schnell mit einer motorischen Aktion reagieren, damit sie sich auf die neue Situation einstellen können. Teilweise können die Spielerinnen auch Probe handeln, was ihnen der Alltag und das Berufsleben kaum ermöglichen. Außerdem ist das Äußern von Emotionen wie Freude, Spaß und Enttäuschung erlaubt. Die »Kleinen Spiele« ermöglichen auch soziales Probehandeln, das oft im beruflichen Alltag verloren geht. Die Spiele sollten aber nicht nur unter dem Aspekt der Schulung der koordinativen Fähigkeiten gesehen werden. Bereiten die Spiele so viel Spaß, dass sie zur ausreichenden Bewegung animieren, so ist schon eine wichtige Funktion der »Kleinen Spiele« erfüllt.

Sie nehmen bei den »Kleinen Spielen« die Rolle der Spielleiterin ein. Während des Spielablaufs sollten Sie sich aus dem Spiel zurückziehen. Beobachtend verfolgen Sie den Spielablauf. Gegebenenfalls müssen Sie in das Geschehen eingreifen, falls ungünstige Bedingungen entstehen sollten.

Die Regeln der einzelnen Spiele müssen den Teilnehmerinnen schnell, einfach und sinnvoll erklärt werden. Langes Erklären nimmt den einzelnen Spielerinnen die Motivation. Die Auswahl der »Läuferinnen«, die die Spiele beginnen, sollten Sie den Teilnehmerinnen überlassen. Verdeutlichen Sie, dass alle Spielerinnen die Aufgabe einer Läuferin übernehmen. So werden sich freiwillig Teilnehmerinnen als erste »Läuferinnen« melden.

»Verfolge den Ball«

Die Teilnehmerinnen bilden zwei gleich große Gruppen. Jede Gruppe bildet bis auf eine Teilnehmerin pro Gruppe einen Innenstirnkreis. Die Spielerinnen der einzelnen Kreise geben einen Ball links und rechts herum.

Die Spielerin, die sich außerhalb des Kreises befindet, versucht die Geschwindigkeit und Richtung des Balles aufzunehmen und nachzuvollziehen.
Diese Übung fördert außer der Reaktions- noch die Konzentrationsfähigkeit. Außerdem wird die Bewegungsabstimmung auf die Bewegungen des Balles geschult.
Den schnellen Wechsel der Teilnehmerinnen für beide Gruppen sagen Sie laut und deutlich an.

»Komm mit, lauf weg!«

Wieder stellt sich die Gruppe in einem Kreis auf. Eine Spielerin bleibt außerhalb des Kreises. Sie läuft um die Gruppe herum. Mit den Aufforderungen »Komm mit!« oder »Lauf weg!« wird eine Mitspielerin aus dem Kreis angetippt. Die angetippte Mitspielerin läuft bei dem Kommando »Komm mit!« hinter der Spielerin her, um diese zu fangen. Wurde die Spielerin gefangen, reiht sie sich in den Kreis ein. Die Mitspielerin, die fangen musste, tippt jetzt an und verlangt »Komm mit!« oder «Lauf weg!«.
Mit der Aufforderung »Lauf weg!« rennt die Mitspielerin in die entgegengesetzte Laufrichtung. Die Läuferin und die Fängerin, die beide entgegengesetzt um den Kreis laufen, versuchen schnellstmöglich den frei gewordenen Platz einzunehmen. Wer ihn zuerst erreicht, hat gewonnen. Die Verliererin bleibt außerhalb des Kreises und tippt an.
Sie können die Übung verändern, indem Sie die Fortbewegungsart erschweren. Alle könnten beispielsweise auf einem Bein oder im Schluss-Sprung springen. Die Ausgangsposition der Teilnehmerinnen im Kreis kann gewandelt werden. Die Gruppe geht in die Hocke oder sie setzt sich.

Löwinnenball

Die Spielerinnen bilden erneut einen Kreis, wobei eine Mitspielerin, die »Löwin«, in der Kreismitte steht. Die Löwin versucht den Ball, der von den Spielerinnen im Kreis hin und her geworfen wird, zu fangen oder zu berühren. Der Ball sollte innerhalb von drei Sekunden wieder abgegeben werden, wenn er von einer Teilnehmerin im Kreis gefangen wurde. Fängt oder berührt sie den Ball, ist sie erlöst. Die Mitspielerin, die zuletzt den Ball geworfen hat, ist die neue »Löwin«.
Es gibt wieder Variationsmöglichkeiten. Mehrere Spielerinnen stehen in der Kreismitte. Die Ausgangsposition der Spielerinnen im Kreis verändert sich, da sie z. B. sitzen. Mehrere verschiedene Bälle können eingesetzt werden, die eine oder mehrere Mitspielerinnen fangen.

»Komm mit, lauf weg!« und »Löwinnenball« bilden den Schwerpunkt der Reaktionsspiele. Für jedes Spiel sollten mindestens 5 Minuten eingeplant werden. Abweichungen vom Zeitumfang sind natürlich denkbar. »Verfolge den Ball« ist die Einleitung zu den Reaktionsspielen. Ein schneller, von Ihnen angesagter Wechsel der Mitspielerinnen soll die Bedeutung der Reaktionsfähigkeit in diesem Spiel erhöhen.

Übungsparcours zum Verbessern des Gleichgewichts: »Die Leichtigkeit des Seins«

Der Übungsparcours zur Verbesserung der Gleichgewichtsfähigkeit besteht aus verschiedenen Bewegungen auf unterschiedlichen Balanciergeräten. Da Ihnen wahrscheinlich von jeder Balancierhilfe nicht mehr als zwei Geräte zur Verfügung stehen werden, besteht dieses Programm aus unterschiedlichen Stationen. An jeder Station arbeitet ein Paar, wobei eine Partnerin aktiv ist und die andere Hilfestellung leistet.

Mehr Sicherheit im Unterricht
Erklären Sie den Partnerinnen ganz genau, wie Sie die Hilfestellung geben können, damit beide sicher sein können.

Da sich die Übungen an den einzelnen Stationspunkten sehr voneinander unterscheiden, ist es hilfreich, Karten mit einer Zeichnung und einer kurzen Übungsbeschreibung zu den einzelnen Punkten zu legen. Zu den unterschiedlichen Balanciergeräten sind immer mehrere Übungsmöglichkeiten aufgeführt. Sollte Ihnen ein Gerät nicht zur Verfügung stehen, führen Sie mit einem Gerät verschiedene Gleichgewichtsübungen aus. Aus den aufgeführten Übungen sollten Sie einen Parcours mit acht Stationen aufbauen.

Für den Aufbau und die Übungszeit an den einzelnen Stationen sollten Sie circa 30-35 Minuten einplanen. Pro Station stehen jedem Paar ungefähr 3-4 Minuten zur Verfügung. Sagen Sie laut und deutlich den Wechsel der Partnerinnen an den Stationen an. Durch ein akustisches Signal, beispielsweise ein Pfeifen, erfolgt umgehend der Wechsel der Paare zur nächsten Station.

Übungen mit dem Minitrampolin
Das Minitrampolin ist ein ideales Balanciergerät, um die koordinativen Fähigkeiten zu trainieren. Zudem ermöglicht es ein rücken- und gelenkschonendes Trainingsprogramm.
In dieser Unterrichtsphase wird mit dem Trampolin vorwiegend das Gleichgewichtshalten geübt. Sie werden merken, dass sich die Teilnehmerinnen schon nach einigen Wiederholungen mit dem Gerät vertraut gemacht haben. Fehlerhafte Bewegungsausführungen äußern sich gleich in unkoordinierten Bewegungen, die sofort von den Teilnehmerinnen korrigiert werden.

Auf einem Bein
Die aktive Partnerin stellt sich in die Mitte des Minitrampolins. Die Füße sind hüftbreit geöffnet und die Knie immer leicht gebeugt. Aus den Knien heraus federt die Teilnehmerin auf und ab. Nachdem sich die aktive Partnerin mit dem Gerät vertraut gemacht hat, versucht sie auf einem Bein ganz ruhig zu balancieren. Wenn man das Gleichgewicht gut halten kann, sollte mit dem Standbein leicht gewippt werden. Das Wechseln des Standbeins nicht vergessen. Die Übung sollte auf jeder Seite zweimal ausgeführt werden.
Anschließend geht die Partnerin, die die ganze Zeit Hilfestellung geleistet hat, auf das Trampolin.

Schrittwechsel
Die aktive Person steht in einer Schrittstellung auf dem Minitrampolin. In einem schnellen Wechsel sollte der linke Fuß vorne und der rechte hinten gesetzt werden. Beim nächsten Sprung ist der rechte Fuß vorne und der linke Fuß hinten. Nach 20-25 Schrittwechseln übt die andere Partnerin die Übung aus.

Gegengleich bewegen
Die übende Teilnehmerin nimmt einen Einbeinstand ein. Das rechte Bein wird nach schräg außen geführt, ohne dass dieses Spielbein Bodenkontakt hat. Der linke Arm wird schräg nach außen über den Kopf geführt. Das Standbein bleibt leicht gebeugt, der Oberkörper ist aufrecht. Nun werden vor dem Körper der linke Ellenbogen und das rechte Knie zusammengeführt, ohne dass die Übende das Gleichgewicht verliert. Pro Seite sollten 10-15 Wiederholungen erfolgen. Lassen Sie maximal drei Serien auf jeder Seite ausüben.

Stabiler Stand
Die tätige Teilnehmerin stellt das rechte Bein auf das Trampolin. Das Knie ist etwas gebeugt und der Oberkörper wird aufrecht gehalten. Das linke Bein wird nach hinten geführt. Der linke Fuß wird nicht auf den Boden gesetzt. Die Belastung liegt auf dem rechten Bein, das jetzt die Balance halten muss. Die Übung wird circa 20 Sekunden auf jedem Bein gehalten. Drei Wiederholungen pro Bein sollten durchgeführt werden.

Stabiler Stand

Übungen mit dem Therapiekreisel
Der Therapiekreisel eignet sich besonders zur Schulung der Gleichgewichtsfähigkeit. Durch seine halbrunde Unterstützungsfläche muss die übende Person immer die Balance halten. Sie können alle Übungen mit dem Minitrampolin – bis auf den »Schrittwechsel« – auf den Kreisel übertragen. Nachfolgend sind noch zwei Übungen zur Erweiterung des Trainingsprogramms aufgeführt.
Der Partnerin, die Hilfestellung leistet, muss sehr aufmerksam die Bewegungen der aktiven Partnerin verfolgen. Durch die kleine Unterstützungsfläche kann die aktive Person das Gleichgewicht nicht durch größere Ausfallschritte ausgleichen.

Therapiekreisel

Abfahrtshocke
Die übende Teilnehmerin stellt sich mit Hilfe der Partnerin auf den Therapiekreisel. Sie versucht das Gleichgewicht ohne Hilfe der Partnerin zu halten. Ist es ihr erfolgreich gelungen, versucht sie, in die Abfahrtshocke hinunter und anschließend wieder hinauf zu gehen, ohne aus dem Gleichgewicht zu kommen.

Hüftschwung
Die Teilnehmerin steht sicher auf dem Therapiekreisel. Die Arme werden seitlich in Schulterhöhe weggestreckt. Jetzt beginnt sie mit den Hüften zu schwingen, wodurch sie sich nach rechts und links ohne Verlust des Gleichgewichts dreht.

Bewegungen mit dem Rollbrett, Pedalo und der Laufrolle
Das Rollbrett, das Pedalo und die Laufrolle werden besonders als psychomotorische Übungsgeräte eingesetzt, um die koordinativen Fertigkeiten, die Wahrnehmungsfähigkeit und die Bewegungserfahrung zu trainieren. Durch die gemeinsamen Absprachen mit der Hilfe leistenden Partnerin werden außerdem das soziale Verhalten und das Vertrauen positiv gestärkt.
Legen Sie zu den Stationen mit dem Pedalo und der Laufrolle noch Stützstöcke oder Stäbe. Sie unterstützen zusätzlich das Halten der Balance.
Achten Sie immer darauf, dass die Teilnehmerinnen immer sicher mit beiden Füßen auf die Geräte steigen. Ein ungewolltes Wegrollen, das Stürze nach vorn oder hinten zur Folge hätte, wird dadurch vermieden.

Variation
Wenn Ihnen diese Hilfsmittel nicht zur Verfügung stehen sollten, oder Sie der Meinung sind, dass die nachfolgenden Übungen die Teilnehmerinnen überfordern, wählen Sie einfache Gleichgewichtsübungen aus dem ersten und sechsten Kursbaustein *(siehe Seiten 30 und 73)*.

Abfahrtshocke

Langlauf fahren
Die übende Person stellt sich sicher mit beiden Füßen auf das Pedalo. Die Partnerin reicht ihr die Stöcke. Die Fahrt kann beginnen. Die Stöcke dienen als Unterstützung zum Halten des Gleichgewichts während des Fahrens. Führt die aktive Person das Fahren sicher aus, können die Stöcke an die Partnerin gereicht werden. Die übende Partnerin kann sich im Vorwärts- und Rückwärtsfahren versuchen.

Variation
Erschweren Sie die Übung für fortgeschrittene Teilnehmerinnen. Sie können einen Ball während des Fahrens hochwerfen und wieder fangen. Der Ballwechsel kann zwischen den Partnerinnen erfolgen.
Gegenstände, wie ein kleiner Stab, können beim Fahren balanciert werden.

Langlauf rollen
Die Bewegungsausführung mit der Laufrolle entspricht der des »Langlauffahrens«. Doch lässt sich die Bewegung besser ausüben, wenn man barfuß auf der Rolle geht. Durch das Barfußlaufen können die Teilnehmerinnen die Rolle besser wahrnehmen und sich in kleinen Trippelschritten fortbewegen.

Variation
Falls die Gruppe Schwierigkeiten mit der Ausübung der Aufgabe hat, können Sie die Laufrolle zwischen zwei Matten klemmen. Die Teilnehmerinnen stellen sich auf die Laufrolle und versuchen in der gesicherten Position der Rolle, das Gleichgewicht zu halten.

Slalomball
Eine Slalomstrecke ist mit Kegeln oder Hütchen im Raum markiert. Eine Partnerin setzt sich sicher auf das Rollbrett. Der Körperschwerpunkt ist in der Mitte des Brettes. Die Füße stehen vor dem Rollbrett auf dem Boden. Mit den Füßen versucht sich die aktive Person vorwärts zu bewegen. Erfolgreich wird die Slalomstrecke absolviert.

Variation
Das Zurücklegen der Slalomstrecke kann schwieriger gestaltet werden, wenn die rollende Teilnehmerin einen Ball oder Luftballon beim Fahren hochwerfen und wieder fangen muss. Der Ball kann ebenso von der Partnerin zugespielt werden.

Slalomball

Kniestand
Die Teilnehmerin nimmt einen Vierfüßlerstand auf dem Rollbrett ein. Wenn das Gleichgewicht gefunden wurde, wird ein Bein nach hinten weggestreckt. Jedes Bein wird für circa 20 Sekunden in der Luft gehalten.
Wiederholen Sie die Übungen auf jeder Seite dreimal.

Kniestand

Einbeinstand
Die aktive Partnerin stellt sich in einem sicheren Stand auf das Brett. Anschließend versucht sie das rechte Bein seitlich wegzuführen, ohne aus der Balance zu geraten. Diagonal wird der linke Arm vom Körper ausgestreckt. Jede Diagonale sollte dreimal circa 20 Sekunden gehalten werden.

Übungen auf dem Bohnensäckchen, dem weichen Medizinball und der »Wackelmatte«
Die unterschiedlichen labilen und stabilen Untergründe eignen sich besonders zur Regulierung einer statischen Haltung mit geschlossenen Augen.

- Die Bohnensäckchen, die oft auch als Sand-, Kirschkern- oder Kastaniensäckchen bezeichnet werden, können Sie auch durch weiche Kissen ersetzen. Haben Sie schwergewichtige Teilnehmerinnen im Kurs, so sollten zwei Kissen beim »sicheren Stand« übereinander gelegt werden.
- Die Medizinbälle sollten nicht ganz aufgepumpt sein.
- Legen Sie eine oder mehrere Matten auf unterschiedliche Bälle und die »Wackelmatte« ist fertig.

Sicherer Stand

Sicherer Stand
Der rechte Fuß wird auf ein Bohnensäckchen, einen weichen Medizinball oder eine Wackelmatte gestellt. Nun soll versucht werden, auf dem rechten Bein zu stehen. Das freie Bein kann vor - und zurückschwingen. Eventuell können auch die Augen geschlossen werden. Die Übung sollte circa 20 Sekunden mit jedem Standbein gehalten werden. Anschließend wird die Übung mit jeder Seite drei- bis viermal wiederholt.

Variation
Der sichere Stand lässt sich in sicheres Gehen auf den Wackelmatten umwandeln. Während des Gehens soll das Gleichgewicht ohne Hilfe gehalten werden.

Dehnen und Entspannung: »Im Gleichgewicht sein«

Diese Stunde lassen Sie mit einer kurzen Atemübung ausklingen. Jede Teilnehmerin sucht sich einen Sitzplatz im Parcours. Es können Geräte wie Matten, Trampoline oder sogar hinzugestellte Bänke sein. Alle setzen sich bequem hin. Die Beine sind hüftbreit geöffnet. Die Unterarme stützen sich auf den Oberschenkeln ab. Die Hände hängen locker hinunter. Der Kopf ist in Verlängerung zur Wirbelsäule. So ist der Blick schräg nach unten auf den Boden gerichtet. Die Augen werden geschlossen.

Beim Einatmen wird die Wirbelsäule zu einem runden Rücken aufgerollt. Während des Ausatmens wird der Rücken langsam wieder gerade.
Dieser Atemrhythmus soll solange wiederholt werden, bis die Gruppe zur Ruhe gekommen ist. Die Gedanken sollen während des bewussten Atmens von der Außenwelt abgewandt sein. Alle sollen konzentriert in sich horchen, um den Atem zu fühlen und fließen zu lassen.

Abschluss und Motivation

Fordern Sie Ihre Teilnehmerinnen auf, sich für das eigene Training ein Bohnensäckchen herzustellen. Das Säckchen kann dann sowohl zum Gleichgewichtstraining als auch zum Erspüren des Körpers verwendet werden. Das Bohnensäckchen kann man beispielsweise in Rückenlage unter ein Schulterblatt legen, um bewusst die Schulter wahrzunehmen. *Weitere Anregungen gibt das VHS-Kursbuch, Seite 9 und Seite 97.*

Wissenswertes

Reaktionsfähigkeit

Die Reaktionsfähigkeit stellt die Fähigkeit dar, Situationen möglichst schnell wahrzunehmen und Reize bzw. Signale zu verarbeiten. Zweckmäßige kurzzeitige, ganzkörperliche Bewegungsabläufe werden daraufhin eingeleitet und ausgeführt.
Sowohl in vielen alltäglichen Bewegungsmustern als auch in fast allen Sportarten ist die Reaktionsfähigkeit von besonderer Bedeutung, um auf eine Reaktion mit einer Aktion zu reagieren. Die Reaktionsfähigkeit ist von unterschiedlichen Faktoren abhängig, bis eine motorische Aktion auf ein Signal hin erfolgt.

Die Reaktionszeit läuft in folgenden, hintereinandergeschalteten Phasen ab *(Zaziorski 1968/Krüger 1982)*:

1. Wahrnehmungsphase: Zuerst werden die Sinnesorgane erregt.
2. Afferente Leistungsphase: Die Reize werden zum Zentralnervensystem geleitet. Diese Phase dauert ca. 0,03 sec.
3. Informationsverarbeitungsphase: Zentrale Schaltvorgänge laufen im zentralen Nervensystem ab. Ein »Aktionsplan« wird erstellt.
4. Efferente Leistungsphase: Die Impulse für den Aktionsplan werden zu den Muskeln zurück geleitet. Die Impulsübertragung passiert in ca. 0,03 sec.
5. Latenzzeitphase: Der Aktionsplan wird als eine mechanische Aktivität im Muskel umgesetzt. Der Zeitumfang beträgt nicht mehr als ca. 0,04-0,01 sec.

Die Informationsverarbeitungsphase variiert am stärksten im Zeitumfang, da in dieser Phase alle einfachen und komplexen Reaktionsmöglichkeiten berücksichtigt werden müssen. Die anderen vier Phasen sind im zeitlichen Umfang relativ konstant.

Die Reaktionsfähigkeit ist des Weiteren von der Deutlichkeit der Signalgebung und deren Wahrnehmung abhängig. Von entscheidender Bedeutung sind die optischen und akustischen Signale. Die optische Signalgebung – beispielsweise auffallend bunte Fußballtrikots – informiert den Spieler über die Position des Gegenspielers auf dem Spielfeld. In einigen Sportarten werden unauffällige Farben ausgewählt, um der gegnerischen Partei keinen Aufschluss über die eigene Position zu geben. Hört man das akustische Signal laut und deutlich, ist die Reaktionszeit umso kürzer. Im Gegensatz zum lauten Knall verlängert sich die Reaktionszeit beim Klatschen oder Pfeifen.
Fast unbedeutend bleiben die taktilen und kinästhetischen Reize, wenn sie nicht eine bestimmte Intensität, wie z. B. beim Boxen, erreichen.
Die aufgeführten Signale treten meist nicht isoliert, sondern gebündelt als Signalkomplex auf. Durch diesen Signalkomplex wird die Wahrnehmung der einzelnen Spielerin entlastet. Sie nimmt die Position der Gegenspielerin beim Torangriff im Handballspiel nicht als einzelne optische Signale, sondern als Spieltaktik wahr. Angeborene Reflexe, die auf unbewusster Ebene ablaufen, können die Reaktionszeit bzw. Reaktionsfähigkeit beeinträchtigen, wenn sich eine Handballspielerin durch Abwehrbewegungen gegenüber der Gegnerin vor Verletzungen schützt.

Merkmale der »Kleinen Spiele«

Die »Kleinen Spiele« haben einfache Regeln. Die Regeln lassen sich variabel gestalten und sind jederzeit veränderbar.
Außerdem sind noch folgende Abwandlungsmöglichkeiten denkbar:

- Veränderung der Aufstellungsform und Ausgangsposition
- Abwandlung der Wurfart und der Fortbewegung
- Änderung des Spielfeldes

Die Anzahl der Teilnehmerinnen lässt sich individuell gestalten. Spielerinnen mit den unterschiedlichsten motorischen Fertigkeiten können gemeinsam in einem Spiel aktiv werden. Aufwendiges Unterrichtsmaterial wird nicht benötigt.
Die »Kleinen Spiele« verbessern nicht nur die Bewegungskoordination, sondern auch die Kraft, Ausdauer und Schnelligkeit. Die Spiele können als methodische Hilfe benutzt werden, um auf große Sportspiele wie Basketball oder Fußball vorzubereiten. Mit den »Kleinen Spielen« können auch motorische Grundfertigkeiten gezielt trainiert werden.

Das Gleichgewichtsvermögen

Zusammenhang der Analysatoren
Es besteht ein enger Zusammenhang zwischen den taktilen, kinästhetischen und vestibulären Analysatoren. Bevor das Gleichgewichtssystem auf optische und akustische Signale reagiert, arbeitet es schon. Dieses System unterstützt ebenso das Sehvermögen und die Informationsverarbeitung akustischer Reize.
Wie und wo man sich bewegt, wird durch das Zusammenspiel von der Gleichgewichtsfähigkeit, Bewegungsempfindung und dem Sehen bestimmt. Die Fähigkeit, das Gleichgewicht zu halten, ermöglicht dem Auge, einen bewegten Gegenstand wahrzunehmen. Die Gleichgewichtsfähigkeit reguliert die Position des Kopfes im Raum. Anschließend wird die Lage des Körpers bestimmt. Vorwiegend aber steuert der Kopf die Bewegungsabläufe. Denn durch das stabile Gesichtsfeld kann man Gegenstände wahrnehmen, ohne dass sie verwischen. Die Augen-Hals-Kopf-Koordination stabilisiert das Gesichtsfeld. Das Zusammenspiel von den Augen mit der Halsmuskulatur sorgt für eine ausgewogene Blickregulation. Kann eine Person die Bewegung des Körpers nicht steuern, versucht sie mit den Händen, diese Balance wiederherzustellen.

Statik ist Ungleichgewicht
Das Gleichgewichtssystem ist an allen Bewegungen, auch an allen Ausgleich- und Anpassungsbewegungen, beteiligt. Es ist sowohl bei Richtungsänderungen und Drehbewegungen als auch bei statischen und dynamischen Haltungen eingeschaltet. Durch kleine, fast kaum sichtbare Bewegungen versucht das Gleichgewichtssystem, bei Abweichungen von der idealen Gleichgewichtsposition den Körper in die bestmögliche Stellung zu bringen. Der Körper bewegt sich immer um eine »Idealposition« herum. Trotz ausreichendem Training und viel Bemühen wird die optimale Gleichgewichtsposition nicht erreicht, sondern nur eine Annäherung, der »quasistatische Zustand«. So bewegt sich der menschliche Körper von einem Ungleichgewicht zum nächsten.

Das Gleichgewicht als emotionaler Faktor
Die Gewissheit, das Gleichgewicht halten zu können, bedeutet ein erhöhtes Sicherheitsempfinden. Es erhöht dadurch die emotionale Sicherheit des Einzelnen. Unsicherheit und Angst verringern sich. Ein gutes Gleichgewichtsempfinden wirkt sich positiv auf das allgemeine Wohlbefinden aus.
Hat eine trainierende Person Angst vor neuen Bewegungsaufgaben, nimmt sie die Dynamik aus der Bewegung heraus. Erlernte Verhaltensmuster, wie z. B. die Arme zum Ausgleich einzusetzen, werden unterdrückt. Dadurch wird die Ausführung der Übung erschwert. Konzentriert sich die übende Person zu sehr auf die Lösung einer Aufgabe, wird sie ebenfalls in der Ausführung der Übung gehemmt. Ein dynamisches Gleichgewicht lässt sich leichter halten als statisches. Die Balance im Stand auf dem Drahtseil zu halten, ist schwieriger, als sich auf diesem zu bewegen.

Anregung koordinativer Fähigkeiten mit dem Bohnensäckchen

Bohnensäckchen lassen sich vielfältig zur Körperwahrnehmung und zum Koordinationstraining nutzen.

Sie können die Säckchen mit unterschiedlichen Trockenmaterialien verschiedener Form und Größe füllen: Linsen, Erbsen, Reis, Hirse, Kastanien, Eicheln, Sand und Ähnlichem. Lassen Sie die Teilnehmerinnen mit den Fußflächen erraten, welches Säckchen mit welchem Material gefüllt ist. Was mit den Händen noch relativ leicht ist, ist mit den Füßen ungleich schwerer. Die taktilen Fähigkeiten der Füße sind durch das regelmäßige Tragen von Schuhen und durch das Gehen auf gepflasterten oder betonierten Flächen zu großen Teilen verkümmert. Diese taktilen Fähigkeiten sind aber eine Voraussetzung, sich den Eigenarten unterschiedlicher Bodenbeschaffenheiten im Gang anzupassen.

Die Koordination der Vielfalt kleinster Muskeln der Fußsohle untereinander lässt sich trainieren, indem barfuß über die Säckchen gegangen wird. Idealerweise werden dazu Säckchen doppelter Größe einen Schritt voneinander entfernt ausgelegt. Es ist aber auch möglich, jeweils zwei Säckchen hintereinander für einen Schritt zu nutzen, falls der Boden nicht zu rutschig ist. Die kleinsten Muskeln der Fußsohle bestimmen nicht nur über das Gleichgewicht mit, ihr Training dient auch dem Erhalt des Fußgewölbes, das für die gesamte Körperstatik von entscheidender Bedeutung ist.

Die Säckchen lassen sich gut für eine aktive Massage der Fußsohlen nutzen, die die Durchblutung der Fußmuskulatur anregt und die Wahrnehmung trainiert.

Mit den Zehen lassen sich die Säckchen greifen und von einem Platz zu einem anderen transportieren. In der Gruppe kann zum Beispiel versucht werden, sich wechselseitig mit dem Fuß Säckchen zu rauben. Wer loslässt, riskiert, dass andere schnell zugreifen. Da man immer auf der Suche nach fremden Säckchen ist, sind die eigenen niemals sicher ... Die Anregung der Greiffunktion der Zehen festigt nicht nur das Fußgewölbe, sondern kräftigt auch die Wadenmuskulatur, die die größeren Fußbewegungen ermöglicht. Gleichzeitig wird das Stehen und Hüpfen auf einem Bein trainiert.

Die Übung lässt sich noch variieren, indem nach vorgegebenen Rhythmen gezielt nur mit dem linken oder nur mit dem rechten Fuß nach fremden Säckchen gegriffen werden darf, denn »Nicht nur rechts ist richtig, sondern auch links ist wichtig.«

Mit kleinen Änderungen lässt sich dieses Training auch mit bewegungseingeschränkten Personengruppen durchführen.

Weitere Anregungen zum Thema Gleichgewicht und Körperwahrnehmung finden Sie im Buch »Wie geht's? Wie steht's? – Körpererfahrung im Alltag« von Claudia Grove, VHS-Kursbuch ISBN 3-12-939853-8 *(siehe auch »Literaturtipps«, S. 128).*

Einem Hampelmann gleich

Das Finale - ein Feuerwerk der Bewegung

Auf einen Blick

Ziel:

- Verbesserung und Schulung der allgemeinen koordinativen Fähigkeiten

Phasen und Übungen	Methode	Medien/Material	Zeit
Einstieg	Kurzreferat	Sprache	3 Min.
Einstimmungsphase: Den Alltag abschütteln	Bewegung	Sprache, Musik	7 Min.
Aufwärmen und Dehnen: »Raub' die Klammer!«	Bewegung	Sprache, Musik, bunte Wäscheklammern	10 Min.
Belastungsphase: »Deutschstunde – Wörter tanzen«	Bewegung, Gedächtnistraining	Sprache, Musik, große Zettel mit Wörtern	15 Min.
Stationstraining zur Verbesserung der wichtigsten koordinativen Fähigkeiten: »Boxenstopp«	Verbesserung der koordinativen Fähigkeiten durch Schwerpunkt-Übungen	Sprache, Musik, eine große Anzahl verschiedener Bälle, Kastenteile, Basketballkorb, Markierungsbänder, Schläger der verschiedensten Rückschlagspiele, Luftballons, Taue, Seile oder Zauberschnur, weiche und harte Matten, Gymnastikstäbe, Springseile, Tennisringe, Gymnastikreifen, Medizinbälle, Pezzibälle, evtl. Tücher, Thera-Bänder	25-30 Min.
Dehnen und Aufbau des Zirkeltrainings	Stretching	Sprache	5 Min.
Entspannungsphase: »Bewusstes Atmen«	Atemtechnik	Sprache, Matten	5-10 Min.
Abschluss und Motivation	Gesprächskreis	Kursbuch	5 Min.

Anleitungen zur Kurspraxis

Einstieg

In dieser Kurseinheit werden die allgemeinen koordinativen Fähigkeiten durch ein Stationstraining verbessert und geschult. Es werden verschiedene Hilfsmittel und Geräte eingesetzt, um das Training zu unterstützen.
In der Aufwärmphase werden Wäscheklammern als Hilfsmittel verwendet, um die Teilnehmerinnen auf ein abwechslungsreiches und motivierendes Stundenbild einzustimmen. In der ersten Belastungsphase wird nicht nur die Herz-Kreislauf-Tätigkeit, sondern auch das Gedächtnis trainiert. Die zweite Belastungsphase besteht aus dem Stationstraining. Damit die Gruppe nach dem vielfältigen Übungsprogramm wieder zur Ruhe kommt, wird mit einem Atemtraining abgeschlossen.

Einstimmungsphase: Den Alltag abschütteln

Da diese Unterrichtseinheit sehr die Aufmerksamkeit der Teilnehmerinnen beansprucht, werden sie in der Einstimmungsübung aufgefordert, den Alltag abzuschütteln. Sie sollen den alltäglichen Stress, die alltäglichen Sorgen und Probleme für diese Stunde außen vor lassen, damit alle mit Konzentration, viel Spaß und Freude die Übungen ausführen können.

Einstimmung
Wann haben Sie das letzte Mal Ihre Sorgen und Probleme des Alltags bewusst für einen gewissen Zeitraum vergessen? Wann haben Sie bewusst etwas »Neues« ausprobiert, ohne dass Sie sich beobachtet fühlten? Schütteln Sie den Alltag von sich ab und genießen Sie das abwechslungsreiche Trainingsprogramm dieser Stunde.

Die Gruppe verteilt sich frei im Raum. Im hüftbreiten Stand beginnen die Teilnehmerinnen langsam die Belastung des Alltags von sich abzuschütteln. Beginnen Sie mit dem Ausschütteln der Hände. Fahren Sie mit den Armen und Schultern fort. Die Arme und Schultern sind so locker, dass die Arme locker hin und her schwingen. Dann bewegen Sie vorsichtig den Kopf hin und her. Der Kopf kann auch vor dem Körper von rechts nach links und umgekehrt kreisen. Anschließend schütteln Sie die Füße und Beine aus. Zum Schluss fühlen Sie sich ganz locker, entspannt und frei.
Jetzt kommen die Teilnehmerinnen langsam in Bewegung. Sie gehen beschwingt durch den Raum. Der ganze Körper wird durchbewegt. Die Bewegungen sind weich und langsam. Die Arme schwingen mit. Mit der Zeit werden die Bewegungsabläufe etwas schneller, doch sollte die individuelle Fortbewegung noch entspannt und locker sein. Vermeiden Sie in dieser Phase das Laufen oder Springen.

Wählen Sie für diese Aufgabenstellung eine aufmunternde, doch relativ ruhige Musik, z. B. »Die vier Jahreszeiten« von Vivaldi, aus. Nehmen Sie sich in der Beschreibung der Bewegungsaufgaben so weit zurück, dass die Teilnehmerinnen viel Bewegungsfreiraum zum Ausprobieren neuer Abläufe haben.

Aufwärmphase und Dehnen: »Raub` die Klammer!«

Jede Teilnehmerin kennt die Wäscheklammer aus dem alltäglichen Leben. Hier wird sie als Hilfsmittel für die Aufwärmphase eingesetzt. Die Klammer bereitet als »Spielzeug« viel Freude und Spaß. Besorgen Sie eine Vielzahl von bunten Wäscheklammern.

Jede Mitspielerin erhält eine bunte Wäscheklammer. Achten Sie darauf, dass jede Farbe in der gleichen Anzahl an die Personen verteilt wird.
Die Teilnehmerin steckt sich ihre Wäscheklammer hinten an das Oberteil. Nun versuchen sich die Mitspielerinnen gegenseitig die Wäscheklammern zu rauben, um sie sich selbst anzustecken. Die Teilnehmerinnen gehen zügig kreuz und quer durch den Raum. Die Spieldauer beträgt circa 5 Minuten.

Anschließend ändern Sie die Spielregel etwas ab. Jetzt dürfen sich nur die Spielerinnen mit der gleichen Farbe die Klammern rauben. Wieder gehen alle in einem schnellen Schritttempo durch den Gymnastikraum. Hat eine Spielerin alle Klammern in der gleichen Farbe von ihren Mitspielerinnen am Oberteil befestigt, beginnt das Spiel für diese Farbgruppe von vorne. Jede Mitspielerin erhält z. B. ihre rote Klammer zurück. Das »Rauben« geht wieder los. Diese Regeln gelten ebenso für die anderen Farbgruppen. Spielen Sie diese Variation circa 3-4 Minuten.

Es können auch immer zwei Wäscheklammerfarben, beispielsweise gelb und blau, untereinander die Klammern rauben. Die Farbgruppen, die miteinander spielen, werden von Ihnen festgelegt. Die Regeln lauten wie beim Klammernraub mit einer Farbe. Wechseln Sie während dieser Spielvariation schnell die Farbkombinationen. Dieses Spiel sollte etwa 3-4 Minuten dauern.

Sie können alle drei Spielvariationen in einer Aufwärmphase kombinieren. So haben alle ungefähr 10 Minuten lang viel Abwechslung und viel Spaß.

Die Aufwärmphase sollte ein dreiminütiges Dehnprogramm der wichtigsten zu dehnenden Muskelgruppen beinhalten.

Belastungsphase: »Deutschstunde – Wörter tanzen«

In der Belastungsphase soll die Herz-Kreislauf-Tätigkeit richtig in Schwung gebracht werden. Außerdem wird ein kleines Gedächtnistraining eingebaut, das die geistige Leistung, Konzentration und das Gedächtnis schult. Das Gedächtnistraining baut sich aus fünf einzelnen Bewegungsformen auf, die fünf bestimmten Buchstaben zugeordnet werden. Die einzelnen Buchstaben werden zu unterschiedlichen Wörtern zusammengesetzt. Es werden immer neue Wörter gebildet. Die Wörter werden von Ihnen vorgegeben. Die Teilnehmerinnen »tanzen« diese nach. Es soll natürlich ohne Leistungsdruck geübt werden. Die Aufgabe orientiert sich an Spaß und Freude.

Die Gruppe verteilt sich in ein paar Reihen hintereinander im Raum, so dass Sie von der ganzen Gruppe gesehen werden. Sie stehen wie beim Frontalunterricht mit Blick zur Gruppe. Hier sollten Sie wieder alle Übungen spiegelverkehrt zur Gruppe ausführen, wie Sie es schon bei den verschiedenen Aerobic-Kombinationen vorgemacht haben *(siehe Seite 39)*. Wenn Sie beispielsweise eine Bewegung mit dem rechten Fuß beginnen lassen, belasten Sie Ihren linken Fuß.

Alle gehen mit kräftigem Arm- und Beineinsatz am Platz. Während des Gehens erklären Sie die Aufgabenstellung. Zeigen Sie einen großen Zettel mit dem Wort »Maden«. Erläutern Sie, dass jetzt alle dieses Wort tanzen. Nacheinander zeigen Sie die Bewegungen zu den einzelnen Buchstaben *(s. unten)* und üben diese ein. Üben Sie den Bewegungsablauf eines Buchstabens so lange, bis Sie das Gefühl haben, dass die Gruppe den Ablauf richtig ausführt. Erst dann zeigen Sie die nächste Bewegungsform.

Wenn Sie alle Buchstaben geübt haben, fragen Sie durcheinander nochmals die einzelnen Buchstaben ab. Sie beginnen langsam mit dem Einüben der Wörter. Beginnen Sie erst mit Wörtern, die drei Buchstaben haben. Danach erhöhen Sie von drei auf vier, von vier auf fünf. Zum Schluss wählen Sie das Wort mit sechs Schriftzeichen.

Zwischen den einzelnen Wörtertänzen sollen die Teilnehmerinnen am Ort gehen oder sogar laufen. Optimal ist eine Bewegungsausführung im Takt der Musik *(siehe Seite 24)*. Doch wenn es Schwierigkeiten in der Umsetzung gibt, ist es wichtiger, die richtige Anzahl bzw. Wiederholungen eines Bewegungsablaufes für die einzelnen Schriftzeichen einzuhalten.

Besonders rhythmische Musik *(siehe Seite 37)* eignet sich für diese Bewegungsphase. Ein Grundrhythmus sollte deutlich hörbar sein, damit die Gruppe die Bewegungen im Takt der Musik ausführen können.

Wörter mit

drei Buchstaben:	**Ade, man, den**
vier Buchstaben:	**Ende, denn, dann, Anna, Anne, Nena, Mann, Mama**
fünf Buchstaben:	**Maden, Namen, Damen**
sechs Buchstaben:	**Nennen, Amanda**

Beispiel eines Bewegungsablaufes des Wortes »Maden«:
M = Hampelmann
A = Ferse aufsetzen
D = Drehen im Kreis
E = V-Step
N = Schlusssprünge

M = Hampelmann
Von der geschlossenen Ausgangsposition der Füße springen Sie mit beiden Beinen gleichzeitig in eine leichte Grätsche *(siehe Seite 37)*. Die Knie sind wie immer leicht gebeugt und die Fußspitzen zeigen nach vorne. Das passiert beim ersten Taktschlag. Mit beiden Beinen springen Sie zum zweiten Schlag in den Schlussstand zurück. Beim dritten und vierten Taktschlag erfolgt die Wiederholung der Bewegung. Die Arme werden angewinkelt bis zur Schulterhöhe hochgezogen. So sind Ellenbogen, Hände und Schultern auf einer Linie. Beim Schließen der Beine werden die Arme wieder an den Körper geführt. Es werden vier gesprungene Hampelmänner für das »M« benötigt.

A = Ferse aufsetzen
Aus dem Gehen heraus setzen Sie zum ersten Taktschlag die rechte Ferse nach vorne. Diese ziehen Sie beim zweiten Schlag zurück. Die linke Ferse wird zum dritten Taktschlag vorgesetzt und beim vierten zurückgezogen.
Hier können Sie die Arme nach vorne, oben, unten und seitwärts strecken, während Sie im Wechsel die Ferse aufsetzen. Die Hände sind immer leicht nach oben im Handgelenk gebeugt.
Die Fersen werden viermal aufgesetzt. Nacheinander werden die rechte, linke, wieder die rechte und linke Ferse nach vorne geführt. Lassen Sie die Arme in einer der oben aufgeführten Bewegungen mitführen, wenn diese nicht zu sehr die Übenden aus der Konzentration bringen. Dann ist die Bewegungsabfolge für diesen Buchstaben erfüllt.

D = Drehen Im Kreis
Die Teilnehmerinnen springen am Platz. Nach einigen Sprüngen ziehen sie beim Hochspringen die Arme hoch über den Kopf. Beim Landen werden die geballten Hände in Schulterhöhe zurückgezogen. Wenn sich dieser Bewegungsablauf harmonisiert hat, drehen sich alle mit acht Sprüngen um die eigene Achse, also um 360°. Während des Drehens werden die Arme viermal hoch und hinunter geführt.
Falls jemand nicht springen möchte, geht er in der gleichen Geschwindigkeit am Platz im Kreis.

Drehen im Kreis

N = Schlusssprünge

E = V-Step

Die Ausgangsposition ist wieder der Schlussstand. Den rechten Fuß setzen Sie schräg nach vorne rechts. Beim zweiten Taktschlag führen Sie den linken Fuß nach schräg vorne links. Der rechte Fuß wird beim dritten Taktschlag in die Ausgangsstellung zurückgezogen. Beim vierten Schlag erfolgt das Gleiche mit dem linken Fuß. Der Schritt sieht wie ein in Druckbuchstaben geschriebenes »V« aus.
Führen Sie die Arme entsprechend der Beinbewegung mit. Wenn Sie den rechten Fuß vorsetzen, ziehen Sie den rechten Arm hoch. Den linken Arm führen Sie mit dem linken Fuß mit. Der rechte und der linke Arm werden an den Oberkörper herangezogen, wenn das entsprechende Bein in die Ausgangsposition zurückgeführt wird.
Für die Bewegungsausführung des Buchstabens »E« sollten zwei V-Schritte hintereinander mit dem rechten Fuß begonnen werden. Versuchen Sie, die Arme mitzubewegen.

N = Schlusssprünge

Wieder werden Schlusssprünge am Platz geübt. Anschließend versuchen die Teilnehmerinnen, ein »N« am Boden nachzuspringen. Mit vier Doppelsprüngen ist ein »N« am Boden geschrieben. Ein Doppelsprung ist immer eine Spitze des »N«. Die Arme werden beim Springen seitlich angewinkelt bis zur Schulter hochgezogen.

Stationstraining: »Boxenstopp«

Grundregeln und methodische Hinweise

- Die Stationen sollten möglichst kreisförmig im Gymnastikraum oder in der Halle aufgebaut werden.
- Bauen Sie 6 bis 8 Stationen auf. Absolvieren Sie ein- bis zweimal den Durchlauf.
- Die Stationen sollten einen ausreichenden Abstand zueinander haben, so dass sich die Aktiven an den Übungsstationen nicht gegenseitig behindern. Jedoch sollten die Wege von Station zu Station nicht zu lang sein, was gerade in großen Sporthallen passieren kann.
- Die Abfolge der Stationen sollte deutlich durch Nummern oder Tafeln gekennzeichnet werden. An jeder Station sollte ein Hinweisschild mit der Darstellung der Übung und einer kurzen Beschreibung liegen.
- Legen Sie an jeder Station ausreichend Geräte und Hilfsmittel bereit.
- Führen Sie dieses Training nie ohne eine Aufwärmphase und eine Entspannungsübung aus.
- Beenden Sie eine Belastungsphase immer durch ein akustisches Signal, z. B. durch eine Trillerpfeife oder mit Musik. Musik eignet sich besonders zur Kennzeichnung der Belastungszeiten. Während der Pause oder des Wechsels zur nächsten Station bleibt die Musik ausgeschaltet. Setzt die Musik wieder ein, beginnt die nächste Belastungsphase. Es eignet sich für diese Trainingsform besonders aufmunternde und motivierende Musik. Wählen Sie besonders bekannte Lieder wie z. B. Schlager aus.
- Wählen Sie eine Belastungsdauer von circa 3 Minuten an jeder Station. Während eines Wechsels der Stationen sollte eine Minute Pause sein. Die Belastungsphasen können je nach Gruppengröße, Trainingszustand der Teilnehmerinnen und der zur Verfügung stehenden Zeit geändert werden. Wenn Sie zwei Durchgänge der Stationen planen, verringern Sie die angegebene Zeit um die Hälfte pro Übungsdurchlauf.
- Gestalten Sie die Reihenfolge der Aufgabenstellungen abwechslungsreich, so dass die Teilnehmerinnen an zwei hintereinanderfolgenden Stationen mit unterschiedlichen Hilfsmitteln arbeiten.
- Wählen Sie die Übungen mit einem Schwierigkeitsgrad aus, mit dem auch noch die schwächste Teilnehmerin die einzelnen Aufgabenstellungen bewältigen kann. Zeigen Sie immer Variationsmöglichkeiten an den einzelnen Stationen; so wird niemand unter- bzw. überfordert.

Aufbau des Stationstrainings

Bauen Sie mit Hilfe der Kursteilnehmerinnen die einzelnen Stationen auf. Teilen Sie die Gruppe entsprechend der Anzahl der Stationen in Paare ein. Geben Sie jeder Gruppe für die aufzubauende Station einen Arbeitszettel mit den entsprechenden Auflistungen für die Geräte und Hilfsmittel.

Aus einer kleinen Zeichnung sollte hervorgehen, wie die Station aufgebaut werden sollte. Kontrollieren Sie anschließend jede Station, damit an jeder Station das richtige Material liegt bzw. aufgebaut wurde.
Anschließend teilen Sie die Gruppe entsprechend der Anzahl der Stationen in kleinere Grüppchen oder Paare ein. Die kleinen Gruppen oder Paare verteilen sich an die Stationen. Dann zeigen Sie die Aufgaben der einzelnen Stationen mit Hilfe der Teilnehmerinnen. Jetzt kann das Training beginnen. Geben Sie ein akustisches Signal oder schalten Sie die Musik ein.

Ein Beispiel für ein Stationstraining mit sieben Schwerpunkten der koordinativen Fähigkeiten ist hier beschrieben. An den sieben Stationen werden unterschiedliche Hilfsmittel eingesetzt:

Aufgabenstellung	Übungsschwerpunkt	Hilfsmittel
Zielwürfe	Differenzierungsfähigkeit	Bälle
Wackelseil	Reaktionsfähigkeit	Seile
Doppelball	Orientierungsfähigkeit	Bälle
Wabbelmatte	Umstellungsfähigkeit	Matten
Reifenrhythmus	Rhythmusfähigkeit	Gymnastikreifen
Tautanz	Gleichgewichtsfähigkeit	Taue
Vermessen	Kopplungsfähigkeit	Theraband/Pezziball

Differenzierungsfähigkeit

»Doppelprellen«
Diese Übung schult die Differenzierungsfähigkeit bzw. das Ballgefühl *(siehe Seite 50)*. Sie benötigen für jede Person, die an dieser Station trainiert, zwei unterschiedliche Bälle. Sie müssen für das Prellen geeignet sein. Wählen Sie z. B. einen Basketball und einen kleinen Gymnastikball aus.
Die Teilnehmerinnen nehmen sich jeweils zwei verschiedene Bälle. Sie verteilen sich frei an der Station, so dass sie ausreichend Platz zueinander haben. Jetzt beginnen alle mit dem Prellen der beiden Bälle. Ziel der Aufgabe ist, beide Bälle gleichzeitig in Bewegung zu halten. Natürlich werden sich die Teilnehmerinnen etwas vom Platz fortbewegen, um die Bälle zur gleichen Zeit zu prellen.
Durch die unterschiedlichen Größen und Gewichte der Bälle setzen die Spielerinnen unterschiedliche Kräfte ein, um differenziert die Bälle zu bewegen.

»Zielwürfe«
Diesmal müssen die Kursteilnehmerinnen ihre Kraft differenziert einsetzen, um mit verschiedenen Bällen ein Ziel zu treffen. Als Ziel können Sie einen Gymnastikreifen in ein Tor hängen, ein offenes Kastenteil am Boden ablegen, einen Basketballkorb in der Halle oder einen anderen offenen Gegenstand benutzen. Legen Sie unterschiedliche Bälle wie Tischtennis-, Volley-, Basket-, Tennis-, Wasser- und Fußbälle bereit. Definieren Sie einen ausreichenden Abstand zum Ziel, so dass es noch getroffen werden kann. Kennzeichnen Sie diese Abwurflinie, die genau gegenüber des Ziels liegt, durch ein Seil oder Ähnliches.

Variation
Diese Aufgabenstellung lässt sich mehrfach variieren:
- Wählen Sie einen größeren Abstand zum Ziel.
- Ändern Sie die Wurfrichtung. Die Ausgangsposition kann auch seitlich zum Ziel sein.
- Erschweren Sie das Werfen durch Einschränkung der optischen Kontrolle. Verdecken Sie ein Auge mit einem Tuch, durch die eigene Hand oder durch die der Partnerin.
- Die Bälle sollen nicht mehr mit der Lieblingshand, sondern mit der schwachen Seite geworfen werden.

»Rückschlag«
Rückschlagspiele wie Tennis, Badminton, Tischtennis eignen sich besonders zur Verbesserung der Differenzierungsfähigkeit *(siehe Seite 50)*. Wählen Sie eine Station aus, die sich direkt an einer freien Wand ohne Geräte befindet. Hier sollen die Teilnehmerinnen von einer Markierungslinie, die hinreichend entfernt von der Wand ist, mit einem Schläger der Wahl und unterschiedlichen Bällen einen längeren Ballwechsel an der Wand üben. Die Spielerinnen trainieren die Genauigkeit ihres Krafteinsatzes und die koordinierte Abstimmung der zeitlich aufeinanderfolgenden Teilkörperbewegungen.
Hierzu brauchen Sie unterschiedliche Schläger von den oben aufgeführten Rückschlagspielen. Verschiedene Bälle, beispielsweise Tischtennis-, Softball-, Tennis-, Feder- und Hartgummibälle, werden bereitgelegt.
Jede Teilnehmerin nimmt sich einen Schläger und drei verschiedene Bälle. Während des Spiels wechselt sie immer wieder die Bälle. Natürlich können die Mitspielerinnen untereinander die verschiedenen Schläger tauschen.

Orientierungsfähigkeit

»Doppelball«
Diese Aufgabenstellung trainiert mit Bällen die Orientierungsfähigkeit *(siehe Seite 50)*. Legen Sie an diesen Stationspunkt für jede Teilnehmerin zwei verschiedene Bälle, von denen ein Ball zum Prellen geeignet sein sollte.
Jede Teilnehmerin nimmt sich zwei unterschiedliche Bälle. Einen Ball versucht sie, am Ort zu prellen. Der andere sollte gleichzeitig mit der anderen Hand in die Luft geworfen und wieder gefangen werden.
Die Übungsausführung lässt sich etwas vereinfachen, indem eine Hand einen Ball prellt und die andere Hand einen Luftballon in die Luft schlägt.

»Ballschwindel«
Es liegen Gymnastikbälle oder Basketbälle bereit, um die Orientierungsfähigkeit wieder zu verbessern.
Jede Mitspielerin nimmt sich einen der Bälle. Ihn wirft sie gegen eine Wand und fängt ihn anschließend auf. Vor dem Fangen des Balles dreht sich die Teilnehmerin um sich selbst. Dann soll sie den Ball auffangen, ohne dass sie durch die Drehung die Orientierung verloren hat.

Der gleiche Aufgabenablauf kann ebenfalls mit Bodenkontakt ausgeübt werden. Der Ball wird kräftig auf den Boden geprellt. Jetzt erfolgt eine Drehung der Teilnehmerin, bevor sie den Ball wieder fängt.

Reaktionsfähigkeit

»Aktion - Reaktion«

Diese Stationsaufgabe wird als Partnerinnenübung ausgeführt. Sie schult die Reaktionsfähigkeit *(siehe Seite 110)*.
Jedes Paar nimmt sich einen Ball, der sich zum Werfen eignet. Die Partnerinnen A und B stehen mit einem Abstand von circa 3 - 5 Metern entfernt. Partnerin B steht mit dem Rücken zu A. Der Ball wird von Partnerin A zur Teilnehmerin B geworfen. Gleichzeitig ruft A »Los!«. Partnerin B dreht sich schnell um, um den Ball zu fangen. Anschließend werden die Rollen vertauscht. Dieser Rollenwechsel wird bis zum Ende der vorgesehenen Trainingszeit an einer Station ausgeübt.

»Wackelseil«

Für diese Station benötigen Sie ein Seil, Tau oder eine Zauberschnur. Das Hilfsmittel wird mit einem Ende an einem festen Gegenstand festgebunden. Das andere Ende nimmt bei der Aktion an dieser Station dann eine Teilnehmerin in die Hand und bewegt es sehr schnell. Durch die Bewegung des Seiles und durch das Vermeiden einer Berührung des Seiles wird die Reaktionsfähigkeit *(siehe Seite 110)* verbessert. Trainiert mehr als ein Paar an diesem Punkt, sollten noch weitere Seile bereitgelegt werden.
Das Seil soll von einer Teilnehmerin flach über den Boden gehalten werden, so dass sich schlangenartige Formen ergeben. Diese Person hockt oder kniet sich auf den Boden. Die andere Partnerin soll über das Seil springen, ohne es zu berühren. Das Seil sollte beidbeinig übersprungen oder mit einem ständigen Seitenwechsel übergangen werden.

Aktion – Reaktion

Wackelseil

Variation

Natürlich lässt sich auch diese Aufgabenstellung variieren. Nun stehen beide Partnerinnen mit dem Rücken zueinander. Partnerin A wirft den Ball über den Kopf zu Partnerin B. Im gleichen Moment ruft A zu B wieder »Los!«. B dreht sich um 180° und fängt den Ball. Noch schwieriger wird die Übung, wenn A und B jeweils einen Ball haben, den sie sich gleichzeitig mit der halben Körperdrehung zuwerfen müssen.

Nach der Hälfte der Trainingszeit an dieser Station wechseln die Partnerinnen die Plätze.
In einer weiteren Runde des Zirkelprogrammes sollte die Aufgabe erschwert werden. Die Teilnehmerinnen springen einbeinig über das Tau. Das belastete Bein wird öfters gewechselt.

Umstellungsfähigkeit

»Wabbelmatte«
Um an dieser Station die Umstellungs- bzw. Anpassungsfähigkeit *(siehe Seite 50)* zu trainieren, brauchen Sie jeweils zwei harte und weiche Matten, viele Gymnastikstäbe, einige Tennisbälle, Tennisringe und Seile. Legen Sie im Wechsel eine harte und weiche Matte hintereinander auf den Boden. Unter die erste Matte schieben Sie eine Vielzahl von Gymnastikstäben. Die Tennisbälle werden unter die zweite Matte gelegt. Unter der dritten und vierten Unterlage befinden sich dann die Tennisringe und Seile.
Jetzt sollen die Teilnehmerinnen über die Unterlage mit den unterschiedlichen Beschaffenheiten gehen, ohne dass sie aus der Balance gelangen. Dadurch, dass der Untergrund unter den Matten unterschiedlich beschaffen ist, müssen sich die Teilnehmerinnen bei der Überquerung jeder Matte auf die neue Beschaffenheit einstellen.
Falls sich eine Person auf den Matten unsicher fühlt, kann die Partnerin Hilfestellung leisten. So überqueren die Partnerinnen abwechselnd die Unterlagen.

Rhythmusfähigkeit

»Reifenrhythmus«
Die Aktiven verbessern an dieser Station ihre Rhythmusfähigkeit. Diesmal wird die Rhythmusfähigkeit *(siehe Seiten 43 und 68)* nicht durch den Rhythmus der Musik bestimmt, sondern durch den eigenen Bewegungsrhythmus. Die einzelnen Übenden überspringen Markierungen, die vorgegeben sind.
Verteilen Sie in einer Reihe am Boden Gymnastikreifen. Diese sollten einen ausreichenden Abstand zueinander haben, so dass sie in einem zügigen Tempo überlaufen werden können. Beim Durchlaufen der Reifen sollte immer nur ein Fuß in einen Reifen gesetzt werden.
Der Abstand der Reifen zueinander sollte entsprechend der Körpergröße und Konstitution der Teilnehmerinnen ausgewählt werden. Ist der Abstand etwas geringer, sollte immer ein Fuß im Reifen landen. Wird der Zwischenraum der Gymnastikreifen größer gewählt, berührt beim Laufen ein Fuß den Boden im Reifen und der andere Fuß den Belag zwischen zwei Gymnastikreifen.
Die Teilnehmerinnen sollen diese Reifenreihe mehrmals hintereinander durchlaufen, damit sie einen Rhythmus für ihre Bewegung entwickeln. Nach einigen Durchgängen haben alle für sich den richtigen Bewegungsrhythmus gefunden, um in die Reifenmitte immer nur mit einem Fuß zu treten.

Variation
Die Übung kann erschwert werden, indem die Reifenreihe übersprungen wird. Die Sprungtechnik kann ein Schlusssprung, also mit dem Abstoß von beiden Füßen, oder auch ein einbeiniges Hüpfen sein.

Reifenrhythmus

»Rhythmusprellen«
Legen Sie an dieser Station doppelt so viele Gymnastik- oder Basketbälle, wie sich Personen dort befinden sollen, ab. Mit den Bällen prellen die Teilnehmerinnen, wodurch die Rhythmusfähigkeit *(siehe Seiten 43 und 68)* verbessert wird.
Die Partnerinnen nehmen sich einen Ball. Sie verteilen sich frei an dieser Station. Die Spielerinnen prellen ihre Bälle. Nun soll jedes Paar seinen eigenen gemeinsamen Rhythmus finden. Diesen Rhythmus prellen sie so lange, bis ein Wechsel zur nächsten Bewegungsaufgabe erfolgt.

Variation
Die Spielerinnen können die Aufgabe variieren, wenn ihnen die Bewegungsausführung sehr leicht fällt. Sie prellen mit der schwachen Hand und halten trotzdem den gemeinsamen Rhythmus. Oder sie prellen mit zwei Bällen den gleichen Rhythmus.

»Tautanz«
Für diese Gleichgewichtsübung *(siehe Seite 33)* benötigen Sie ein Tau oder ein sehr dickes Seil. Legen Sie es gerade oder schlangenförmig auf dem Boden aus.
Die »Seiltänzerinnen« sollen dieses am Boden liegende Seil ohne Bodenberührung überqueren. Im Wechsel sollen die Teilnehmerinnen das Tau vorwärts, rückwärts und seitwärts überwinden, ohne dass sie das Gleichgewicht verlieren. Beim ersten Überqueren gehen alle vorwärts. Dann gehen sie rückwärts über das Seil zurück. Erst beim dritten Durchgang bewegen sie sich seitwärts auf dem Seil. Anschließend beginnt die Reihenfolge von vorne.

Variation
Die Tänzerinnen halten einen Gymnastikstab auf der ausgestreckten Hand während des Balancierens im Gleichgewicht. Es kann aber auch eine festgelegte Armhaltung vorgegeben werden, um das Halten des Gleichgewichts zu erschweren. Beispielsweise können die Arme senkrecht über dem Kopf oder ausgestreckt vor dem Körper gehalten werden.

»Ballbalance«
An dieser Station soll auf Medizinbällen balanciert werden, um die Gleichgewichtsfähigkeit zu schulen. Verteilen Sie in entsprechender Anzahl und mit einem ausreichenden Abstand zueinander Medizinbälle am Boden.
Jede Teilnehmerin nimmt sich einen Ball. Nun versucht jede, das Gleichgewicht mit beiden Füßen auf dem Medizinball zu halten. Falls sich eine Partnerin unsicher ist, kann die andere Partnerin Hilfestellung leisten. So tauschen die zwei Personen nach der Hälfte der Zeit, die an dieser Station vorgesehen ist, die Positionen.
Fühlt sich eine Teilnehmerin sehr sicher auf dem Medizinball, kann Sie diesen in Bewegung setzen. Durch kleinste Schritte nach vorne bewegt sich der Ball vorwärts.

Kraulschwimmen

Variation
Als Alternative zu dieser Übung verwenden Sie Pezzibälle. Jedoch setzen sich die Teilnehmerinnen auf den Ball. Die Übenden lösen die Füße vom Boden und halten für ein paar Sekunden das Gleichgewicht auf dem Pezziball. Nach einigen Wiederholungen werden die Momente des »Schwebens« immer länger. Auch hier kann eine Hilfestellung durch die Partnerin erfolgen.

Kopplungsfähigkeit

»Kraulschwimmen«
Während dieser Bewegungsaufgabe sind die Teilnehmerinnen aufgefordert, zwei Bewegungen gleichzeitig auszuführen bzw. zu halten. Diese Übung schult die Kopplungs- und Kombinationsfähigkeit *(siehe Seite 44)*. Außerdem werden die Rücken- und Armmuskulatur gekräftigt.
Für jede trainierende Person an dieser Station liegt ein Pezziball und ein Thera-Band mittlerer Stärke bereit. Jede Teilnehmerin legt sich in Bauchlage auf den Pezziball. Die Hände und Füße stützen sich am Boden ab. Die übende Person hält das Thera-Band schulterbreit mit den Händen gefasst. Das Thera-Band ist einmal um jede Hand gewickelt, damit es während der Übung nicht aus den Händen gleitet.
Der Übungsablauf kann beginnen. Die rechte Hand bleibt am Boden fixiert. Die linke Hand wird seitlich hochgeführt, wodurch das Band auseinander gezogen wird. Anschließend wird die linke Hand zum Boden zurückgeführt. Jetzt beginnt der Übungsablauf auf der rechten Seite. Der Blick ist während der Übung zum Boden gerichtet.

»Vermessen«
Diese Übungsaufgabe schult nicht nur die Kopplungsfähigkeit *(siehe Seite 44)*, sondern trainiert auch die Bauchmuskeln. Legen Sie für jede trainierende Teilnehmerin eine Gymnastikmatte, einen Pezziball und ein Thera-Band mittlerer Stärke bereit.
Die Gymnastikmatte wird am Boden ausgelegt. Jede Teilnehmerin legt sich mit dem Rücken auf die Matte. Die Beine befinden sich auf dem Pezziball in einer Stufenlagerung. Mit beiden Händen wird ein Thera-Band gehalten, das nicht länger als die eigene Schulterbreite sein sollte. Die rechte Hand wird auf der rechten Seite neben dem Gesäß abgelegt.

Die linke Hand befindet sich in der Luft. Nun rollt der Oberkörper hoch, bis sich das linke Schulterblatt von der Unterlage gelöst hat. Das Thera-Band wird mit der linken Hand auseinander gezogen. Das Auseinanderziehen des Bandes sollte parallel zum rechten Oberschenkel erfolgen. Die Bewegung sieht wie ein Vermessen mit einem ausziehbaren Zollstock aus. Anschließend wird der Oberkörper wieder abgelegt. Dann beginnt der Übungsablauf auf der anderen Seite. Falls die Übung zu anstrengend wird, wird nach einer kleinen Pause weiter trainiert. Die Teilnehmerinnen achten auf ihren Atem. Er darf während der Übung nicht angehalten werden. Das Kinn wird nicht auf das Brustbein gedrückt, sondern es besteht ein kleiner Abstand zwischen Kinn und Brustbein.

Vermessen

Dehnen und Abbau des Zirkeltrainings

Schließen Sie das Training mit Dehnübungen *(siehe Seite 123ff.)* ab. Führen Sie die Übungen systematisch von Kopf bis Fuß aus. Beginnen Sie mit der Brust-, Schulter- und Rückenmuskulatur. Fahren Sie fort mit der Hüftbeuge-, Beinstreck- und Beinbeugemuskulatur. Beenden Sie das Programm mit der Dehnung der Wadenmuskulatur.

Die Teilnehmerinnen verteilen sich um die Stationen herum frei im Raum. Dann beginnen die Dehnübungen. Anschließend helfen alle mit, das Zirkeltraining abzubauen. Die Geräte und Hilfsmittel werden so weit beiseite geräumt und gelegt, dass die Teilnehmerinnen Gymnastikmatten mit ausreichendem Abstand zueinander für die nachfolgende Entspannungsphase ablegen können.

Entspannungsphase: »Bewusstes Atmen«

Eine bewusstere Atmung führt zu einer besseren Körperwahrnehmung der einzelnen Teilnehmerinnen. Sie nehmen ihren Körper als Ganzes wahr. Durch die Übungen können sie nicht nur den Atemfluss erspüren, sondern auch zu einem gleichmäßigen Atemrhythmus finden.

Geben Sie folgende Grundregeln für die Atemübungen an die Gruppe weiter. Beachten Sie außerdem die Regeln für intensive und erholsame Entspannungen *(siehe Seite 58)*.

- Die Atemübungen beginnen immer mit der Ausatmung.
- Es wird durch die Nase ein- und durch den leicht geöffneten Mund wieder ausgeatmet.
- Während der Atempause sollte die Luft nicht angehalten werden. Die Teilnehmerinnen sollen darauf warten, dass der Impuls zur Einatmung von alleine einsetzt oder sie legen ein ruhiges Zwischenatmen ein.
- Alle Atemübungen sollen mindestens zwei- bis dreimal wiederholt werden.

Flankenatmung

Die Flankenatmung wird im Stehen oder im Sitzen ausgeführt. Sie verstärkt die seitliche Dehnung des Rumpfes. Die Arme hängen locker neben dem Oberkörper. Der Oberkörper wird seitlich nach rechts gebeugt, ohne dass der Oberkörper in sich verdreht wird. Die Füße sind mindestens hüftbreit geöffnet. Die Knie sind leicht gebeugt. Beim Einatmen wird der linke Arm seitlich neben den Oberkörper in Richtung des linken Ohrs hochgeführt. Der Arm hängt dann locker über dem Kopf, wobei die Hand entspannt Richtung Boden zeigt. Während des Ausatmens wird der Arm in einem großen Bogen seitlich wieder an den Oberkörper herangeführt.
Danach richtet sich der Oberkörper langsam wieder auf. Anschließend wiederholen Sie den Ablauf auf der anderen Körperseite. Führen Sie auf jeder Seite drei Wiederholungen aus.

Flankenatmung

Intensives Atmen

Atemaufgaben zur Intensivierung der Atmung
Diese Atemaufgaben beschäftigen sich vorwiegend mit der Zwerchfellatmung. Außerdem intensivieren sie den Atemrhythmus.
Die Gruppe liegt auf dem Rücken. Die Beine sind aufgestellt. Die Knie sind hüftbreit geöffnet. Die Hände liegen in Bauchnabelhöhe auf dem Bauch. Beim Einatmen sollen die Teilnehmerinnen das Heben des Bauches spüren. Während des Ausatmens nehmen sie das Senken der Bauchdecke wahr. Das Ausatmen kann durch einen leichten Druck der Handflächen intensiviert werden. Nach einer Atempause oder einer ruhigen Zwischenatmung werden die Übungen mehrmals wiederholt.
Die Gruppe liegt noch immer auf dem Rücken auf den Matten. Die Beine können aufgestellt bleiben oder am Boden ausgestreckt werden. Alle atmen tief aus. Mit dem nächsten Einatmen beginnt die Aufgabe. Das Ausatmen sollte immer in kurzen und kräftigen Stößen erfolgen. Dieses stoßweise Ausatmen erfolgt in kleinen, voneinander getrennten Luftstößen. Wenn die Kursteilnehmerinnen denken, ihre Lunge sei schon leer, sollte noch ein tiefer Stoß erfolgen.

Zum Abschluss bleiben alle auf der Unterlage liegen. Sie sollen ihren eigenen Atemrhythmus finden. Die Augen werden geschlossen. Jetzt konzentriert sich jede Teilnehmerin auf ihre eigene Atmung. Mindestens zwei Minuten sollte diese Aufgabe dauern.

Abschluss und Motivation

Schließen Sie diese Kurseinheit mit einer kleinen Gesprächsrunde ab. Die Teilnehmerinnen schieben die Matten, Kästen oder Bänke zu einem Kreis zusammen und setzen sich. Nun haben alle die Möglichkeit, über die positiven, vielleicht auch negativen, Erfahrungen im Verlauf des Kurses zu berichten. Beachten Sie wieder, dass ein Beitrag weder von Ihnen noch von anderen Teilnehmerinnen kommentiert, bewertet oder beurteilt wird.

Beantworten Sie noch offene Fragen der Gruppe. Motivieren Sie die Gruppe, eine Vielzahl der Übungen zu Hause regelmäßig zu üben und zu wiederholen. Vergessen Sie nicht, sich von der Gruppe zu verabschieden und sich für das gemeinsame Training zu bedanken.

Wissenswertes

Die Atmung

Es gibt verschiedene Möglichkeiten, in einen entspannten Zustand zu gelangen. Unterschiedliche Atemtechniken sind eine der Entspannungsmethoden, die einen Zustand der Ruhe ermöglichen.

Atmen bedeutet aber nicht nur Entspannung, sondern auch bewusstes Leben. Der Atem galt schon in alten Kulturen als Träger des Bewusstseins. Die Chinesen sprechen in ihrer Lehre von der Aufnahme von Lebensenergie des »Chi«. Die Hippokratiker bezeichnen die Atmung, die »Pneuma«, als Atem und Kraft für Geist und Seele.

Es gibt eine äußere Lungenatmung und eine innere Zell- bzw. Gewebeatmung. Sie werden durch den Blutkreislauf aufrechterhalten. Die Atmungsvorgänge werden vom Atemzentrum gesteuert. Der Atem soll fließen, wobei man die Gesetzmäßigkeiten der Atmung beachten sollte. »Der Atem kommt«, so atmet man ein. »Der Atem geht«, es wird eingeatmet. Zwischen dem Einatmen und dem Ausatmen entsteht eine Atempause. In der Atempause sollte man abwarten, bis der Atem wieder einsetzt. Im Atemzentrum entsteht ein Impuls, das Einatmen setzt von selbst ein. Wird die Atempause oder Atemstille ungeduldig nicht beachtet, wird mit der Einatmung zu früh begonnen. Wird die Atempause bewusst hinausgezögert, verschiebt sich ebenfalls der Atemrhythmus.
Der Atem ist ein immer wiederkehrender Rhythmus, ein Urrhythmus, der von alleine geschieht. Beachtet man die Gesetze der Atmung, kann sich eine Person positiv beeinflussen. Sie kann sich selbst erfahren, zur Ruhe kommen und den eigenen Atem erfahren. Eine nicht angemessene Atmung kann zu körperlichen und psychischen Erkrankungen führen *(siehe auch Seite 44)*.

Umstellungsfähigkeit

Unter Umstellungsfähigkeit versteht man die situationsgemäße Anpassung bzw. Veränderung des Handlungsprogramms, um sich den neuen Gegebenheiten anzupassen.

Die Umstellungsfähigkeit *(siehe Seite 50)* wird in verschiedenen Weisen sichtbar. Bei kleineren Veränderungen der Situation ändert sich der Handlungsvollzug nur in Bezug auf die Zeit-, Raum- und Kraftanalysatoren. Für den Betrachter ist diese Veränderung der Bewegungsausführung kaum sichtbar. Wird ein Handgerät bei der rhythmischen Gymnastik nicht hoch genug geworfen, muss die Turnerin ihre Bewegungen auf der Matte schneller ausführen. Größere Veränderungen der Handlungssituation erzwingen oft einen Abbruch des Bewegungsvollzuges oder ein neues Handlungsprogramm muss eingeleitet werden. Überfährt eine Skiläuferin ein Tor bei einem Abfahrtsrennen, muss sie es abbrechen.
Macht eine Eiskunstläuferin einen groben Fehler in ihrer Kür, kann sie durch Einfügen von zusätzlichen Schritten oder Elementen den Fehler ausgleichen.
Die Änderungen von Bewegungsprogrammen treten mehr oder weniger erwartet auf oder plötzlich und unerwartet. Dennoch wird trotz der Veränderungen der Situationshandlungen das Handlungsziel beibehalten.
Die Umstellungsfähigkeit ist abhängig von der Schnelligkeit und Genauigkeit der Wahrnehmung der veränderten Situation. Außerdem ist sie abhängig von der Bewegungserfahrung. Je größer die Bewegungserfahrung der einzelnen Sporttreibenden ist, umso mehr Möglichkeiten des Umstellens bzw. Anpassens stehen zur Verfügung. Jetzt ist wichtig, sich für die entsprechende Handlung zu entscheiden, um sich richtig der Situation anzupassen. Die Entscheidung für die zweckmäßigen Bewegungsprogramme ist oft eng mit den psychischen Fähigkeiten verbunden. Erwartungshaltungen in Bezug auf Sieg oder Niederlage, die mit Enttäuschungen oder Hoffnungen verbunden sind, bestimmen auch häufig die Handlungsprogramme.

Motorische Lernfähigkeit

Die motorische Lernfähigkeit *(siehe Seite 17)* wird vielfach mit motorischer Begabung auf eine Stufe gestellt. Die motorische Lernfähigkeit bezieht sich auf die zu lernende Menge, die zu erreichende Lerngüte und den definierten Zeitraum. Außerdem ist diese Fähigkeit von weiteren Faktoren abhängig: Oft können die konditionellen Fähigkeiten wie Kraft, Ausdauer und Schnelligkeit noch verbessert werden. Die motorische Lernfähigkeit ist abhängig von den allgemeinen koordinativen Fähigkeiten *(siehe Seite 16)*. Intellektuelle Fähigkeiten beeinflussen die Lernfähigkeit ebenso. Darunter versteht man die Informationsaufnahme, -verarbeitung und -bewertung. Die Lernfähigkeit bezieht sich auch auf die psychisch-kognitiven Faktoren wie Wille, eigene Einstellung, Antizipation, Risikobereitschaft und Motivation. Zudem ist diese Fähigkeit abhängig von reifungs- und entwicklungsbedingten Faktoren, geschlechtsspezifischen Unterschieden, vom Körperbau und von der Rechts- oder Linksseitigkeit. Das Alter ist ein weiterer entscheidender Faktor bei der Lernfähigkeit. Im Kindesalter entwickelt sich die Lernfähigkeit am besten. In der Adoleszenz kommt es zu einer allgemeinen Stabilisierung der motorischen Lernfähigkeit. Mit zunehmendem Alter lässt diese Fähigkeit nach, wenn sie nicht ausreichend trainiert und geschult wird.

Transfer von Lernerfahrungen

Um koordinative Fähigkeiten von erlernten Bewegungsabläufen auf neue Bewegungsmuster übertragen zu können, ist es wichtig, eine Vielzahl von Fähigkeiten, Fertigkeiten und Techniken mindestens im Ansatz zu erlernen bzw. zu entwickeln. Bei den meisten Bewegungsabläufen greift eine Sportlerin auf erlernte Handlungsprozesse zurück. Oft werden gekonnte Handlungsabläufe im Gedächtnis aufgerufen und auf neue Bewegungen übertragen.

Das Dehnprogramm

Grundregeln für die Dehnübungen
Beachten Sie nachfolgende Prinzipien, um ein erfolgreiches Training zu gewährleisten.

- Dehnen Sie nur im aufgewärmten Zustand der Gruppe.
- Atmen Sie ruhig und gleichmäßig während der Dehnung weiter.
- Dehnen Sie gleichmäßig. Vermeiden Sie schnelle und ruckartige Bewegungen. Dehnen Sie sanft.
- Die Dehnung einer bestimmten Muskelgruppe darf nicht schmerzen.
- Schmerzende und verletzte Muskulatur sollte nicht gedehnt werden.
- Überstrecken Sie einzelne Gelenke nicht. Schonen Sie die Nerven.
- Der Rücken sollte in der physiologischen Krümmung, der doppelten S-Form, gehalten werden. Sie erzeugt eine Grundspannung, wenn die Bauch- und Gesäßmuskulatur angespannt werden.
- Der Kopf wird in Verlängerung zur Wirbelsäule gehalten.
- Entlasten Sie die zu dehnende Muskelgruppe, indem beispielsweise die Belastung auf dem Standbein liegt.
- Halten Sie jede Dehnung vor dem Training nur jeweils 10 Sekunden. Nach dem Training sollte die belastete Muskulatur mindestens 20 - 30 Sekunden gehalten werden. Dehnen Sie jede Muskelgruppe zwei- bis dreimal.

Bauen Sie die jeweiligen Dehnprogramme systematisch auf. Im Stand sollten die Übungen entweder von oben nach unten oder umgekehrt ausgeführt werden. Am Boden eignet sich eine Übungsreihe ohne ständigen Positionswechsel.

Dehnung der Wadenmuskulatur
Nehmen Sie eine Schrittstellung mit einem ausreichenden Abstand zwischen den Füßen ein. Die Füße sind parallel zueinander, so dass beide Fußspitzen nach vorne zeigen. Die Fersen bleiben am Boden. Stützen Sie sich mit beiden Händen auf dem vorderen Oberschenkel ab. Schieben Sie nun das Becken so weit nach vorne, bis Sie eine Dehnung in der hinteren Wadenmuskulatur spüren. Achten Sie darauf, dass sich das vordere Knie nicht über die vordere Fußspitze schiebt.

Variation
Diese Übung können Sie auch in Rückenlage am Boden ausführen. Nun dehnen Sie nicht nur die Wadenmuskulatur, sondern auch noch die rückwärtige Oberschenkelmuskulatur. Legen Sie sich auf den Rücken. Die Beine sind aufgestellt. Greifen Sie mit beiden Händen zum rechten Oberschenkel und ziehen Sie diesen zum Oberkörper. Jetzt strecken Sie die Ferse zur Decke, wobei die Fußspitze zum Oberkörper zeigt. Dieses Bein bleibt immer leicht gebeugt. Versuchen Sie, das gebeugte Bein gegen den leichten Widerstand der Hände zu strecken. Den Abstand zum Oberkörper verändern Sie nicht. Anschließend wechseln Sie die Seiten.

Um die tiefer liegende Wadenmuskulatur dehnen zu können, nehmen Sie wieder die Schrittstellung der obigen Übungsbeschreibung ein. In der Schrittstellung beugen Sie beide Knie. Das hintere Knie versuchen Sie in Richtung Boden zu ziehen, ohne dass sich die hintere Ferse vom Boden löst. Halten Sie die Spannung. Dann wechseln Sie zum anderen Bein.

Dehnung der Oberschenkelvorderseite
Mit dieser Übung dehnen Sie den vorderen Kniestrecker bzw. die Oberschenkelvorderseite.
Nehmen Sie einen Einbeinstand ein, indem Sie mit der rechten Hand zum rechten Fußgelenk greifen. Die Ferse ziehen Sie zum Gesäß, ohne dass die Ferse das Gesäß berührt. Ziehen Sie die Knie nebeneinander. Das Standbein ist leicht gebeugt. Schieben Sie nun das Becken nach vorne, indem Sie die Bauch- und Gesäßmuskeln anspannen. Vermeiden Sie ein Hohlkreuz.

Variationen
Alternativ können Sie die Dehnung am Boden ausführen. Nehmen Sie eine Seitlage ein. Das untere Bein bleibt leicht angewinkelt am Boden liegen. Das obere Bein winkeln Sie an, indem Sie zum Fußgelenk greifen. Die Ferse wird Richtung Gesäß gezogen. Die Oberschenkel und Knie der beiden Beine sind parallel. Spannen Sie die Bauch- und Gesäßmuskeln an und spüren Sie die Dehnung. Dann erfolgt ein Seitenwechsel.

Als weitere Übungsvariante können Sie den Einbeinstand in einen Einbeinkniestand umwandeln. Gehen Sie hinunter auf das linke Knie. Das rechte Bein setzen Sie so weit nach vorne, dass zwischen Ober- und Unterschenkel ein Winkel von mindestens 90° entsteht. Fassen Sie mit der linken Hand das linke Fußgelenk. Schieben Sie das Becken nach vorne. Die Ferse wird in Richtung Gesäß gezogen, bis Sie eine Dehnung an der Oberschenkelvorderseite spüren. Spannen Sie während der Übung die Bauchmuskeln an, damit Sie ein Hohlkreuz vermeiden. Danach wechseln Sie die Seiten. Zur Vorsicht legen Sie ein Handtuch oder eine Matte unter das belastete Knie.

Anschließend wechseln Sie auf die andere Seite. Mit der freien Hand kann man sich an der Wand oder einem anderen Gegenstand festhalten, um nicht aus dem Gleichgewicht zu kommen.

Dehnung der rückwärtigen Oberschenkel- und Wadenmuskulatur
Der Kniebeuger bzw. die rückwärtige Oberschenkelmuskulatur wird gedehnt. Setzen Sie die rechte Ferse nach vorne. Verlagern Sie den Körperschwerpunkt auf das hintere gebeugte Bein, indem Sie sich mit beiden Händen auf dem linken Oberschenkel abstützen. Beugen Sie den Oberkörper mit einem geraden Rücken nach vorne. Das vordere Bein strecken Sie, wobei das Knie leicht gebeugt bleibt. Die rechte Fußspitze ziehen Sie zum Oberkörper. Schieben Sie das Gesäß nach hinten, bis Sie ein Spannungsgefühl an der hinteren Oberschenkelmuskulatur spüren. Wechseln Sie die Seite.

Variation
Wenn Sie die rückwärtige Muskulatur am Boden dehnen wollen, führen Sie folgenden Bewegungsablauf aus: Sie legen sich auf den Boden. Die Beine sind aufgestellt.

Dann greifen Sie den rechten Oberschenkel von hinten mit beiden Händen. Das rechte Bein ziehen Sie leicht angewinkelt zum Oberkörper. Das linke Bein strecken Sie am Boden aus. Beide Fußspitzen werden zum Oberkörper gezogen. Jetzt strecken Sie das rechte Bein gegen den Widerstand der Hände zur Decke, ohne dass sich der Abstand zwischen dem Bein und dem Oberkörper ändert. Die Seiten werden gewechselt.

Dehnung der rückwärtigen Oberschenkel- und Wadenmuskulatur

Dehnung der inneren Hüftmuskulatur
Diese Übung dehnt die innere Hüftmuskulatur bzw. die langen Adduktoren.
Nehmen Sie als Ausgangsposition eine Grätschstellung ein. Verlagern Sie das Gewicht auf die rechte Seite, als ob Sie einen seitlichen Ausfallschritt einnehmen wollen. Mit beiden Händen stützen Sie sich auf dem rechten Oberschenkel ab. Das rechte Bein ist gebeugt. Der Oberkörper wird mit einem geraden Rücken nach vorne geneigt. Das linke Bein wird gestreckt und Richtung Boden gedrückt. Der linke Fuß bleibt am Boden. Die linke Fußspitze zeigt etwas nach außen. Anschließend üben Sie auf der anderen Seite.

Variation
Sitzend kann die Oberschenkelinnenseite ebenso gedehnt werden. Setzen Sie sich auf den Boden und führen Sie die Beine in eine weite Grätsche, so dass Sie die Beine fast durchdrücken können. Ziehen Sie jetzt beide Fußspitzen heran. Die Hände setzen Sie vor den Oberkörper. Achten Sie auf eine aufrechte Haltung des Rückens, wenn Sie den Oberkörper nach vorne beugen. Halten Sie diese Position, bis Sie eine Dehnung in der Innenseite der Oberschenkel fühlen.

Dehnung des Hüftbeugers
Der Hüftbeuger bzw. der Ilipsoas wird während der Übung gedehnt.
Führen Sie einen großen Ausfallschritt nach vorne aus, indem Sie das rechte Bein weit vorsetzen. Der Winkel zwischen dem rechten Oberschenkel und dem rechten Unterschenkel sollte mindestens 90 Grad betragen. Die rechte Fußspitze sollte während der Dehnung immer zu sehen sein. Das linke Bein ist zurückgesetzt und nur die Fußspitze berührt den Boden. In diesem Ausfallschritt richten Sie den Oberkörper auf. Halten Sie die Position. Dann wechseln Sie auf die andere Seite.
Die Dehnübung lässt sich auch vereinfacht ausführen. Nehmen Sie wieder einen großen Ausfallschritt ein. Setzen Sie den rechten Fuß vor. Der Winkel zwischen dem rechten Oberschenkel und dem rechten Unterschenkel sollte mindestens 90 Grad betragen. Aus dieser Position heraus führen Sie das linke Knie auf den Boden. Legen Sie das Knie ab und strecken Sie den Fuß aus. Jetzt senken Sie die Hüfte zum Boden. Der Oberkörper bleibt aufrecht. Stützen Sie sich mit den Händen auf dem rechten Oberschenkel ab. Spüren Sie einen Moment die Dehnung, bevor Sie den linken Fuß nach vorne setzen.

Dehnung der Gesäßmuskulatur
Mit dieser Übung dehnen Sie die Gesäßmuskulatur bzw. den Hüftstrecker.
Setzen Sie sich auf den Boden. Lassen Sie das linke Bein am Boden gestreckt liegen. Der rechte Fuß wird auf die linke Seite neben das Knie gesetzt. Drücken Sie mit dem linken Ellenbogen das Knie bis zum Oberkörper, so dass Sie eine angenehme Spannung spüren. Anschließend tauschen Sie die Seiten.

Dehnung der inneren Hüftmuskulatur

Variation
In der Rückenlage lässt sich ebenfalls die Gesäßmuskulatur dehnen. Legen Sie sich auf den Boden. Das rechte Bein liegt ausgestreckt am Boden. Mit den Händen greifen Sie unter die linke Kniekehle und ziehen das Bein nah an den Oberkörper heran. Die linke Ferse zeigt zur Decke. Nun versuchen Sie, das leicht gebeugte Bein gegen den Widerstand der Hände zu strecken. Der Abstand zwischen Bein und Oberkörper ändert sich nicht.

Dehnung der unteren Rückenmuskulatur
Öffnen Sie die Beine etwas mehr als hüftbreit. Dann neigen Sie den Oberkörper nach vorne und stützen sich mit den Händen auf den Oberschenkeln ab. Die Fingerspitzen zeigen zur Innenseite der Oberschenkel. Die Arme sind leicht gebeugt. Der Kopf ist in Verlängerung zur Wirbelsäule.
Anschließend gehen Sie im Wechsel in einen runden und zu einem geraden Rücken zurück.

Dehnung der Rückenmuskulatur

Dehnung des oberen Rückens
Mit folgender Übung dehnen Sie den oberen Anteil der Rückenmuskulatur:
Die Beine sind hüftbreit geöffnet. Die Knie sind etwas gebeugt. Die Bauch- und Gesäßmuskeln sind angespannt. Jetzt greifen Sie die Hände vor dem Körper. Ziehen Sie die Arme nach vorne, als ob Sie sich ganz lang ziehen wollen. Die Blickrichtung geht zum Boden. Setzen Sie sich im Schneidersitz auf den Boden. Nun führen Sie die eben beschriebene Bewegung aus.

Variation
Als Variation gehen Sie hinunter in eine Rückenlage auf eine Gymnastikmatte. Sie greifen mit den Händen die Oberschenkel unterhalb der Knie und ziehen die Knie dicht an den Oberkörper heran. Gleichzeitig führen Sie die Nase so weit wie möglich an den Oberkörper heran. Das Halten der Position sollte angenehm sein.

Dehnung des oberen Rückens

Dehnung der seitlichen Rumpfmuskulatur
Wieder nehmen Sie einen hüftbreiten Stand ein. Die Knie sind etwas gebeugt. Die Füße stehen parallel zueinander. Die Bauch- und Gesäßmuskeln sind leicht angespannt. Der Oberkörper ist aufrecht. Führen Sie die Arme über den Kopf. Greifen Sie mit der rechten Hand zum linken Handgelenk. Ziehen sie den linken Arm schräg nach oben, ohne dass Sie im Oberkörper abknicken.

Dehnung der Rücken- und Armstreck-muskulatur

Der linke Oberarm ist dicht am linken Ohr. Danach wechseln Sie auf die andere Seite.
Der Schneidersitz ist eine weitere Ausgangsstellung. Die Bewegung des Oberkörpers ist identisch mit der Bewegungsbeschreibung im Stehen.

Dehnung der Rücken- und Armstreckmuskulatur
Mit dieser Übung dehnen Sie sowohl Anteile der Rücken- als auch der Armmuskulatur.
Sie stehen mit leicht geöffneten Beinen. Legen Sie die rechte Hand zwischen die Schulterblätter auf den Rücken. Mit der linken Hand fassen Sie den gebeugten Ellenbogen. Jetzt versuchen Sie, den Ellenbogen noch etwas weiter nach unten zu schieben, bis das Spannungsgefühl noch angenehm ist. Wechseln Sie die Arme. Im Sitz auf einer Matte lässt sich die obige Dehnung ebenfalls ausüben.

Dehnung der Schulter- und Armstreck-muskulatur

Dehnung der Schulter- und Armstreckmuskulatur
Anteile der Schulter- und Armstreckmuskulatur dehnen Sie während dieser Übung.
Öffnen Sie die Beine zum hüftbreiten Stand. Die Knie sind leicht gebeugt. Die Bauch- und Gesäßmuskeln sind etwas angespannt. Führen Sie den rechten Arm nach vorne. Mit der linken Hand fassen Sie den rechten Ellenbogen. Jetzt versuchen Sie, den rechten Arm zur linken Schulter zu ziehen. Wechseln Sie die Seiten, indem der linke Arm zur rechten Schulter gezogen wird.

Variation
In der Position des Schneidersitzes oder auf einem Kasten lässt sich die obige Dehnung auch ausführen.

Dehnung der Brustmuskulatur
Öffnen Sie die Beine zu einer leichten Grätsche mit gebeugten Knien. Spannen Sie die Bauch- und Gesäßmuskulatur etwas an. Ziehen Sie die Ellenbogen in Schulterhöhe weit zurück, während der Oberkörper aufrecht bleibt.

Variation
Auch im Sitzen können Sie die eben beschriebene Bewegung ausführen.

Dehnung der seitlichen Hals-Nacken-Muskulatur
Mit dieser Übung dehnen Sie die seitliche Halsmuskulatur. Setzen Sie sich in einen Schneidersitz auf den Boden oder bleiben Sie in einer leichten Grätsche stehen. Die Arme sind seitlich vom Körper. Ziehen Sie die Arme leicht nach unten, als ob Sie einen langen Hals machen wollen. Aus der Position heraus neigen Sie den Kopf zuerst auf die linke und anschließend auf die rechte Seite.

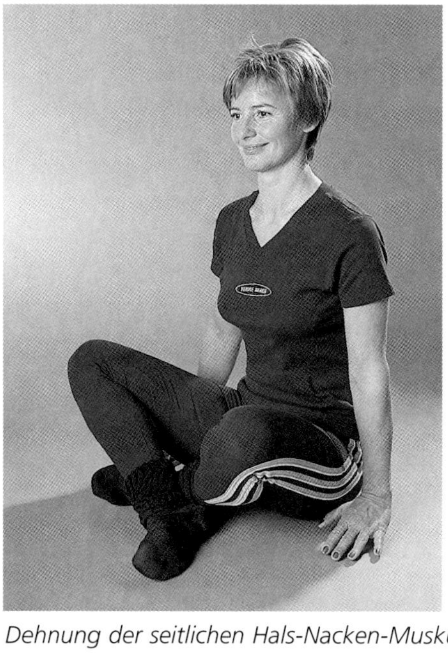

Dehnung der seitlichen Hals-Nacken-Muskulatur

Bezugsadressen

Musik:

FitPro! Music: Tapes und CD's
Im Hausfeld 1
40764 Langenfeld

FITNESS plus: Fitness Produkte & Seminare/ Donna Danton
Postfach 43
72117 Ammerbuch

World Fitness Promotion
Hauptstr. 15
94363 Oberschneiding

Horn-Verlag
Stegwiesenstr. 6-10
76646 Bruchsal

Kleingeräte, Turngeräte und andere Hilfsmittel:

Sport-Thieme GmbH
38367 Grasleben

Holz-Hoerz: Spiel, Sport, Spaß, Therapie
Prävention/ Psychomotorische Übungsgeräte.
Postfach 1103
72521 Münsingen

SPORTCO: Sportideen 2000
Freizeit, Verein, Kinder. Corts und Trapp GmbH.
Postfach 3149
58031 Hagen

FITNESS plus: Fitness Produkte und Body-Balls/ Donna Danton
Postfach 43
72117 Ammerbuch

Skip & Jump Europe:
Ropes, Double Dutch, Skipping Bücher.
Am Sichenwegl 7
67705 Stelzenberg
(Springseile und Ropes)

Die im Buch abgebildeten Thera-Band®
Trainingsbänder, Gymnastikbälle und -matten
können Sie direkt bestellen:
Thera-Band®
Mainzer Landstraße 19
65589 Hadamar
Telefax: 0 64 33-91 64 64
E-Mail: info@thera-band.de

Literatur-Tipps

Baumann, H. und Reim, H.: Bewegungslehre. Diesterweg/Sauerländer, Frankfurt am Main 1984

Böttcher, H.: Rope Skipping. Spring Dich fit! Meyer + Meyer Verlag, Aachen 1997

Bucher, W. (Hrsg.): 1012 Spiele und Übungsformen in der Freizeit. Verlag Karl Hofmann, Schorndorf 1993. 6., unveränderte Auflage

Döbler, E. und H.: Kleine Spiele. Volk & Wissen; Volkseigener Verlag Berlin, Berlin 1983. 13. Auflage

Fetz, F.: Sensomotorisches Gleichgewicht im Sport. Österreichischer Bundesverlag, Wien 1987

Frey, G. und Hildebrand, E.: Einführung in die Trainingslehre. Teil I und II. Verlag Karl Hofmann, Schorndorf 1994

Freytag-Baumgartner, M.: Aerobics. Low-Impact, High-Impact, Step-Aerobic. Falken-Verlag, Niedernhausen 1994/1995

Fuhrer, U.: Mehrfachhandeln in dynamischen Umfeldern. Hogrefe, Göttingen 1984

Grove, C.: Wie geht's? Wie steht's? – Körpererfahrung im Alltag. VHS-Handbuch und VHS-Kursbuch. Ernst Klett Verlag, Stuttgart 1999

Hanna, E. und H.: Bewegungsspaß für Senioren. Don Bosco-Verlag, München 1998

Hirtz, P. (Hrsg.): Koordinative Fähigkeiten im Schulsport. Volk & Wissen, Berlin 1985

Hotz, A. und Weineck, J.: Optimales Bewegungslernen. perimed Fachbuch-Verlagsgesellschaft mbH, Erlangen 1983

Jordan, A. und Hillebrecht, M.: Gymnastik mit dem Pezziball. Übungsprogramme. Meyer + Meyer-Verlag, Aachen 1996

Kempf, H.-D.: Trainingsbuch Fitnessball. Rowohlt Taschenbuch-Verlag, Reinbek 1997

Kempf, H-D.; Schmelcher, F. und Ziegler, CH.: Trainingsbuch Rückenschule. Rowohlt Taschenbuch-Verlag, Reinbek 1996

Letzelter, M.: Traningsgrundlagen. Rowohlt Taschenbuch-Verlag, Reinbek 1978

Martin,D.; Carl, K. und Lehnhartz, K.: Handbuch Trainingslehre. Hofmann. Verlag Carl Hofmann, Schorndorf 1991

Meinel, K. und Schnabel, G.: Bewegungslehre-Sportmotorik. Volk & Wissen. Berlin 1987. 8. Auflage.

Müller, B.: Ball-Grundschule. Borgmann-Verlag, Dortmund 1995

Pahmeier, I.: Drop-out und Bindung im Breiten- und Gesundheitssport. In: Sportwissenschaft 2/1994

Pahmeier, I. und Niederbäumer C.: Step-Aerobic. Meyer + Meyer Verlag, Aachen 1996

Philippi-Eisenburger, M.: Praxis der Bewegungsarbeit mit Älteren. Verlag Karl Hofmann, Schorndorf 1991

Rieder, H. und Lehnhartz, K.: Bewegungslernen und Techniktraining. Verlag Karl Hofmann, Schorndorf 1991

Röthig, P.: Rhythmus und Bewegung. Verlag Karl Hofmann, Schorndorf 1970. 2. Auflage

Weineck, J.: Optimales Training. perimed Fachbuch-Verlagsgesellschaft, Erlangen 1994. 8. Auflage

Rieder, H.: Koordination. In: Rieder, H.; Huber, G. und Werle, H. (Hrsg.): Sport mit Sondergruppen. Ein Handbuch. Verlag Karl Hofmann, Schorndorf 1996

Schinauer, Th.: Bewegungskoordination. Ein ganzheitlich-ökologisches Funktionsmodell beidhändiger Zielbewegungen. Internationale Hochschulschriften Bd. 179, Münster/New York 1995

Tschimmel, U. und Taphorn, H. mit Dr. Kl. Steinbach: Power Walking. Gesund und fit durch richtiges Gehen. Goldmann Verlag, München 1994

Wilhelm, Dr. G.: Fitness und Spaß mit Ball und Band. Gräfe und Unzer-Verlag, München 1997

Wrasse, R. und Blättner, B.: Hautnah – Massage und Körperpflege. VHS-Handbuch und VHS-Kursbuch. Ernst Klett Verlag. Stuttgart 1999

Zeitvogel, M.: Aqua Training. Rowohlt Taschenbuch-Verlag, Reinbek 1992